MDTA
www.chinahrw.net

中·小·微企业管理实务系列

|中·小·微企业|

制度设计实务

弗布克 ◎ 编著

SYSTEM DESIGN PRACTICE

中国铁道出版社
CHINA RAILWAY PUBLISHING HOUSE

内容简介

本书从企业制度建设规划和体系设计入手，首先对管理制度设计的原则、思路、要项和制度设计方法进行说明，进而精细、务实地解析了10类职能的56个管理制度体系结构和关注点，并由此设计出常用的管理制度，说明各个制度设计的关键点，辅以制度范例，方便读者高效运用，将制度落到实处，使得制度体系构建标准化、规范化、实用化。

本书适合中•小•微企业管理人员、从事制度设计工作的人员使用，还可作为管理咨询人员、高校相关专业师生和培训机构的参考用书。

图书在版编目（CIP）数据

中・小・微企业制度设计实务 / 北京弗布克管理咨询有限公司编著. —北京：中国铁道出版社，2017.6
ISBN 978-7-113-22917-7

Ⅰ. ①中… Ⅱ. ①北… Ⅲ. ①中小企业－企业制度－研究 Ⅳ. ①F276.3

中国版本图书馆CIP数据核字（2017）第050428号

书　　名：中・小・微企业制度设计实务
作　　者：弗布克　编著

策　　划：王　佩　　　　**读者热线电话：**010-63560056
责任编辑：杨新阳
责任印制：赵星辰　　　　**封面设计：**MXK DESIGN STUDIO

出版发行：中国铁道出版社（北京市西城区右安门西街8号　邮政编码：100054）
印　　刷：三河市华业印务有限公司
版　　次：2017年6月第1版　　2017年6月第1次印刷
开　　本：787mm×1 092mm　1/16　**印张：**15.25　**字数：**306千
书　　号：ISBN 978-7-113-22917-7
定　　价：49.00元

序

PREFACE

中•小•微企业的管理从来不缺少理论，缺少的是制度设计、流程设计、目标管理、财务会计和风险控制等关键事项的系统设计。

“中•小•微企业管理实务系列”是一套专门为中•小•微企业量身打造的实用型指导丛书。丛书围绕中•小•微企业管理的五大关键事项，旨在为中•小•微企业的管理工作提供科学的实践范例、实用的工具方法和规范的管理标准，以期引导中•小•微企业快速走上发展壮大之路。

本系列图书包括《中•小•微企业制度设计实务》《中•小•微企业流程设计实务》《中•小•微企业目标管理实务》《中•小•微企业财务会计管理实务》和《中•小•微企业风险控制实务》，整套系列图书具备以下特色。

这是一套“一竿子插到底”的管理实务经典。本系列图书旨在帮助广大中•小•微企业摆脱用工成本上升、原材料价格上涨、订单量减少及资金链紧张等困扰，走出“温水煮蛙”的艰难处境。

这是一次“逢山开路、遇水搭桥”的实战演练。本系列图书目的是引导成百上千的年轻人在“梦工厂”实现创业梦想。崇尚创业、鼓励冒险、宽容失败、创造条件，让年轻人的激情、热情、想象力、创新能力得到充分的释放和发挥。

这是一种“更加快捷、更加高效”的模式模板分享。操千曲而后晓声，观千剑而后识器。本系列图书既为中•小•微企业梳理了管理系统、构建了业务管理体系，还针对具体的业务事项给出了流程、标准、制度、方案、方法、工具等方面的模板和范例。为小微企业管理者可能遇到的困惑提供了一套切实可行的解决方案。

综上，“中•小•微企业管理实务系列”图书本着促进中•小•微企业管理人员**“知识体系化、管理规范化、操作模板化、范例分享化”**的设计理念，向读者提供了全方位的中•小•微企业管理方法和执行工具，推进管理工作的高效执行，是中•小•微企业管理人员在工作中必不可少的工具书。

FOREWORD 前 言

制度设计是中•小•微企业规范化管理的重心，完善的制度体系能够提升中•小•微企业人员的执行力，提升组织的运营效率，因此，企业应做好制度设计工作，使各项业务操作达到标准化、流程化、规范化。

《中•小•微企业制度设计实务》从制度体系建设的思路和方法入手，针对十大业务职能，设计了常见的 56 个制度，能够有效指引读者构建自己企业的制度体系，方便读者**“拿来即用”“稍改即用”**。本书主要有如下三大特点。

1．剖析制度体系建设方法

本书从管理制度的作用入手，对管理制度建设的原则、思路、要项等进行了详细的说明，并且提供了制度体系设计、制度内容涉及的方法，层层递进、深入浅出，读者可依此设计出符合企业实际需求、适合企业发展阶段的制度体系。

2．解析各职能制度体系结构

本书对中•小•微企业组织与战略规划、营销管理、生产制造、质量管理、安全生产管理、采购供应、仓储物流、财务成本、行政后勤、人力资源管理等十大职能的管理事项结构进行了分析，构建各职能的管理制度体系，并明确各项管理工作应关注的要点。

3．精选企业制度设计实例

本书提供了中•小•微企业常用的 56 个制度，这些制度是企业使用频率高、实用的管理制度，有利于企业构建自身的规范化管理制度体系，方便企业将这些制度针对性地落实到各个管理环节当中，有效解决组织运营不规范、执行效率低下等问题，逐渐消除管理盲点，为企业实现管理的制度化、规范化及标准化奠定基础。

本书适合中•小•微企业管理人员、从事制度设计工作的人员使用，还可作为管理咨询人员、高校相关专业师生和培训机构使用。

在本书编写的过程中，孙立宏、刘伟、程富建、董建华、刘井学负责资料的收集和整理，贾月、周海静负责图表的编排，姚小风参与编写了本书的第 1 章，薛显东参与编写了本书的第 2 章，余雪杰参与编写了本书的第 3 章，滕金伟参与编写了本书的第 4 章，杨晓溪参与编写了本书的第 5 章，李作学参与编写了本书的第 6 章，王瑞永参与编写了本书的第 7 章，齐艳霞参与编写了本书的第 8 章，刘俊敏参与编写了本书的第 9 章，高春燕参与编写了本书的第 10 章，金成哲参与编写了本书的第 11 章，黄成日参与编写了本书的第 12 章。全书由弗布克管理咨询有限公司统撰定稿。

目 录

CONTENTS

第 1 章

企业管理制度建设规划

1.1 管理制度的作用

1.1.1 引导教育作用

管理制度作为企业内部规范员工行为的一项准则，具有为员工在生产过程中指引方向的作用。管理制度所具有的明确性、稳定性的特点有助于规范企业内部各组织、部门、员工的行为，使员工各司其职，恪尽职守。

一个好的管理制度能够体现职、权、责的统一，能够充分调动企业部门、人员的积极性，为企业创造更多的财富。管理制度公布后，员工能够清楚地知道自己享有哪些权利，怎样获得这些权利，应该履行哪些义务，如何履行义务等。

优秀的管理制度通过合理的权利义务及责任的设置，可以使职工能预测到自己的行为和努力的效果，激发其工作的积极性。

1.1.2 警戒威慑作用

警戒威慑作用主要体现在两个方面，具体如图 1-1 所示。

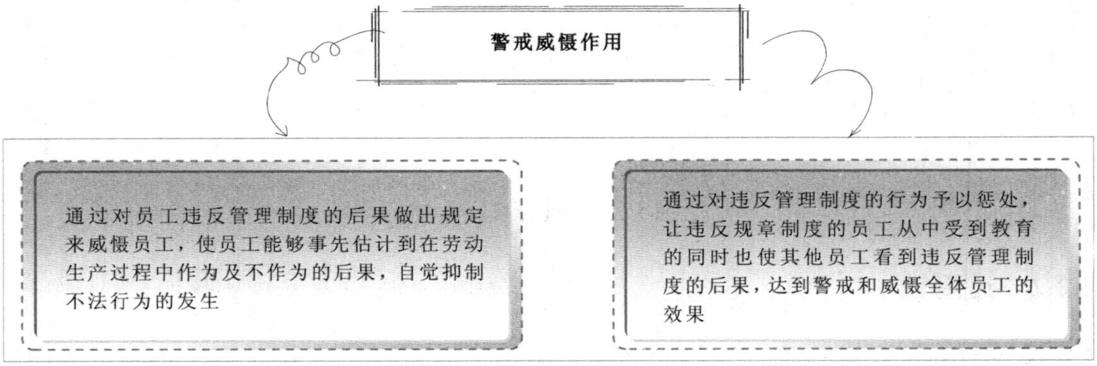

图 1-1 制度警戒威慑作用的表现

1.1.3　预防争议作用

企业生产劳动的过程，也是企业与员工双方履行义务、享受权利的过程。企业与员工双方权利义务的实现需要多种措施来保证，劳动合同、集体合同和国家法规政策是其中的重要保证之一，而企业管理制度也是重要的保证之一。

管理制度不仅可以明确劳资双方的权利和义务，而且还可以更为具体的明确劳资双方实现权利和义务的措施、途径和方法等。当劳资双方的权利和义务及权利和义务实现的措施、途径和方法通过规章制度加以明确、具体后，就可以大幅度防止纠纷的发生，从而可以维护企业正常的生产和工作秩序。

1.2　管理制度建设原则

1.2.1　合规性

企业编制的管理制度必须符合国家有关政策、法令和法规，符合企业科学管理原理和企业行为涉及的每一个事物的发展规律和规则，制度不能与法律法规发生冲突，否则就会缺少法律效力。具体要求如图 1-2 所示。

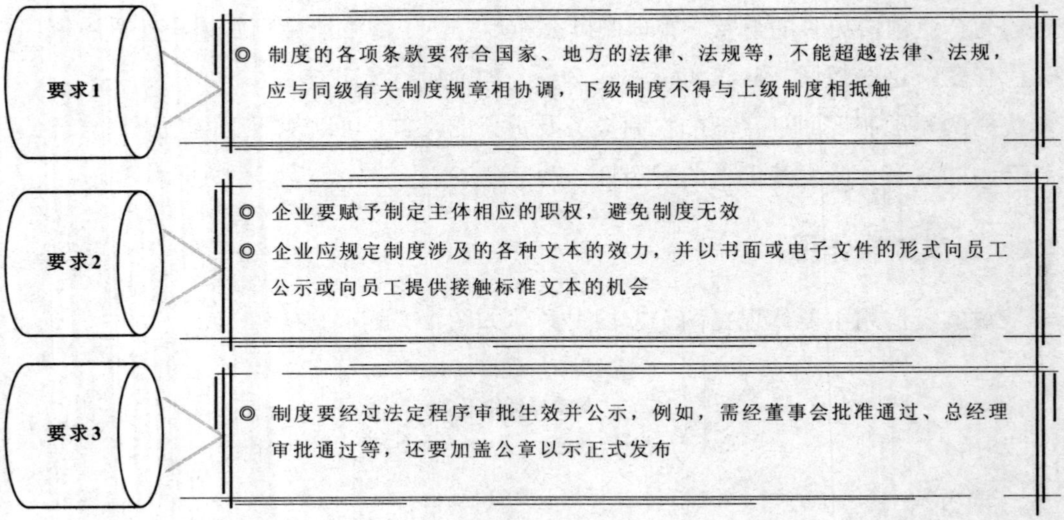

图 1-2　制度合规性要求

1.2.2　适用性

适用性，是指管理制度应尽可能地结合企业的实际编写，同时应符合企业战略规划及基本法规，力求合理性、先进性和可操作性。适用性要求如图 1-3 所示。

1 ◎ 制度会随时间而逐渐演化，规章制度要与企业的不同发展阶段相适应
◎ 如企业起步价段，制度要少而精确

2 ◎ 规章制度要与空间环境相适应，不同的空间环境将导致不同的制度体系，有些制度适用的空间范围大，适于推广，而有些制度只在特定的小范围内有效

3 ◎ 规章制度有价值特征，它反映着规章制度制定者所主张的企业价值观，并具有很强的内在影响力，其有效性取决于是否能与企业内在的价值观相吻合

图 1-3　制度适用性要求

1.2.3　可行性

可行性，是指在编制制度时应从业务实际需求和管理规律出发，以现有体系和制度为基础逐步地进行优化和完善。特别要注意的是，编制的制度不能脱离当前管理体系、人员素质、文化习惯的前提来实施彻底式的变革，否则这样的制度不但很难具有可行性，还有可能带来较大的管理风险。

1.2.4　统一性

企业在编制管理制度时，应遵循统一性原则，具体要求如图 1-4 所示。

1 ◎ 制度中的术语、符号、代号要统一，已有国家标准的应采用国家标准，已有企业标准的采用企业标准，同一概念与同一术语应保持唯一对应关系

2 ◎ 制度格式要统一，字体、字号、目录排列方式、纸张大小及边距、页码等格式要统一

3 ◎ 制度框架要统一，要包括总则、主体内容、附件、相关制度与资料等内容

图 1-4　统一性具体要求

1.2.5　系统性

制度的系统性，是指在编制制度时要坚持全面、统一的原则，要从全局的角度出发，避免发生相互矛盾的情况，保证制度体系整体的协调顺畅。

系统性具体要求如图 1-5 所示。

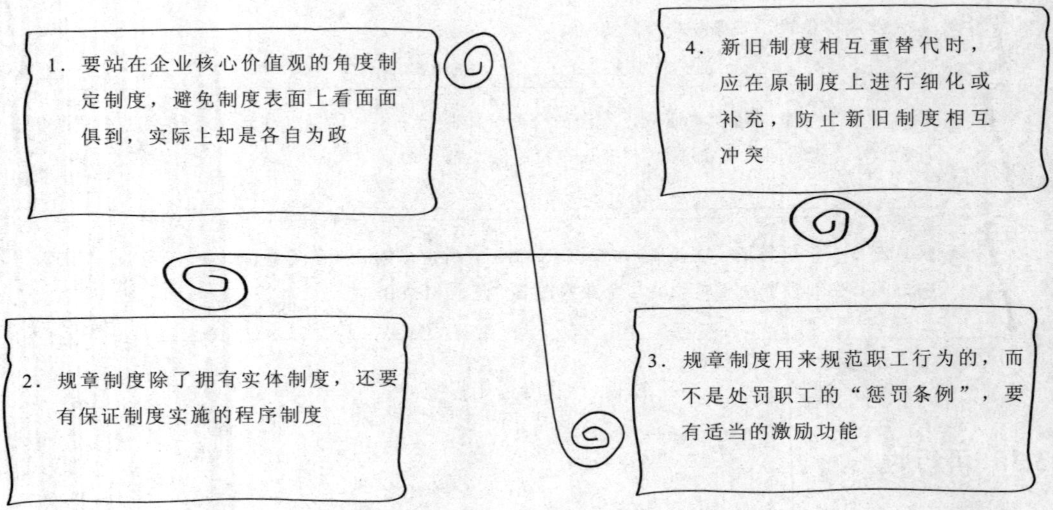

图 1-5　系统性原则的要求

1.3　管理制度建设思路

1.3.1　全员参与

制度建设是一个“自上而下”和“自下而上”的过程，各项制度的编制都要经过全方位的论证，都要充分考虑和吸收各方面的建议和意见，以形成大家能共同接受、共同遵守的合理制度。

建设管理制度时仅仅单靠一个或几个人的苦思冥想是很难达到理想效果的。全员参与，多沟通、多论证是制度建设必须要做好的一个环节。

1.3.2　引进消化

每个企业都有自己成熟的管理思想和经验，而这些成熟的管理思想和经验的结晶往往体现在制度或管理模式上。所以，在建设管理制度时，可以将其他企业好的管理制度借鉴到自己的企业中，与自己的管理文化和管理体系有机结合，形成企业自己的特色，为自己的企业服务。并且借鉴引进也是搞好企业制度建设的一条捷径。

1.3.3 调查研究

调查研究是编制制度极其有效的一种科学方法，是要运用正确的观点、合理有效的方法，抱着谦虚、学习的态度，深入企业实际了解情况，掌握第一手材料，进行综合分析，制定出切合实际、规范有效的制度。

调查的方式一般可采用普遍调查、典型调查、会议调查、访问调查、收集书面材料等。进行制度建设时可根据制度类型的需要选取一种或几种调查方式。只有经过调查研究编制的制度才会更科学、更具有可操作性。

1.3.4 循序渐进

制度建设是一项长期的、艰巨的任务。任何制度都要经历一个从建立到不断完善的、循序渐进的过程，任何制度的内容和形式都需要根据企业经营的变化而不断废止和更新。制度健全完善的程度也体现出了一个企业的规范化管理水平的高低。

循序渐进实际上是关于制度有效覆盖面的问题，是制度相对企业管理需要的充分性问题。企业每一个重要的管理、工作和技术事项都应该用制度加以合理规范，逐步完善企业的管理制度，使各项工作规范有序地进行，以提高工作效率，减少管理成本。

企业应充分认识到制度建设的重要性，不断地思考、不断地总结，不断推进管理制度建设，努力建立健全并保持一个适应企业自身需要的规范制度体系，为提高企业的规范化管理水平提供一个强有力的制度保证。

1.4 管理制度建设要点

1.4.1 具体范围

在管理制度的建设过程中，要循序渐进，既要注重制度内容简洁实用，又要考虑企业将来的发展要求。制度设计人员在设计制度时，首先要找准制度设计的出发点，站对、站稳制度设计的角度。

一般来说，中小微企业进行管理制度设计的出发点共有五个，具体内容如图 1-6 所示。

制度设计人员确定制度设计的角度后，需进一步掌握企业制度建设的具体范围，明确应针对哪些工作进行建设制度，即可制度化管理的问题。

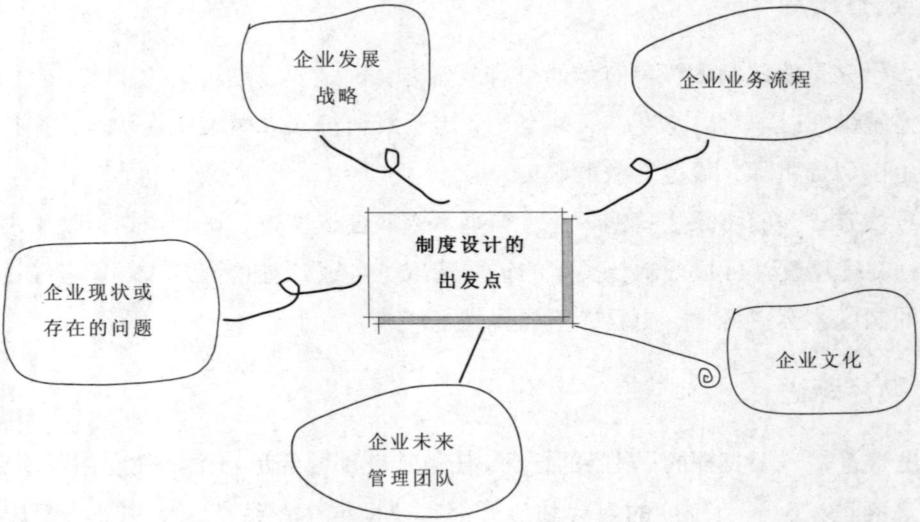

图 1-6　制度设计的出发点示意图

在中小微企业的经营发展过程中，可进行制度化管理的具体问题如表 1-1 所示。

表 1-1　可制度化管理的问题列表

序号	可制度化管理的问题	具体制度
1	老板亲戚和元老级员工把持重要岗位	组织管理制度、员工招聘管理制度
2	没有切实的目标和具体的目标管理办法，目标变成口号	目标管理制度、绩效管理制度
3	员工有惰性，工作没积极性	员工激励与奖惩制度、员工日常行为规范管理制度
4	员工日常行为不规范，请假、迟到现象多	员工日常行为规范管理制度、员工考勤管理制度
5	没有好的激励机制和培训机制，员工的能力未能得到很好的发挥	员工福利管理制度、员工培训管理制度
6	未建立完善的薪酬体系，或较完善的薪酬体系未能很好地落实到位	员工薪酬管理制度、员工福利管理制度
7	难以留住人才	人力资源管理制度
8	有事情老板才问，事前控制缺位	经营计划管理制度、内部控制制度
9	采购或某些主管拿回扣的现象难以控制	采购管理制度、采购稽核管理办法
10	物流管理混乱，库存较多，生产了许多无用东西	仓储管理制度、库存控制管理办法、库存盘点管理制度
11	生产运作质量和效率低下	生产计划管理制度、交期管控办法、生产现场管理制度、生产质量管理制度
12	市场营销的概念淡薄	市场营销战略管理制度
13	财务管理混乱，成本账目不清	财务成本内控管理制度

1.4.2 岗位责任

企业在进行建设制度时，需要明确各部分的责任和义务，合理分工，使人力资源达到最大化地利用。制度建设主要包括确定制度目标、准确制度定位、调研访谈、起草制度、审核定稿、制度执行与完善及制度公布七个步骤。

制度设计人员负责确定制度建设的目标，依据企业经营管理和解决问题的需要，准确定位制度；调查人员负责调查企业目前所处的和未来将要处于的内外部环境、企业目前存在的问题及业务中需要特别注意的事项；制度编写人员应根据制度目标和定位确定制度的风格和写作方法，在调研的基础上进行制度内容规划形成纲要，拟定条文形成草案；审核人员对制度的可行性和相对稳定性进行审查定稿；制度执行过程中，制度编写人员根据广大员工的建议和意见，操作过程中发现的不足和纰漏，进一步修改完善。

1.4.3 方法选择

企业常用的管理制度建设方法主要有专题专议法、解释说明法、依照细分法、问题分析法、导图设计法五种。管理制度建设方法内容如表1-2所示，制度设计人员应根据具体情况选择合适的方法。

表1-2 制度建设方法说明表

主要方法	详细说明
专题专议法	采用专题专议法是就每一个专题内容而言，要注意内容的准确性、规范性和实用性
解释说明法	该方法可以是对某一个问题的详细解释，也可以是对某个工作的说明指导或应用说明
依照细分法	该方法对已有的制度规范或者相关的法律法规进行内容的细分
问题分析法	该方法是对已经发生或即将发生的管理问题、业务问题或流程问题进行分析
导图设计法	该方法是通过借用导图文件或者纸面导图进行管理制度的设计

第 2 章

企业管理制度的体系设计

2.1 管理制度体系设计

2.1.1 制度诊断

制度诊断是指企业制度管理人员通过对各管理制度诸环节的运行现状及发展的趋势进行分析评估，发现存在的问题，提出合理建议或改进方案的活动。

制度诊断的目的是发现制度执行过程中和企业经营管理中的各种问题，改进管理制度，提高企业的管理效率和促进企业的经营目标实现。

1. 诊断内容

制度诊断的内容如图 2-1 所示。

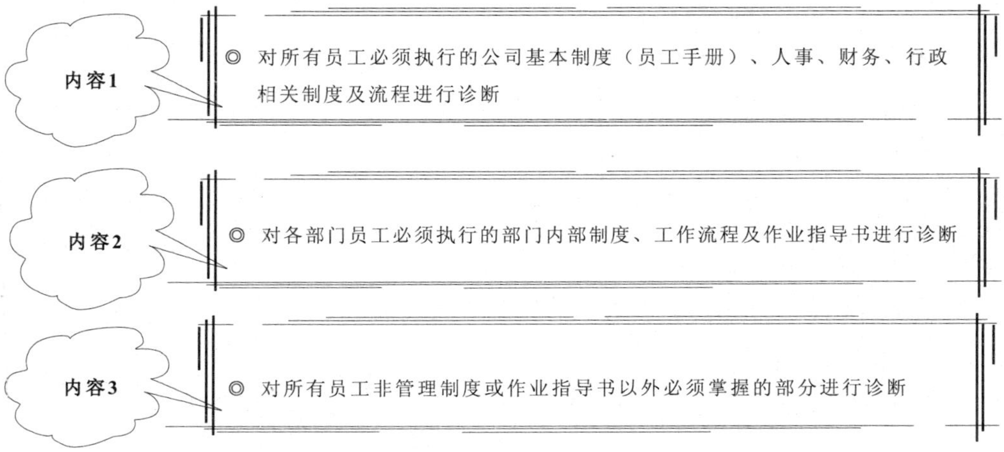

图 2-1 制度诊断的主要内容

2. 诊断程序

制度管理人员常用实地观察法、面谈法、问卷调查法、量表调查法、功能测评法或层次分析法对制度进行诊断。具体的制度诊断程序如图 2-2 所示。

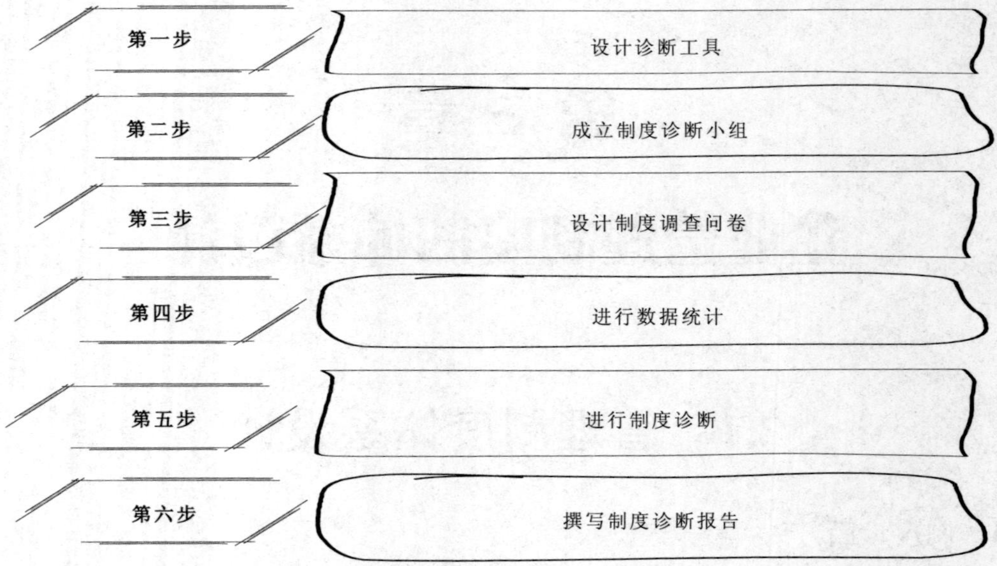

图 2-2　制度诊断的程序

2.1.2　制度梳理

制度梳理是制度管理人员根据企业实际情况，重新梳理和完善公司现有管理制度，其主要包括两层含义：一是对已有的相关管理制度提出修订建议，进行制度完善；二是根据企业发展需要提出新增管理制度的建议。

1. 梳理要求

企业进行制度梳理时，需遵循规范性和可行性的要求，具体内容如下。

（1）规范性：按照公司《公司制度管理规定》要求，分系统梳理公司各类管理制度，分管领导参加。

（2）可行性：文件内容如跨系统的，要征求意见并会签。

2. 梳理步骤

制度管理人员主要分三个阶段对各类管理制度进行梳理，具体内容如图 2-3 所示。

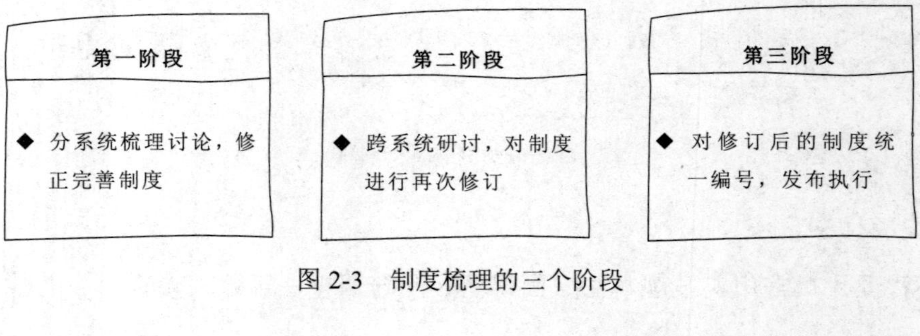

图 2-3　制度梳理的三个阶段

2.1.3 指引框架

制度管理人员经过制度诊断和制度梳理后，设计制度体系框架，建立科学、规范的管理制度，保障企业实现战略目标，提升组织执行力。

中小微企业管理制度体系中主要包括组织与战略规划制度、市场营销管理制度、生产制造管理制度、企业质量管理制度、安全生产管理制度、采购供应管理制度、仓储物料管理制度、财务成本管理制度、行政后勤管理制度和人力资源管理制度 10 类制度体系。中小微企业制度体系框架如表 2-1 所示。

表 2-1 中小微企业制度体系框架表

制度体系	主要内容
组织与战略规划制度	包括组织结构管理制度、企业发展规划制度、经营目标管理制度等
市场营销管理制度	包括营销渠道管理制度、营销订单合同制度、产品品牌管理制度、销售回款管理制度、销售售后服务管理制度、营销销售提成制度等
生产制造管理制度	包括生产计划管理制度、生产调度管理制度、生产排程管理制度、生产车间管理制度、生产统计管理制度、在制品管理制度等
企业质量管理制度	包括质量目标管理制度、质量指标考核制度、质量检验管理制度、不合格品处理制度、质量改进管理制度、质量认证管理制度等
安全生产管理制度	包括安全生产责任制度、安全生产防护制度、安全事故处置制度、员工职业病防范制度、安全生产交接班制度等
采购供应管理制度	包括供应商管理制度、采购申请管理制度、采购合同管理制度、采购到货验收制度、采购验收退货制度等
仓储物料管理制度	包括物资入出库制度、仓库存储保管制度、库存盘点核算制度、物流配送管理制度等
财务成本管理制度	包括财务预算管理制度、财务收支管理制度、成本核算管理制度等
行政后勤管理制度	包括办公设施管理制度、办公用品管理制度、客户接待管理制度、安全保卫管理制度、员工宿舍管理制度等
人力资源管理制度	包括人员招聘管理制度、员工考勤管理制度、绩效考核管理制度、员工薪酬管理制度、人员培训管理制度、员工关系管理制度等

2.1.4 示范文本

根据以上介绍的管理制度设计的方法、规范、步骤及管理制度所包含的内容，设计出管理制度的模板如表 2-2 和表 2-3 所示。

表 2-2 管理制度模板（一）

制度名称					
制度版本		受控状态	□ 受控 □ 非受控	制度编号	
第1章 总则	第1条 目的				

续表

<table>
<tr><td></td><td>第2条　适用范围

第3条　职责分工</td></tr>
<tr><td>细则
第2章
××××</td><td>第4条
1.
2.
（1）
（2）
<table><tr><td></td><td></td><td></td><td></td><td></td></tr><tr><td></td><td></td><td></td><td></td><td></td></tr><tr><td></td><td></td><td></td><td></td><td></td></tr></table></td></tr>
<tr><td>第3章
××××</td><td></td></tr>
<tr><td>第4章
××××</td><td></td></tr>
<tr><td></td><td></td></tr>
<tr><td>第5章
附则</td><td>第×条
第×条</td></tr>
</table>

编制部门		**审批人员**		**审批日期**	

表2-3　管理制度模板（二）

<table>
<tr><td>制度名称</td><td colspan="5"></td></tr>
<tr><td>制度版本</td><td></td><td>受控状态</td><td>□ 受控　□ 非受控</td><td>制度编号</td><td></td></tr>
<tr><td colspan="6">第1条　目的

第2条　适用范围

第3条　职责分工

第4条
1.
2.
（1）
（2）</td></tr>
<tr><td>编制部门</td><td></td><td>审批人员</td><td></td><td>审批日期</td><td></td></tr>
</table>

2.1.5 注意事项

企业设计管理制度并构建其体系时，应满足以下四项要求，如图 2-4 所示。

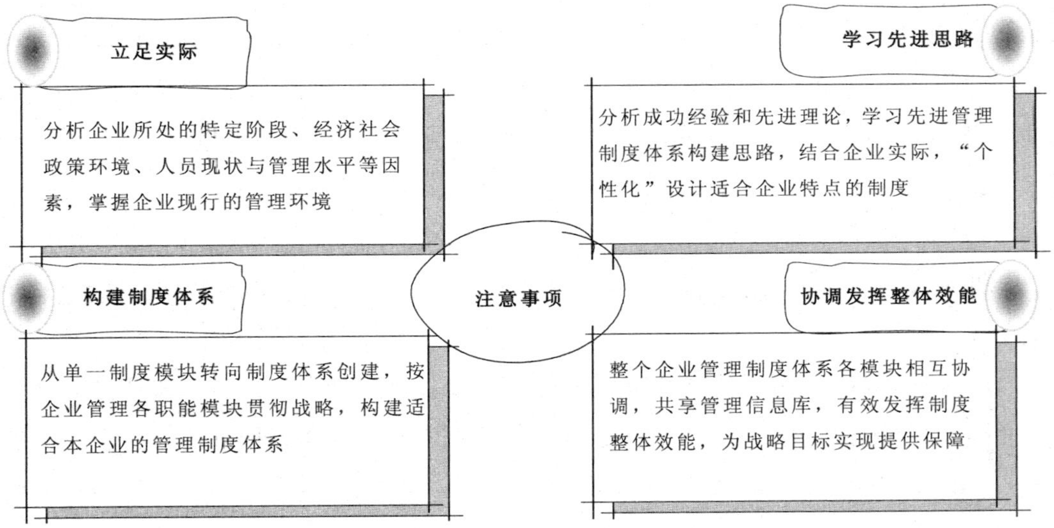

图 2-4　企业制度设计与制度体系构建的注意事项

2.2 管理制度内容设计

2.2.1 制度内容结构

制度内容结构常采用“一般规定——具体制度——附则”的模式，规范、完整的制度所需具备的内容包括制度名称、总则/通则、正文/分则、附则与落款、附件五大部分。

1. 管理制度的内容

管理制度必备的内容及其写作要点如表 2-4 所示。

表 2-4　管理制度的内容构成

构成部分	写作要点
标题	◆ 制度标题要清晰、简洁、醒目 ◆ 标题构成：受约单位（个人）+基本内容+文种
总则	◆ 总则包括制定制度的原因或目的、制度所依据的法律法规或内部制度文件、适用范围、受约对象及其行为的界定、定义术语、权责描述及与本制度制定有关的说明
正文	◆ 制度的主体部分主要包括对受约对象或具体事项的描述 ◆ 正文主要分成章、条（款）、项（目） ◆ 按人员的行为要求或者具体事项流程分章分条

续表

构成部分	写作要点
结尾	◆ 制度的附则包括施行要求和注意事项、实施日期及解释权或修订权、规章发布单位 ◆ 附件主要涉及编写制度的记录、表单和流程

管理制度设计人员应注意每项内容的设计，以使所制定的制度内容完备、合规、合法。需要说明的是，对于针对性强、内容较单一、业务操作性较强的制度，正文中可不用分章，可直接分条列出，而总则与附则中有关条目不可省略。

2. 管理制度的结构

管理制度一般按章、条、款、项、目结构表述，内容简单的可不分章，直接以条的方式表述。

（1）制度“章”的编写，要概括出制度所要讲述的主要内容，然后通过完全并列、部分并列和总分结合的方式确定各章的标题，根据章标题具体分析每章的内容。

（2）制度“条”的编写要点，如图 2-5 所示。

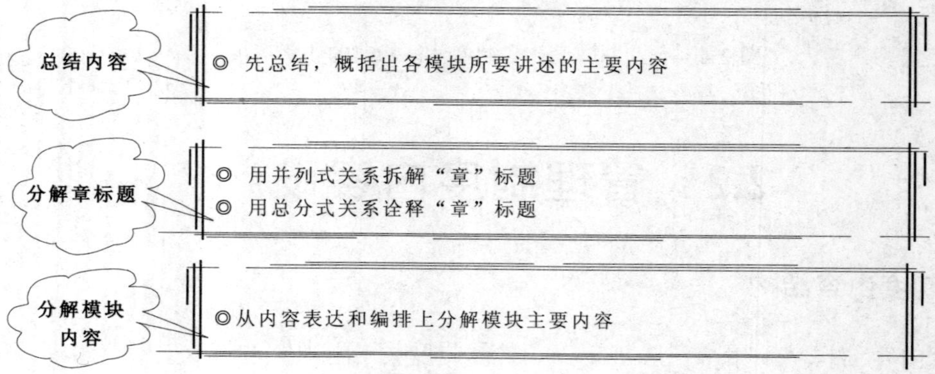

图 2-5 编写“条”的注意事项

（3）制度“款”的编写，“款”是“条”的组成部分，“款”的表现形式为条中的自然段，每个自然段为一款，每一款都是一个独立的内容或是对前款内容的补充描述。

（4）制度“项”的编写，“项”的编写可以采取三种办法：梳理肢解“条”的逻辑关系；直接提取“条”的关键词语；设计一套表达“条”的体系。“项”的编写一定要注意具体化，通过具体化可以实现控制思路、控制制度篇幅、达到既定目标、明示编写人员四个目标。

2.2.2 问题的明确

对于企业经营管理过程中出现的问题需要用制度、规则、规范进行约束。在不同的发展阶段企业管理制度不同，要考虑的问题也不尽相同。经归纳总结，企业设计管理制度时至少需要明确如图 2-6 所示的八个问题。

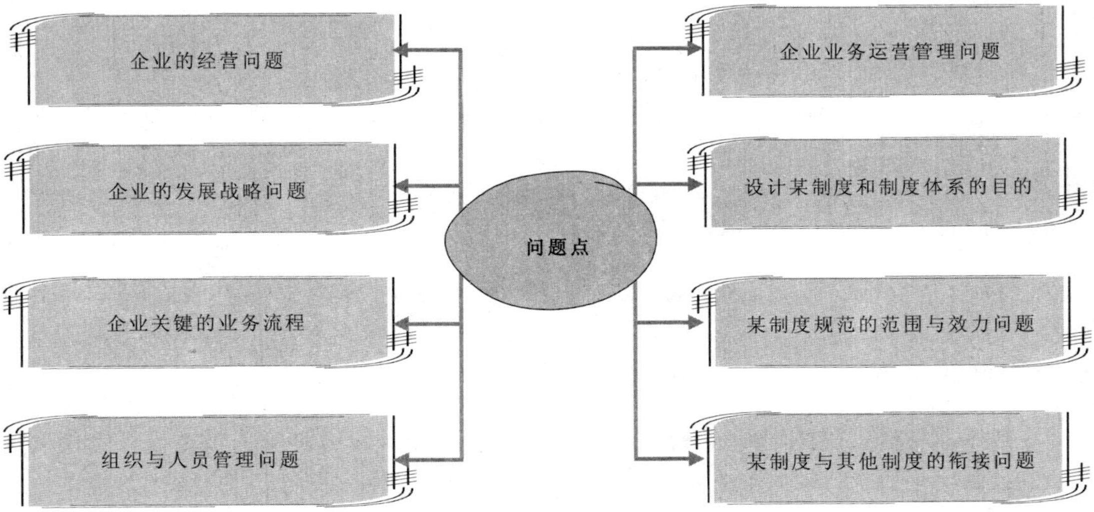

图 2-6 设计管理制度需明确的问题点

2.2.3 目的的明确

企业制定各种管理制度，主要目的在于预警性地防止问题的出现或将已发生的问题控制在一定范围内，以避免发生不必要的损失或将已发生的损失降至最小，保证企业经营活动的正常、有序运行。

企业在设计管理制度时，需明确制度的目的，即设立该制度需要解决的问题及所要达到的目标。

2.2.4 范围的明确

制度的适用范围主要描述制度适用的区域、部门、组织、人员等。

企业在设计管理制度时，需准确规定该制度的适用范围，界定受约对象及其行为，明确本制度所依据的法律法规或内部制度文件，明确制度效力的范围等。

2.2.5 条款的规范

制度设计人员编写制度条款时，一定要全面、合乎逻辑，语言表达清晰，没有歧义，具体要求如图 2-7 所示。

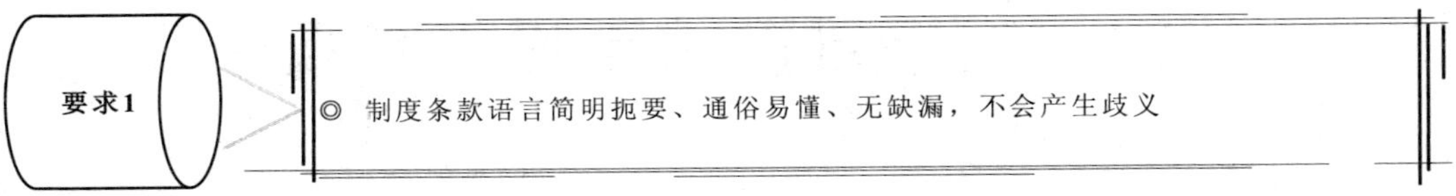

图 2-7 编写制度条款需遵循的要求

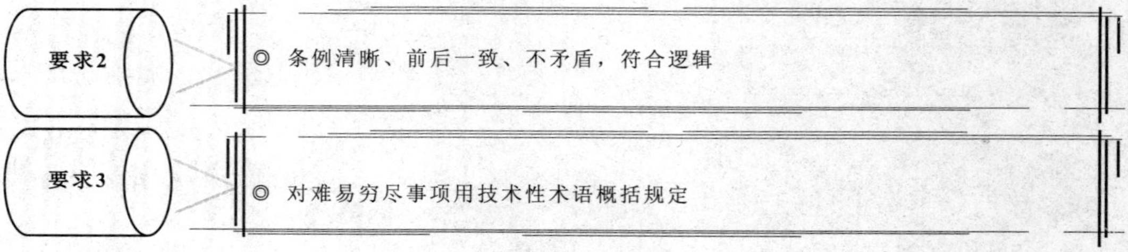

图 2-7　编写制度条款需遵循的要求（续）

2.2.6　整体的规范

一套体系完整、内容合理、行之有效的管理制度要求制度设计人员在设计管理制度时遵循一定的编写要求，即“三符合、三规范”，具体如表 2-5 所示。

表 2-5　管理制度内容编制规范的具体要求

设计规范		具体说明
三“符合”		◆ 管理制度的内容应当符合管理者最初设想的状态、符合企业管理科学原理、符合客观事物发展规律或规则
三“规范”	规范制度制定者	◆ 品行好，能做到公正、客观，有较好的文字表达能力和分析能力，熟悉企业各部门的业务及具体工作方法 ◆ 了解国家法律、社会公共秩序和员工风俗习惯，明确制度的制定、审批、修改、废止等程序及权限 ◆ 制度所依资料全面、准确，能反映生产经营活动的真实面貌
	规范制度内容	◆ 合法合规，制度内容不违反国家法律法规和公德民俗，确保制度有效内容完善，制度体系完善、科学、系统，内容需规范、有效、有的放矢 ◆ 形式美观，制度框架格式统一、简明扼要、易操作，简洁、无缺漏 ◆ 语言简练，语言简洁、条例清晰、前后一致、符合逻辑规律 ◆ 制度的可操作性要强，注意与其他规章制度的衔接 ◆ 规定制度涉及的各种文本的效力，并用书面或电子文件的形式向员工公示或向员工提供接触标准文本的机会
	规范制度实施过程	◆ 明确培训及实施过程、公示及管理、定期修订等内容 ◆ 营造规范的执行环境，减少制度执行中可能遇到的阻力 ◆ 规范全体员工的职责、工作行为及工作程序 ◆ 制度的制定、执行与监督应由不同人员担当 ◆ 记录制度执行的情况并保留

2.3　管理制度体系设计步骤

2.3.1　明确问题

企业管理制度是企业员工在企业生产经营活动中遵守的规定和准则的总称，是企业赖以生存的体制基础，是企业员工的行为规范，是企业经营活动的体制保障。成功的企业背后一定有着一套健全的管理制度体系在规范性的执行。

管理制度体系建设是企业管理工作的基础，它以一定的标准和规范来调整企业内部的生产要素，调动职工的积极性和创造性，提高企业的经济效益。当企业发展到一定规模后，能否科学地进行管理，对企业的发展至关重要。

企业在不同的发展阶段对制度体系的需求不同，具体体现如图 2-8 所示。

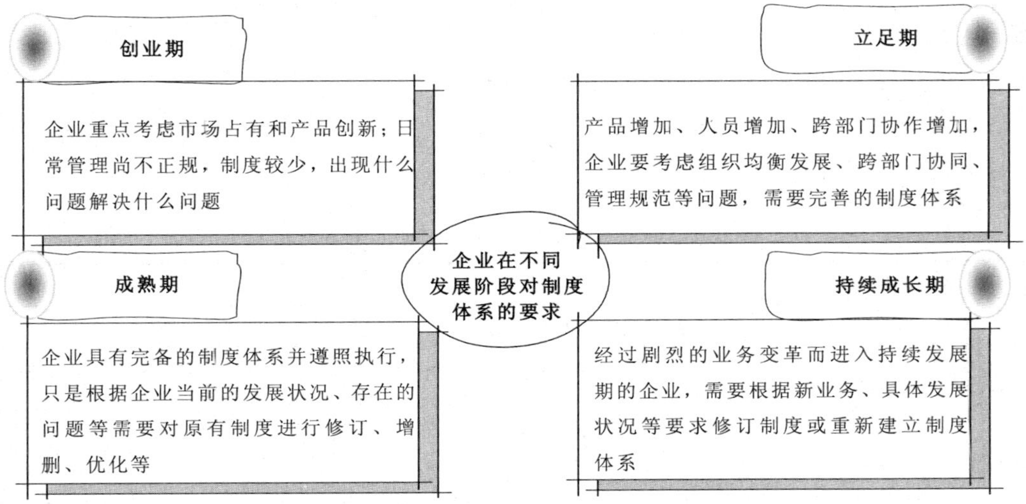

图 2-8　企业在不同发展阶段对制度体系的要求

2.3.2　角度定位

从企业实际出发的制度体系，能得到有效执行的前提条件是准确、清晰而科学的定位。制度体系设计人员在设计或修订制度体系时，可依据企业经营管理的需要、解决问题的需要，从五个方面选择制度体系的切入角度，从而站对、站稳制度体系设计的立足点。具体如表 2-6 所示。

表 2-6　制度体系设计角度定位说明表

角度分类	设计角度	角度定位说明
制度体系设计依据	战略角度	制度体系设计要从战略高度出发，符合本企业战略发展需要，要依据企业战略发展需要明确职能、确定组织结构、权责关系等
	企业文化角度	企业制度的本身就是企业文化的组成部分，所以制度体系设计一定要在遵循企业文化的前提下进行，否则制度的执行将会阻力重重或很难执行，最后成为一纸空文
制度体系所属层级	企业管理角度	企业为了整体上把握和控制业务、人力、财务和物力等，对组织架构、资源配置和企业战略、员工行为规范等做出整体性、基础性的规定
	部门管理角度	若要对某一部门的管理制定规划，就要站在部门管理的角度进行制度体系设计，以明确部门级别、权限范围、规范内容等
	业务作业管理角度	即对业务处理的过程管理给出具体的规定，这一角度的制度规范具体可分为三种形式，即管理手册、程序文件和作业指导书

2.3.3 调研访谈

不论是新制度体系设计，还是对原有制度体系进行修订，要想让制度体系更完善、各条目的内容更有针对性，制度体系设计人员应进行调研访谈，以了解企业实际存在的、业务运作过程中出现的、需要解决的问题等，从而设计出真正能满足企业需求的制度体系。

进行调研访谈，制度体系设计人员一般采用观察法、访问法、会议法、查阅法等方式进行。这四种方式并非孤立存在的，一般不单独使用，而是根据具体的制度要求、特点等结合使用，以获得全面、准确、有用的资料，为制度体系设计提供参考依据。

在采用上述方式进行调研时，依据受访对象不同，所获取的资料亦有所不同，具体如表 2-7 所示。制度设计人员可参考确定谈话内容准备问题。

表 2-7 受访对象及其谈话的侧重点关系列表

受访对象	访谈重点
制度发起者	制度制定目的、需要达到的效果、管理者的管理思想与理念等
制度涉及部门的管理人员	从制度实施、落实的角度，了解相关管理人员的需求、当前工作中存在的问题、制度规范的要点、制度体系设计的意见或建议等
其他相关人员及基层员工	听听基层员工的心声，了解意见、建议、需规范的内容等，让大家都参与制度体系的设计工作，以利于制度的公示执行

对于通过调研访谈所获得的资料，制度体系设计人员要进行整理、归纳和分析，找出规律性的、本质的东西，同时比较各项工作事务之间的联系与区别，总结制度应包含的内容，为制度的起草做充分的准备。

2.3.4 统一规范

一套完整、内容合理、行之有效的企业管理制度体系应达到“三符合”的要求，即符合企业管理的科学原理、符合管理者最初设想的状态、符合企业行为涉及的客观事物的发展规律或规划。

为使制度体系达到上述要求，制度设计工作必须遵循三个“规范”，具体如表 2-8 所示。

表 2-8 制度设计应遵循的三个“规范”

三个“规范”	规范的内容
规范制度的制定者	※ 品行要好，能做到公正、客观 ※ 要有较好的文字表达能力和分析能力 ※ 要熟悉企业各部门的业务及具体工作方法 ※ 要了解国家法律、社会公共秩序和员工的风俗习惯

续表

三个“规范”	规范的内容
规范制度的内容	※ 制度体系要完善、科学、系统 ※ 制度内容要规范、有效、有的放矢 ※ 不能违反国家法律法规和公德民俗 ※ 要根据企业实际需要设计相应条款 ※ 要充分考虑员工的意见，要明确、翔实，便于理解与执行 ※ 要明确制度的制定、审批、修改、废止等程序及权限 ※ 要明确培训及实施过程、公示及管理、定期修订等内容 ※ 制度所依的资料必须全面、准确，能反映生产经营活动的真实面貌
规范制度的实施过程	※ 营造规范的执行环境，减少制度执行中可能遇到的阻力 ※ 规范全体员工的职责、整体职务行为及工作程序 ※ 制度的制定、执行与监督应由不同人员担当

2.3.5 起草阶段

在管理制度体系的设计工作中，明确了需要解决的问题及所要达到的目的、找到了制度的角度定位、明确了制度规范化的程度后，就进入制度体系内容的起草阶段。在起草制度的过程中，制度设计人员应遵循如图 2-9 所示的步骤进行。

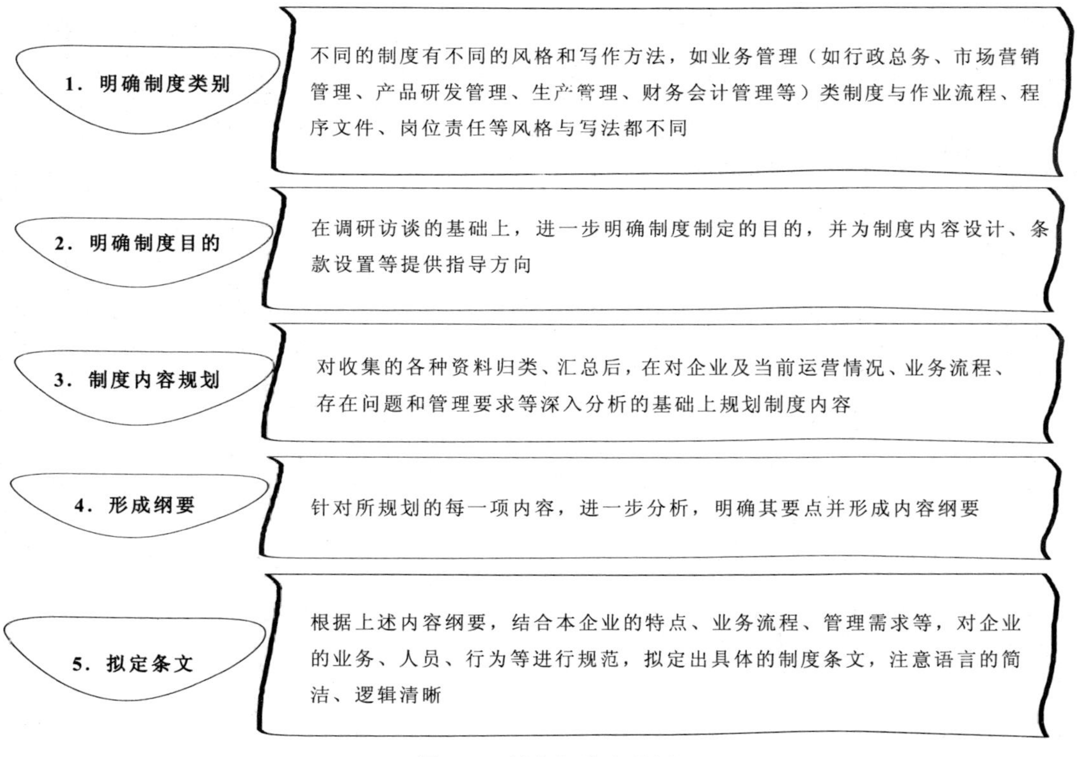

图 2-9 制度起草步骤图

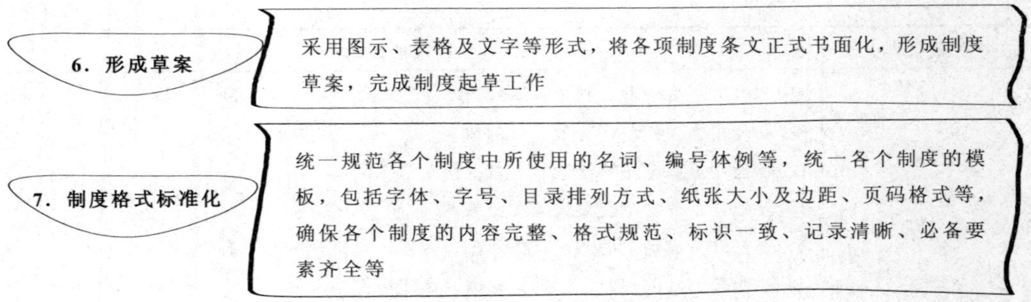

图 2-9 制度起草步骤图（续）

2.3.6 定稿阶段

制度草案制定完成，需要通过意见征询、试行等方式获得相关建议、意见，查找不足和纰漏，以便对其进一步修改和完善，直到最终定稿。

形成的制度草案，制度设计人员可通过三种方式征求意见，具体如图 2-10 所示。

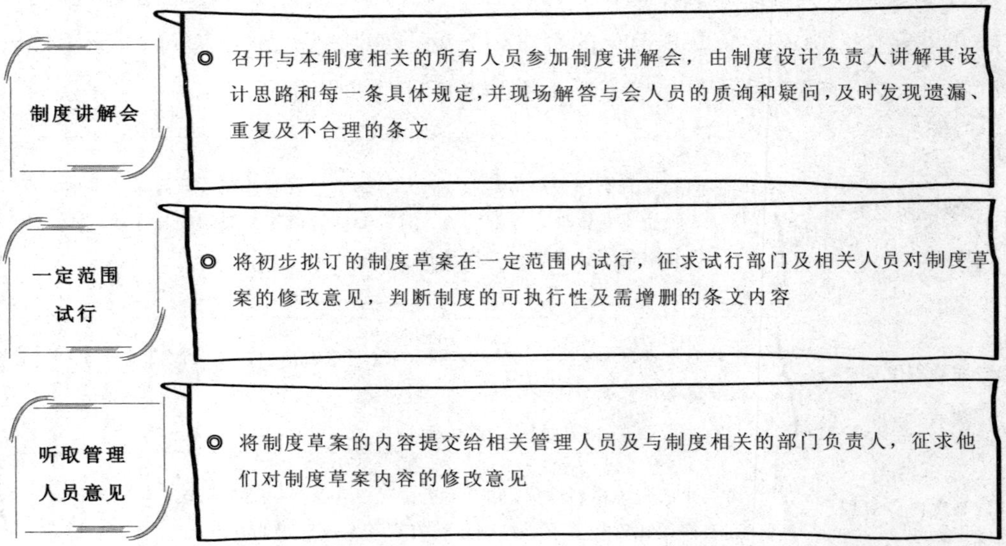

图 2-10 制度草案意见征询方式简介图

通过上述方式进行意见征询后，制度设计负责人应综合分析意见征询结果，汇总各种修改意见，对制度进行修改和完善，最终形成正式的制度条文，提交权限主管领导审核后呈交总经理批准或董事会审议通过后公示执行。

2.3.7 正式公布

制度体系一经制定，就要为企业的运营和发展服务，而非束之高阁。因此，经批准后的各项规章制度，企业应当以适当的方式向全体员工公示，以示制度自公示之日起生效，也便于员工遵守执行。

常用的制度公示方式有四种，企业可根据实际情况选择运用，如表 2-9 所示。

表 2-9 公示制度的四种方式列表

公示制度的方式	方式执行办法
集中学习	召开全体职工大会或者组织全体职工进行集中学习、培训，让员工在“培训出勤表”上签名
全文公告公示	在企业公共区域将制度内容全文公告，并将公告的现场以拍照、录像等方式记录备案
员工阅读签字确认	将制度做成电子或纸质文本交由员工阅读，且在阅读后签字确认，确认方式包括在制度的尾页签名、另行制作表格登记、制作单页的“声明”或“保证”
作为劳动合同附件	将制度作为劳动合同的附件，做到人手一册，在劳动合同中专款约定“劳动者已经详细阅读，并愿遵守本企业的各项规章制度”

作为企业的经营管理人员或人事管理人员，在制度公示工作方面一定要细心谨慎，务必要严格注意下列两大事项。

（1）务必让当事人知晓，即务必将有关当事人的有关通知、决定等送到当事人本人手中，而不是通告一贴，高高挂起，要做到真正的“公示”“告知”。

（2）要注意留存公示的证据。不同公示方式有不同的证据留存方式，例如，让员工在“签阅确认函”上签字确认，确认的内容主要包括“已经阅读、明了”并且承诺“遵守”。

第 3 章

组织与战略规划制度设计

3.1 战略规划制度体系结构

3.1.1 战略规划制度体系架构图

所谓战略规划，就是制定组织的长期目标并将其付诸实施。企业若想实现有效的可持续发展，必须建立科学、完善的战略规划制度体系。

一个完整的战略规划制度体系应包括如图 3-1 所示的几项基本内容。

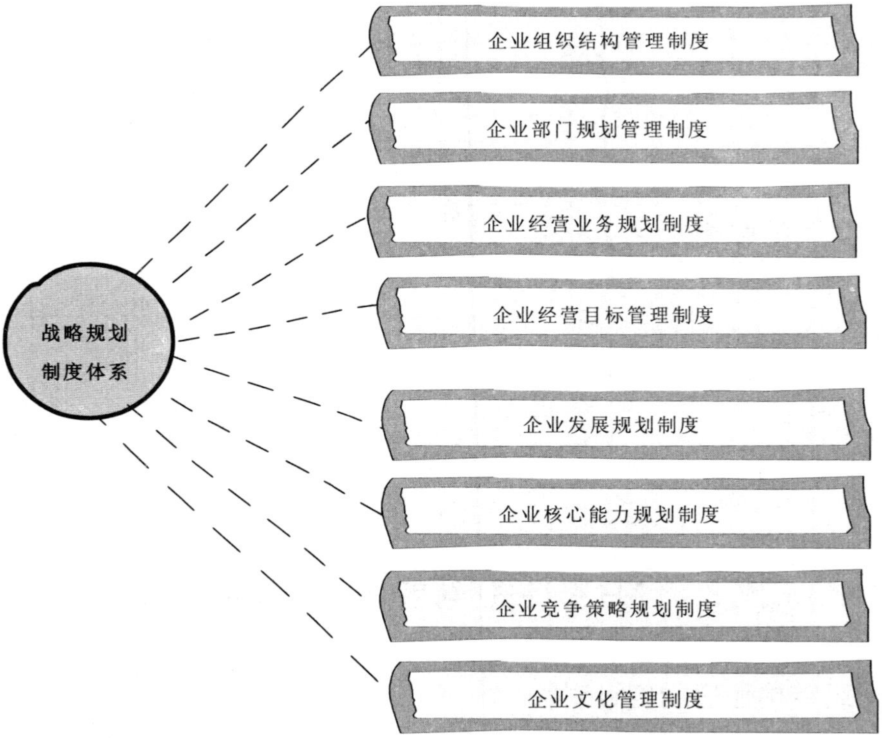

图 3-1 战略规划制度体系架构图

3.1.2 战略规划制度体系关注点

为了加强企业的战略管理，更好地整合优势资源，获取竞争优势，企业在构建战略规划制度体系时，应注意如图 3-2 所示的关注点。

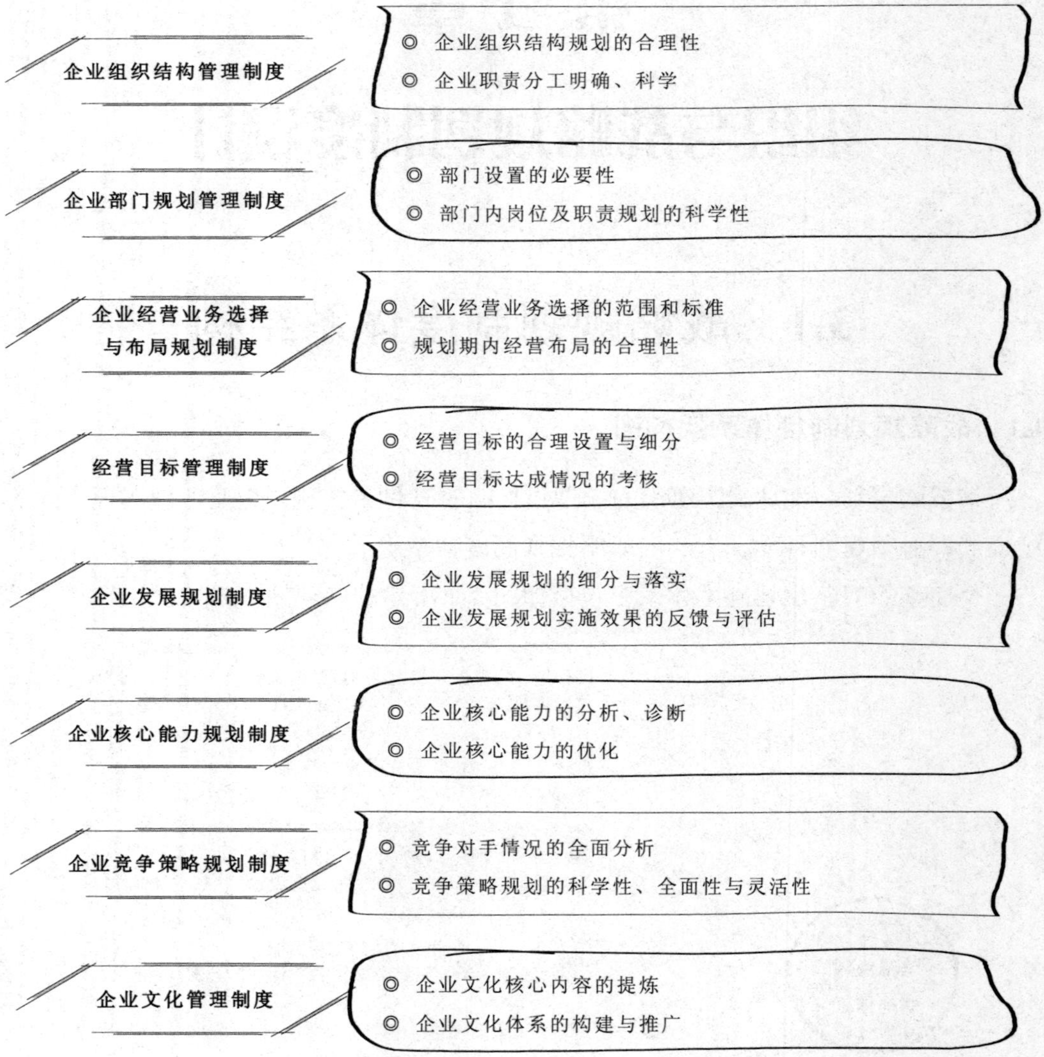

图 3-2 战略规划制度体系关注点说明图

3.2 组织结构管理制度设计

3.2.1 组织结构管理制度针对性

组织结构是组织的全体成员为实现组织目标，在管理中进行分工协作，在职务范围、责任、权利方面所形成的结构体系。

企业组织结构管理制度是对组织结构的设置及权责分工等内容进行说明，其针对性主要有如图3-3所示的三项内容。

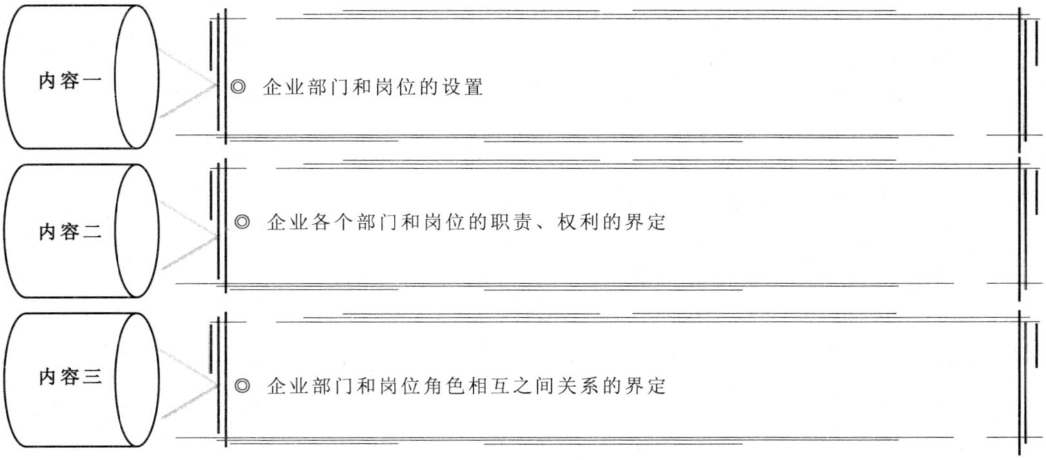

图3-3 组织结构管理制度的针对性

3.2.2 组织结构管理制度关键点

组织结构是企业流程运转、部门设置及职能规划等最基本的结构依据，常见的组织结构形式包括集权制、分权制、直线式及矩阵式等。在制定企业的组织结构管理制度时，应注意如图3-4所示的六个关键点。

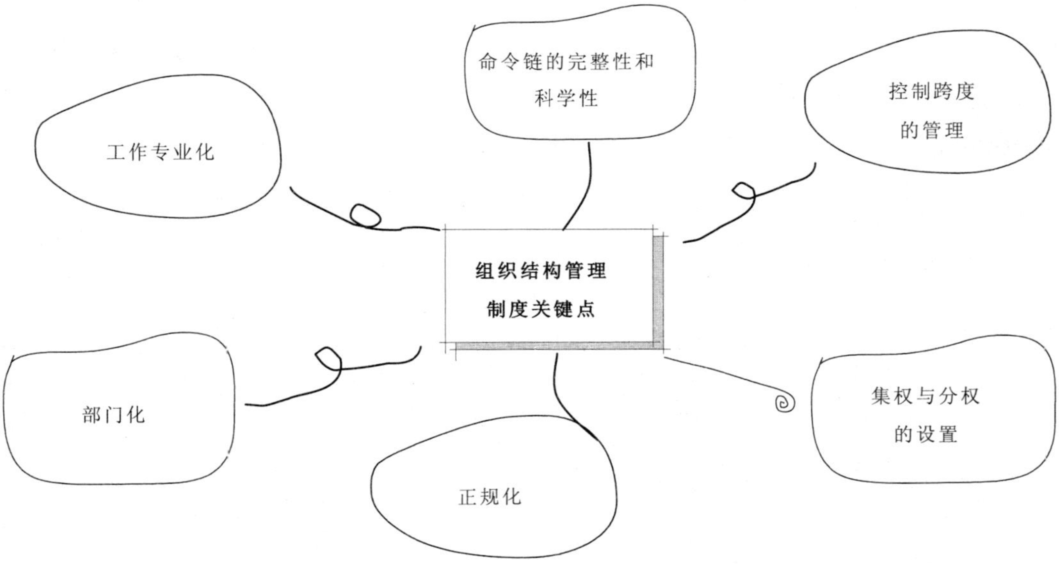

图3-4 组织结构管理制度的六个关键点

3.2.3 组织结构管理制度设计范例

制度名称	组织结构管理制度				
制度版本		受控状态	□ 受控 □ 非受控	制度编号	

总则
第1章

第1条 目的

为了规范公司组织机构的设立与人员配置，实现公司最大效能，根据公司的章程和相关制度规范，特制定本制度。

第2条 适用范围

本制度适用于公司组织结构管理相关事项的管控。

第3条 基本原则

在对公司的组织结构进行管理时，必须遵循以下基本原则。

1．精简原则，公司的组织结构必须以必要而设立。

2．效率原则，公司组织机构的设立须满足效率最大化。

3．独立原则，公司的各组织机构应职责明晰，且职能之间不能相容。

4．协作原则，组织机构之间应顾全公司整体利益，在各司其职的前提下，分工合作。

细则
第2章
组织结构总体说明

第4条 组织结构图

公司的主要组织结构如下图所示。

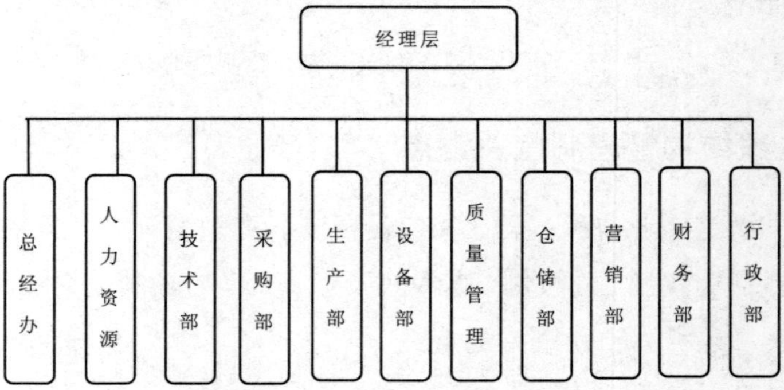

公司组织结构图

第5条 岗位设置

公司的岗位设置与人员配置如下表所示。

公司岗位设置说明表

部门	编制说明
经理层	总经理1名，常务副总1名，经理助理1名
总经办	主任1名，员工岗位根据实际需要增减
人力资源部	经理1名，主管1名，员工岗位根据实际需要增减
技术部	经理1名，主管1名，员工岗位根据实际需要增减
采购部	经理1名，主管1名，员工岗位根据实际需要增减
生产部	经理1名，主管1名，员工岗位根据实际需要增减
设备部	经理1名，主管1名，员工岗位根据实际需要增减
质量管理部	经理1名，主管1名，员工岗位根据实际需要增减
仓储部	经理1名，主管1名，员工岗位根据实际需要增减
营销部	经理1名，市场主管1名，销售主管1名，员工岗位根据实际需要增减
财务部	经理1名，主管1名，会计1名，员工岗位根据实际需要增减
行政部	经理1名，主管1名，员工岗位根据实际需要增减

续表

<table>
<tr><td>制度名称</td><td colspan="5">组织结构管理制度</td></tr>
<tr><td>制度版本</td><td></td><td>受控状态</td><td>□ 受控 □ 非受控</td><td>制度编号</td><td></td></tr>
<tr><td>第3章
总经理权责
说明</td><td colspan="5">第6条 总经理职责
1. 主持制定公司的经营方针、发展规划、经营目标及实施措施。
2. 指导、监督全体员工按期保质完成生产、销售任务和年度经营目标。
3. 主持行政全面工作，及时决策和处理生产经营中的重大问题和紧急事件。
4. 协调各部门关系，仲裁和防止部门之间的冲突。
5. 决定公司组织机构和人员编制，负责各项规章制度的发布、实施、修订与废止。
6. 按财务管理规定负责审批公司各项费用开支。
7. 重视职工培训，提高职工素质。
第7条 总经理权力
1. 对公司的生产经营、产品研发、技术更新、市场开发有决策权和指挥权。
2. 在规定的范围内对公司的人、财、物力等资源有调度权，对紧急重大问题有处置权。
3. 对常务副总人选有提名报审权，对中层管理人员有任免权，对员工有奖惩权。
4. 有权签发公司内部各种文件和工作报告，有权代表公司对外签订经济合同或协议。
5. 有权调整公司组织机构，建立、健全、修改完善各项规章制度、制定具体政策。</td></tr>
<tr><td>第4章
各部门职责
分工</td><td colspan="5">第8条 总经办职责
总经办主要负责本公司行政管理、人事管理、总务管理及公共关系等事项。
第9条 人力资源部职责
人力资源部主要负责公司的人力资源规划、员工招聘、培训、绩效考核、薪酬福利管理和劳动关系管理工作。
第10条 技术部职责
技术部主要负责本公司技术管理与新产品开发、技术改进等事项。
第11条 采购部职责
采购部负责公司生产物资的采购、供应、保管等工作事项。
第12条 生产部职责
生产部负责本公司产品生产的组织和管理事项。
第13条 设备部职责
设备部负责公司设备的购置、使用培训、维护、保养与报废等相关事项。
第14条 质量管理部
质量管理部负责公司质量管理、质量检测、质量监督等事项。
第15条 仓储部职责
仓储部负责本公司物资的入库管理、保管和出库管理。
第16条 营销部职责
营销部负责本公司产品营销、市场开发和供应商管理等事项。
第17条 财务部职责
财务部负责公司财务管理、成本管理等事项。
第18条 行政部职责
行政部负责公司的车辆管理、安保管理、来宾接待、会议管理、办公用品管理等事项。</td></tr>
</table>

续表

制度名称	组织结构管理制度				
制度版本		受控状态	□ 受控　□ 非受控	制度编号	
第5章 附则	第19条　本制度由总经办负责制定，总经办保留对本制度的修订和解释权。 第20条　本制度自颁布之日起生效，执行过程中如遇争议，由总经办裁决。				
编制部门		审批人员		审批日期	

3.3　企业发展规划制度设计

3.3.1　企业发展规划制度针对性

随着经济发展的社会化、现代化进程，以及宏观经济的急剧变化，从客观上就要求企业具有长远的战略观点，充分考虑复杂多变的宏观经济因素，制定相应的企业发展规划。

在制定企业的发展规划时，必须以企业的发展规划制度为依据。企业发展规划制度的针对性如图 3-5 所示。

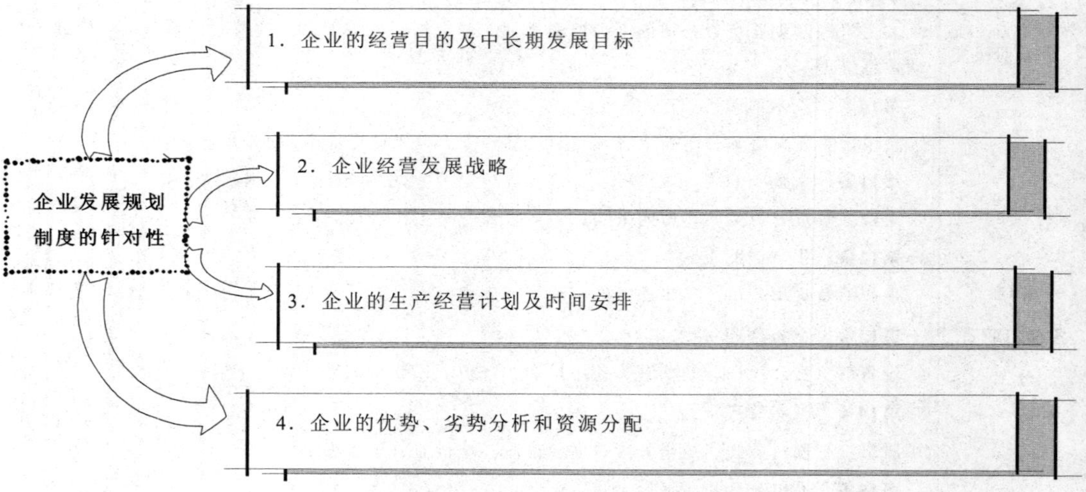

图 3-5　企业发展规划制度的针对性

3.3.2　企业发展规划制度关键点

企业发展规划是企业发展计划的路线和原则、灵魂与纲领。企业发展规划制度指导企业制订发展计划，企业发展计划落实企业发展规划。企业发展规划制度的关键点主要有如图 3-6 所示的四项内容。

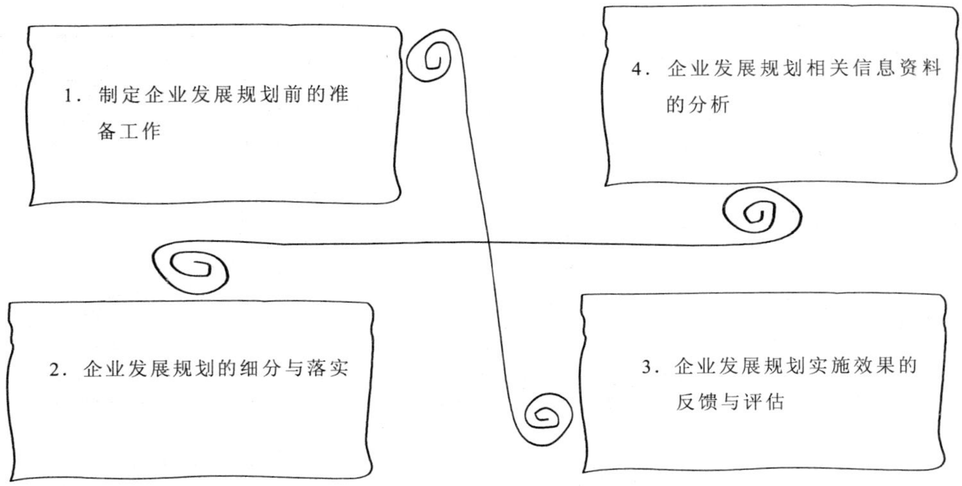

图 3-6　企业发展规划制度的四个关键点

3.3.3　企业发展规划制度设计范例

<table>
<tr><td>制度名称</td><td colspan="5">企业发展规划管理制度</td></tr>
<tr><td>制度版本</td><td></td><td>受控状态</td><td>□ 受控　□ 非受控</td><td>制度编号</td><td></td></tr>
<tr><td>总则
第1章</td><td colspan="5">第1条　目的
为了规范公司发展规划的制定工作，确保制定的发展规划科学、合理，有利于公司的长期发展，特制定本制度。
第2条　适用范围
本制度适用于公司发展规划的制定工作。
第3条　职责分工
1．公司总经理负责对公司的发展规划进行审批、改进。
2．公司总经办全面负责公司发展规划的制定、组织实施与反馈、评估、改进等工作。
3．公司其他各职能部门负责对公司的发展规划提出适当的意见并组织执行。</td></tr>
<tr><td>细则
第2章
公司发展规划基本要求</td><td colspan="5">第4条　公司发展规划的基本类型
公司发展规划主要有以下三种类型，其基本内容如下。
1．全面规划，即在战略期内有关公司各方面的全面规划，适用于公司对所定目标比较有把握的情况。
2．渐进式规划，这一规划与全面规划正好形成两个极端，由于企业会遇到许多不确定因素，要求企业的规划根据情况而随时改变。
3．选择性规划，这是一种介于全面规划和渐进式规划之间的折中选择，它一般只把主要的工作规划出来，而对今后3～5年内做什么并不明确规定。
第5条　公司发展规划的基本内容
一份完整的公司发展规划必须包含以下四项基本内容。
1．公司的长期发展方向和经营目标。
2．公司发展的SWOT分析。
3．公司发展规划的具体实施计划及细分目标。
4．成本与效益分析。</td></tr>
</table>

续表

<table>
<tr><td>制度名称</td><td colspan="5">企业发展规划管理制度</td></tr>
<tr><td>制度版本</td><td></td><td>受控状态</td><td>□ 受控　□ 非受控</td><td>制度编号</td><td></td></tr>
<tr><td></td><td colspan="5">第6条　制定公司发展规划的基本原则
在制定公司的发展规划时，必须遵循以下基本原则。
1. 长期性原则，所制定的公司发展规划的期限一般为3～5年。
2. 战略性原则，在发展规划中必须对企业采取的战略做详细的说明。
3. 经济性原则，通过现金流量和投资收益率等长期指标对发展规划进行经济分析。
4. 应变性原则，公司的发展规划是在长期性预测的基础上制定的，除了有一套供执行的长期计划外，还应有一套应付意外变化的规划。</td></tr>
<tr><td>第3章
制定公司
发展规划
的程序</td><td colspan="5">第7条　公司发展规划的准备
1. 针对公司自身和环境的客观实际情况，分析制定公司发展规划的必要性及采取什么样的发展战略。
2. 确定制定发展规划所基于的指导思想、方针和应遵循的原则。
3. 确立明确的发展方向和目的。
第8条　公司发展规划的分析
在制定公司的发展规划之前，规划制定人员应该对相关影响因素进行全面分析，并根据分析结果确定公司发展的方向、方针，以作为制定公司发展规划的依据。主要分析内容如下。
1. 外部因素分析内容。
（1）宏观环境分析，主要包括政治分析、经济分析、社会分析和技术分析。
（2）中间环境分析，主要包括公司所在行业发展因素分析、竞争结构分析、行业特征评价、机会威胁分析、生命周期分析。
（3）微观环境分析，主要包括顾客需求发展分析、供应者供应能力分析、竞争对手的竞争能力分析、潜在进入者分析、替代品分析。</td></tr>
<tr><td></td><td colspan="5">2. 内部因素分析内容。
（1）公司内部分析，主要包括公司资源竞争优势分析、公司核心竞争力分析、公司价格成本分析、关键利益相关者分析、企业产品、服务的生命周期分析及SWOT分析。
（2）公司财务分析，主要包括经济效益分析方法、财务管理的能力与效益分析、公司财务能力分析、经济效益评价指标和财务比率分析。
（3）市场分析，主要包括市场营销环境分析、产品结构分析、产品生命周期分析、产品竞争能力分析及市场营销能力分析。
第9条　公司发展规划的制定与执行
1. 提出公司在发展规划期内的初步目标、决策和任务。
2. 对公司现有资源的利弊做一个客观的分析评价，分析时既要重视公司生产和财务方面的资源，更要重视公司的人力资源。
3. 评估公司的发展潜力，主要是分析公司的技术能力和公司竞争者的情况。
4. 组织开展市场调研活动，对市场的现状及发展趋势和消费者需求有一个明确的了解。
5. 选择公司产品的目标市场，在进行市场定位时应注意考虑公司的消费者、供应商、批发商、零售商在销售渠道中的分布情况及公司与他们的关系。
6. 根据相关信息制定公司的发展规划，规划中应有形势分析，要达到的具体目标、活动日程安排、财政预算等。</td></tr>
</table>

续表

<table>
<tr><td>制度名称</td><td colspan="5">企业发展规划管理制度</td></tr>
<tr><td>制度版本</td><td></td><td>受控状态</td><td>□ 受控 □ 非受控</td><td>制度编号</td><td></td></tr>
<tr><td></td><td colspan="5">7. 在经讨论且由总经理审批通后组织执行公司的发展规划，并不断收集其执行的反馈信息，根据实际情况对发展规划进行适当调整，使其更好地适用于公司的发展。
第10条 制定公司发展规划的注意事项
1. 在公司发展战略的制定和实施过程中必须紧紧围绕战略的核心。
2. 注意中、长期规划下实施计划的细分和落实。
3. 所制订的具体实施计划必须是基于公司发展战略基础上的详细的相对短期目标。</td></tr>
<tr><td>第4章
附则</td><td colspan="5">**第11条** 本制度由总经办负责制定，总经办保留对本制度的修订和解释权。
第12条 本制度自总经理审批通过之日起执行。</td></tr>
<tr><td>编制部门</td><td></td><td>审批人员</td><td></td><td>审批日期</td><td></td></tr>
</table>

3.4 经营目标管理制度设计

3.4.1 经营目标管理制度针对性

企业经营目标，是指在一定时期企业生产经营活动预期要达到的成果。它是企业生产经营活动目的性的体现。

经营目标管理制度是对企业经营目标的制定、实施、检查与考核等相关事项进行明确规定，以作为开展相关工作的依据。经营目标管理制度具有的针对性作用如图 3-7 所示。

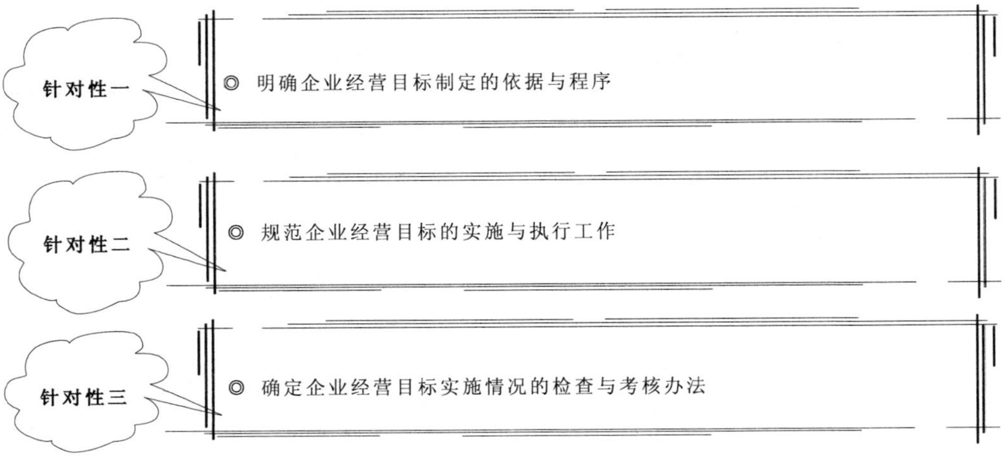

图 3-7 经营目标管理制度的针对性作用

3.4.2 经营目标管理制度关键点

经营目标是企业发展战略的体现，是企业价值评估的基础之一。为了做好经营目标的管理工作，在制定企业的经营目标管理制度时，应注意如图 3-8 所示的六个关键点。

关键点一 ◎ 经营目标管理要从企业的发展规划开始

关键点二 ◎ 经营目标设置的整体性、终极性和客观性

关键点三 ◎ 经营目标和管理目标应相辅相成

关键点四 ◎ 经营目标的细分应清晰、合理

关键点五 ◎ 经营目标管理的相关规定应简明、易于执行

关键点六 ◎ 经营目标管理是一项系统管理工作，应精于设计、重在推行及全面统筹

图 3-8 经营目标管理制度的六个关键点

3.4.3 经营目标管理制度设计范例

<table>
<tr><td>制度名称</td><td colspan="5">经营目标管理制度</td></tr>
<tr><td>制度版本</td><td></td><td>受控状态</td><td>□ 受控 □ 非受控</td><td>制度编号</td><td></td></tr>
<tr><td>总则
第1章</td><td colspan="5">第1条 目的。
为了确保公司经营目标的顺利达成，提高公司的现代管理水平，增强公司素质，提高经济效益，特制定本制度。
第2条 适用范围。
本制度适用于公司的经营目标管理工作。</td></tr>
<tr><td>细则
第2章
经营目标
的制定</td><td colspan="5">第3条 经营目标制定的依据。
公司经营目标的制定依据主要包括以下几项内容。
1. 国家的方针政策，市场现状及发展趋势，上级主管部门下达的产品品种、质量产量、利润等技术经济指标和其他要求。</td></tr>
</table>

续表

制度名称	经营目标管理制度				
制度版本		受控状态	□ 受控　□ 非受控	制度编号	
	2．公司的中长期企业发展规划、新产品开发规划、全面质量管理发展规划、技术改造规划、生产发展规划及其他规划。 3．市场的调查、分析、预测的相关情报资料。 4．公司的实际能力和现有水平及上年度经营目标实施的遗留问题。 **第4条**　经营目标制定的程序。 1．在每年年初，由总经理提出下年度经营目标设想，并组织相关人员讨论、研究，形成公司经营目标指导思想。 2．由专人组织，根据公司经营目标指导思想，由公司的各个职能部门提出下年度公司经营目标设想，并收集、准备相关资料。 3．公司各个部门组织对经营目标设想进行可行性分析论证，形成各部门经营目标计划。 4．由分管副总对各部门提交的经营目标计划进行汇总，形成公司年度经营目标，组织组织进行讨论、修订。 5．总经理负责对公司的经营目标进行审批，在审批通过后，由专人负责按系统图法编制出公司的经营目标执行图。				
第3章 经营目标的执行	**第5条**　经营目标的执行一定要坚持以数据说话的原则，目标值尽可能定量化。 **第6条**　经营目标必须按系统图法执行，纵向到底，横向到边，纵横连锁，确保经营目标的有效执行。 **第7条**　分管副总负责根据公司经营目标展开的内容和分管工作的重点，列出目标值和具体措施，在经总经理审批通过后组织执行。 **第8条**　公司各部门要紧紧围绕经营目标，结合本部门的实际情况，发动员工认真制定本部门的目标，保证每个目标值都能落实到部门和个人，确保公司经营目标的实现。 **第9条**　公司生产车间的目标由车间主任主持编制，根据主管部门的目标和本车间分管工作的重点，列出产品产量、质量、安全生产、教育培训等内容和本车间的目标值、实施措施、责任人、进度和检查、评价、总结等执行标准。 **第10条**　各部门及生产车间所制定的目标及执行计划由分管副总审核，经总经理审批通过后组织执行。 **第11条**　为确保公司经营目标的实现，公司每年组织两次“分阶段PDCA循环”，“分阶段PDCA循环计划”由总经办会同有关部门根据公司年度经营目标安排的进度制定。 **第12条**　各部门应围绕公司的经营目标和本部门目标，认真组织月度“PDCA循环”，每月10日前制订下一月份的实施计划，总结本月计划的实施情况，并由分管副总审批。 **第13条**　在经营目标的实施过程中，公司各部门应要充分调动员工的工作积极性，确保各级目标值的顺利达成。 **第14条**　公司各部门应建立目标管理卡，将每项目标的展开情况，实施过程中的计划、协调、检查、调整、考核等情况登记在案，逐步达到目标管理的标准化。				
	第15条　公司总经办为经营目标管理的主管部门，应做好经营目标的组织、实施、协调、检查和考核等相关工作。				

续表

<table>
<tr><td>制度名称</td><td colspan="5">经营目标管理制度</td></tr>
<tr><td>制度版本</td><td></td><td>受控状态</td><td>□ 受控 □ 非受控</td><td>制度编号</td><td></td></tr>
<tr><td>第4章
经营目标的诊断与考核</td><td colspan="5">
第16条 在分管副总主持下，总经办应当组织有关人员对经营目标实施情况每季度进行一次诊断，并及时解决实施中存在的问题。
第17条 在开展经营目标诊断的前一周，由总经办向各部门发出面通知（由总经办制定，总经理批准），由各部门自行检查对照，广泛调查、收集相关资料，形成书面记录，做好诊断前的准备工作。
第18条 经营目标诊断会由分管副总、总经办及各部门负责人参加，诊断根据经营目标执行图逐项逐条检查进度的效果，对其中存在的薄弱环节，应组织分析原因并制订整改计划，经总经理批准后执行。
第19条 根据目标值实现的情况，对每条目标值给予评价并考核，明确落实责任部门或责任人。评价结果分为A、B、C三级。具体标准及处理措施如下表所示。
经营目标考核结果处理表
<table>
<tr><th>等级</th><th>标准</th><th>处理办法</th></tr>
<tr><td>A级</td><td>按目标进度要求实施，且成绩显著</td><td>视实际情况给予表彰奖励</td></tr>
<tr><td>B级</td><td>基本按目标进度要求实施、效果一般</td><td>组织并制定改进措施</td></tr>
<tr><td>C级</td><td>没有达到目标进度要求、效果较差且主要由主观努力不够所致</td><td>追究责任，认真分析原因，帮助纠正，并根据实际情况给予惩罚</td></tr>
</table>
</td></tr>
<tr><td>第5章
附则</td><td colspan="5">第20条 本制度由总经办负责制定，总经办保留对本制度的修订和解释权。
第21条 本制度自总经理审批通过之日起执行。</td></tr>
<tr><td>编制部门</td><td></td><td>审批人员</td><td></td><td>审批日期</td><td></td></tr>
</table>

3.5 技术创新管理制度设计

3.5.1 技术创新管理制度针对性

技术创新，是指改进现有或创造新的产品、生产过程或服务方式的技术活动。

技术创新管理，是指在一定的技术条件下，为了使各种资源的利用更加合理、企业整个系统运行更加高效而进行的管理。这种管理包括发展战略、组织结构、运作方式方法及文化氛围等方面的管理。

为了有效提高企业的技术水平，企业必须制定科学的技术创新管理制度，做好技术创新管理工作。技术创新管理制度应针对以下的目的设计，如图 3-9 所示。

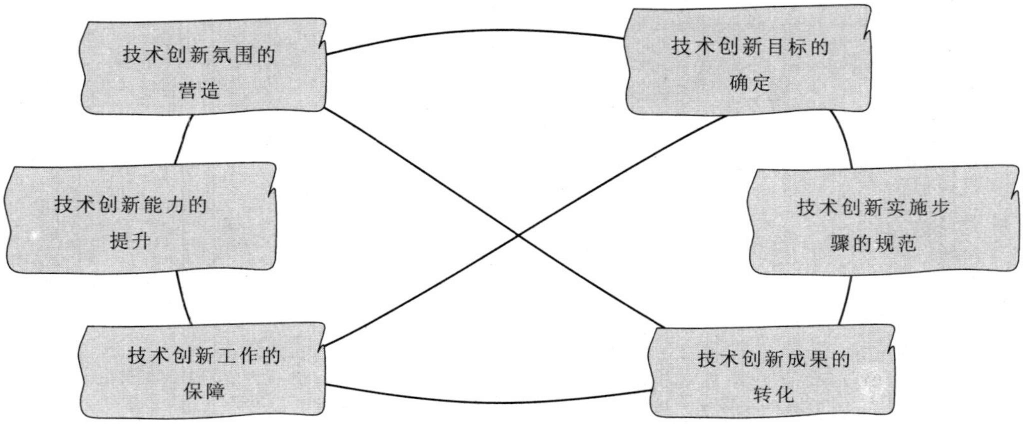

图 3-9　技术创新管理制度的针对性

3.5.2　技术创新管理制度关键点

随着改革的不断深入，面对激烈的市场竞争，如何加强企业技术创新管理，提高企业技术创新管理能力是我国企业不得不面对的问题。企业技术创新管理对企业的发展有着重大的现实意义。因此，企业在制定技术创新管理制度时，必须注意如图 3-10 所示的四个关键点。

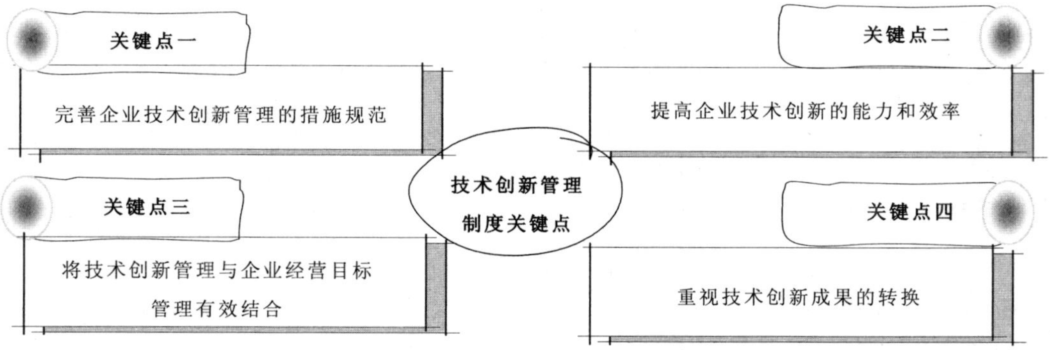

图 3-10　技术创新管理制度的四个关键点

3.5.3　技术创新管理制度设计范例

制度名称	技术创新管理制度				
制度版本		受控状态	□ 受控　□ 非受控	制度编号	
总则 第1章	**第1条**　为了提高公司产品的市场竞争力，促进技术创新工作的开展，保证公司持续创新发展战略的实施，特制定本制度。 **第2条**　本制度适用于公司新知识、新工艺、新技术的创新管理。 **第3条**　技术创新，是指对产品的知识、工艺、技术等采取的提高质量、创新产品、节能降耗等一系列创新活动。				

续表

制度名称	技术创新管理制度				
制度版本		受控状态	□ 受控 □ 非受控	制度编号	
细则 第2章 技术创新 的原则	**第4条** 公司的技术创新活动要与产品创新和管理技术创新相结合。 **第5条** 创新要以生产工艺生产为主线，对公司的生产要素、生产条件和生产组织进行新的规划组合。 **第6条** 研发部进行技术创新时，要以市场为主导，以公司经济效益为中心，以提高产品的市场竞争力为目标。 **第7条** 研发部组织的各类技术创新，要不断提高创新的起点和水平，加强产、学、研的相结合。				
第3章 技术创新 的目标	**第8条** 研发部开展的技术创新活动要以发展技术含量高、产品附加值高的产品为目标，促进公司产品结构合理化，推动产品升级换代速度，更好地满足目标市场需求。 **第9条** 技术创新要以改进生产工艺、提高产品质量目标。 **第10条** 技术创新工作的开展，要保证提高生产工艺设备的使用性能。 **第11条** 新技术的采用要以改进生产设备的操作水平，保证产品质量为目标。				
第4章 技术创新 的步骤	**第12条** 研发部人员对技术创新的实施条件进行分析，包括对公司现有的内部和外部条件进行分析，对同行业技术创新水平进行调查，对市场因素、社会发展趋势进行预测，对技术创新进行优势分析和劣势分析等。 **第13条** 根据数据分析与预测、专家意见及各职能部门的建议，研发部人员负责制定技术创新方案，交分管副总审核。 **第14条** 分管副总对方案内容进行分析后，提出指导性意见，研发部对方案进行调整，经审批后组织实行。 **第15条** 研发部对技术创新方案进行施行时，要对方案进行分解，各职能部门协助研发部开展技术创新工作，提高产品的生产效率。				
第5章 技术创新 的保障措施	**第16条** 研发部需编制技术创新计划和具体实施方案，编写技术创新物料清单，方便财务部做好资金预算。 **第17条** 财务部需编制技术创新预算，确保技术创新工作的资金投入。 **第18条** 研发部要根据技术创新的技术和方案，加强对创新经费的监督和管理，提高资金使用效益。 **第19条** 公司要强化激励措施，对在技术创新等方面做出突出贡献的部门、人员给予表彰和奖励，对创新技术业绩突出的人员进行评价、晋升、职称评聘等。				
第6章 技术创新 的成果管理	**第20条** 技术创新成果归公司所有。 **第21条** 对于在技术创新过程中形成的产品及其他实务资产，按公司相关财务制度进行处理。 **第22条** 在技术创新工作中取得的技术创新成果将作为公司内部进行表彰的依据。				
第7章 附则	**第23条** 本制度由研发部制定，其解释权、修改权归研发部所有。 **第24条** 本制度经总经理审批通过后，自颁布之日起实施。				
编制部门		审批人员		审批日期	

3.6 企业文化管理制度设计

3.6.1 企业文化管理制度针对性

企业文化，是一个企业由其价值观、信念、符号、处事方式等组成的其特有的文化形象。企业文化管理是指企业文化的梳理、凝练、深植和提升。

优秀的企业文化，能够带动员工树立与企业一致的目标，并为员工营造一种积极的工作氛围、共享的价值观念和管理机制，从而推动企业绩效水平的提高。因此，为了更好地做好企业文化管理，企业制定的企业文化管理制度必须具备如图 3-11 所示的针对性。

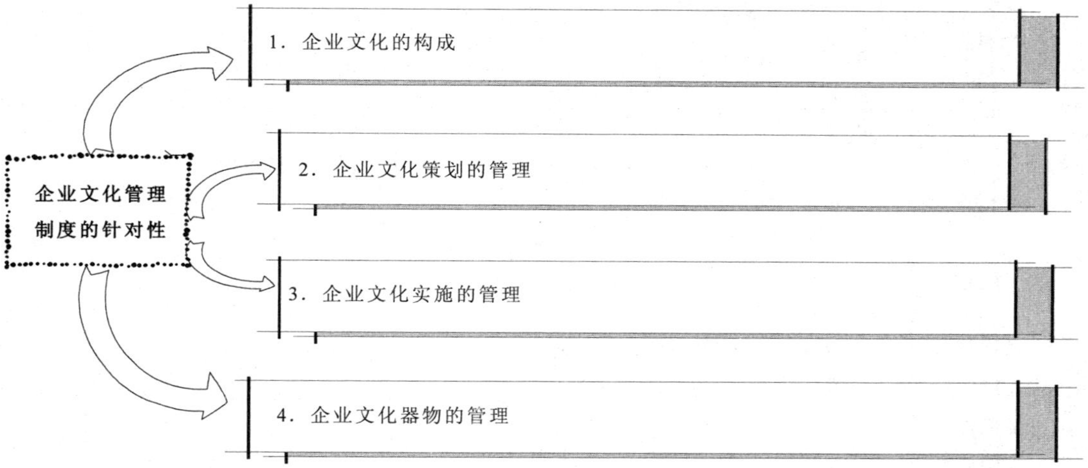

图 3-11　企业文化管理制度的针对性

3.6.2　企业文化管理制度关键点

企业文化并不是无形的，它是企业的核心价值观、业务流程、管理体系乃至创新与变革能力等的具体象征，在制定企业文化管理制度时，应注意如图 3-12 所示的六个关键点。

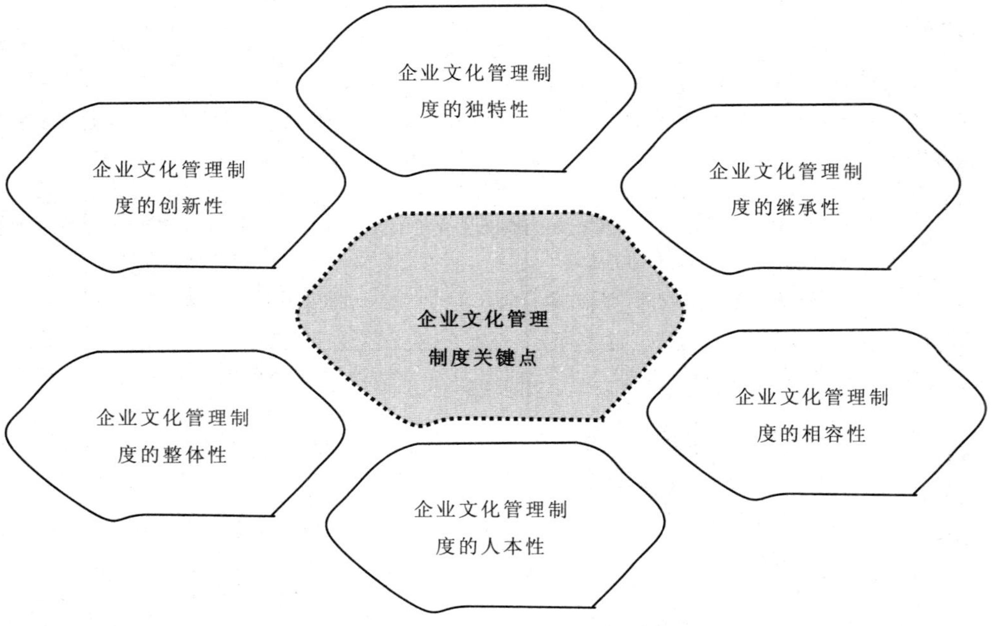

图 3-12　企业文化新管理制度的六个关键点

3.6.3 企业文化管理制度设计范例

<table>
<tr><td>制度名称</td><td colspan="5">企业文化管理制度</td></tr>
<tr><td>制度版本</td><td></td><td>受控状态</td><td>□ 受控 □ 非受控</td><td>制度编号</td><td></td></tr>
<tr><td>总则
第1章</td><td colspan="5">第1条 目的。
为了加强公司的企业文化建设，塑造能有效推动公司发展的企业文化，充分调动员工的积极性，特制定本制度。
第2条 适用范围。
本制度适用于公司的企业文化管理工作。</td></tr>
<tr><td>细则
第2章
企业文化
管理职责分工</td><td colspan="5">第3条 总经理工作职责。
总经理是公司企业文化管理的主管领导，其主要工作职责主要有以下五项内容。
1．确定公司企业文化的核心内容。
2．审批并完善公司企业文化管理制度。
3．审批公司企业文化发展规划。
4．审批公司企业文化年度工作计划。
5．决策公司企业文化管理的各项重大事项。
第4条 总经办工作职责。
总经办是企业文化管理的主管部门，在总经理领导下开展工作，其职责包括以下几项。
1．研究和制定公司企业文化核心内容。
2．制定公司企业文化管理制度。
3．制定公司企业文化发展规划。
4．制订公司企业文化年度工作计划。
5．制定公司对内对外宣传规范，并监督执行。
6．组织进行对公司企业文化重要议题的相关研究。
7．开展公司对内对外企业文化宣传，组织公司企业文化活动。</td></tr>
<tr><td>第3章
企业文化
理念管理</td><td colspan="5">第5条 公司文化理念是指公司的企业愿景、企业使命、核心价值观、经营理念、管理思想等企业文化核心内容。
第6条 在确定公司的企业文化之前，总经办应充分调研国内外先进企业文化，针对企业的现状和实际需要，制定符合公司发展战略的企业文化。
第7条 总经办在开展企业文化工作中，应深入实际调研分析，及时了解员工的思想动态，分析公司所处产业的特点，广泛听取各部门的意见和建议，使公司的企业文化理念能够切合企业实际，从而对公司的发展起到有效的推动作用。
第8条 公司的各职能部门应为企业文化管理工作提供充分支持和密切配合，并根据实施情况提供有效的意见和建议。
第9条 公司总经理负责对公司企业文化理念进行审议和确定，以作为公司企业文化工作开展的依据。</td></tr>
<tr><td>第4章
企业文化
内容管理</td><td colspan="5">第10条 公司的企业文化管理制度是企业文化理念的表达和规范，必须与企业文化理念保持一致。
第11条 公司的企业文化管理制度必须包含以下三方面基本内容。
1．企业文化核心理念规范。
2．公司员工行为规范。
3．对外工作规范。
第12条 总经办是公司企业文化管理制度的编制和管理部门，负责在企业文化管理制度经总经理审批通过后组织执行。</td></tr>
</table>

续表

<table>
<tr><td>制度名称</td><td colspan="5">企业文化管理制度</td></tr>
<tr><td>制度版本</td><td></td><td>受控状态</td><td>□ 受控 □ 非受控</td><td>制度编号</td><td></td></tr>
<tr><td>第5章
企业文化
器物管理</td><td colspan="5">第13条 总经办是公司企业文化器物的管理机构，负责组织相关人员对企业文化器物进行设计，经总经理批准后推动落实。
第14条 企业文化器物是公司企业文化的外在表现形式，通过对相关器物的设计，可以直观、生动地表现公司企业文化的核心思想。
第15条 公司企业文化器物主要包括以下内容。
1. 公司名称、公司标识、品牌标志图案。
2. 公司标志标准字体、标准色、组合规范、辅助图形。
3. 公司象征图案。
4. 公司宣传标语。
第16条 公司企业文化器物的应用范围如下。
1. 公司证照、文件类。
2. 公司指示、标识类。
3. 公司办公用品。
4. 公司商品及包装类。
5. 公司广告展示陈列类。
6. 公司出版物。
7. 公司网页。
8. 公司服饰类。
9. 公司礼品。
10. 公司交通运输工具类。</td></tr>
<tr><td>第6章
企业文化
实施管理</td><td colspan="5">第17条 总经办负责推动企业文化的实施，并组织相关人员开展企业文化的宣传活动。
第18条 公司各部门在开展对外宣传时，必须将宣传内容上报总经办审核，经总经办审核通过后方可进行宣传。
第19条 公司各部门在开展对内对外企业文化宣传工作时，必须充分考虑公司企业文化的要求，不得违反公司企业文化相关规定，由总经办负责对其实施情况进行指导、监督。
第20条 总经办应做好公司形象推广工作和公司标识使用规范的检查工作。
第21条 总经办应组织各部门开展丰富多彩的企业文化活动，以便更好地培育、塑造公司企业文化。</td></tr>
<tr><td>第7章
附则</td><td colspan="5">第22条 本制度由总经办负责制定，总经办保留对本制度的解释权和修订权。
第23条 本制度未尽事宜，执行国家有关法律、法规和公司的有关规定。
第24条 本制度自20__年_____月_____日起执行。</td></tr>
<tr><td>编制部门</td><td></td><td>审批人员</td><td></td><td>审批日期</td><td></td></tr>
</table>

3.7 经营计划管理制度设计

3.7.1 经营计划管理制度体系

经营计划管理制度体系的主要内容如图3-13所示。

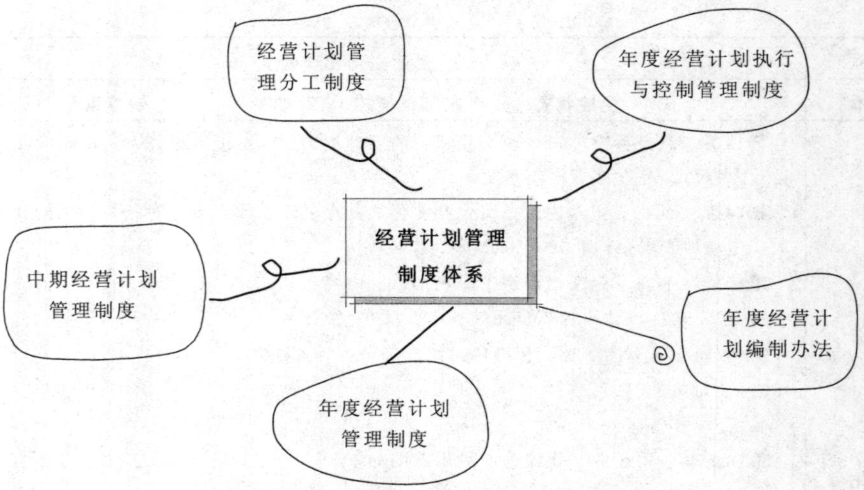

图 3-13　经营计划管理制度体系

3.7.2　经营计划管理制度关键点

企业在制定经营计划管理制度时，应注意如图 3-14 所示的关键点。

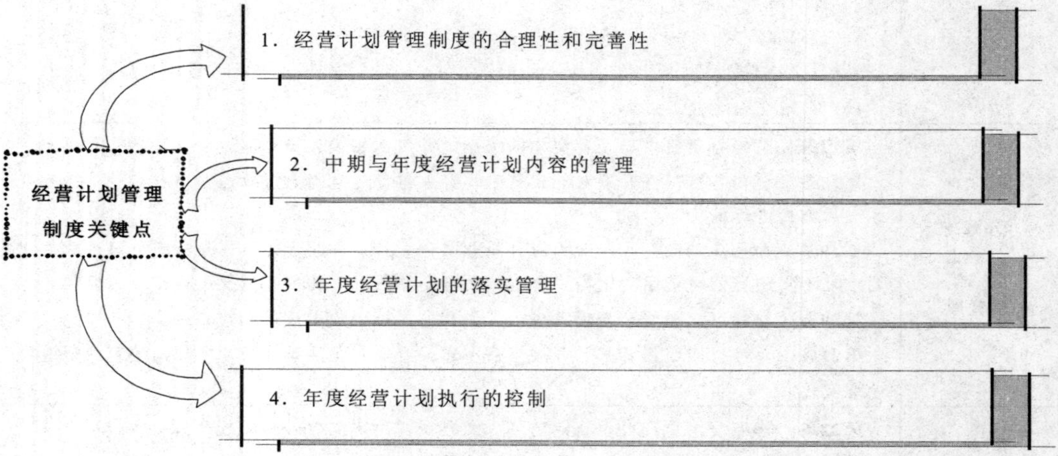

图 3-14　经营计划管理制度关键点

3.7.3　经营计划管理制度设计范例

制度名称	经营计划管理制度			
制度版本	受控状态	□ 受控　□ 非受控	制度编号	
总则 第1章	**第1条**　目的 为实现本公司的经营目标，落实公司经营管理计划，促进公司持续健康发展，结合公司的实际情况，特制定本管理制度。 **第2条**　使用范围 本制度适用于公司经营计划管理的相关工作。			

续表

制度名称	经营计划管理制度			
制度版本		受控状态	□ 受控 □ 非受控	制度编号	
	第3条 解释说明 1．中期经营计划是公司2～5年的计划，其任务是建立公司经营的结构，为实现长远经营计划所确定的战略目标设计合理的设备、人员、资金等的结构，以形成公司的经营能力和综合素质。 2．短期经营计划是公司的年度经营计划，其任务是适应公司内外的实际情况，组织和安排好公司的经营活动，以分年度逐步实现公司的经营目标。				
细则 第2章 职责与分工	**第4条** 公司计划管理部门是组织编制年度经营计划及监督计划执行情况的部门，负责组织各部门编制年度经营计划，并负责编制年度经营计划执行分析报告。 **第5条** 各部门经理负责审批本部门的年度经营计划，并听取其执行情况的汇报。 **第6条** 计划管理部门汇总各部门的年度经营计划，进行分析与平衡，据以制订公司年度经营计划，并报公司总经理审批。 **第7条** 公司总经理负责审批并组织实施年度经营计划，并听取年度经营计划执行情况的汇报。				
第3章 中期经营计划 管理	**第8条** 公司中期经营计划是长期经营计划持续的发展计划，是编制年度经营计划的主要依据。 **第9条** 中期经营计划由计划管理部汇总各部门的中期经营计划，根据长期经营计划目标，配合市场展望、技术创新及国内外经济环境的变化进行编制。 **第10条** 中期经营计划内容应包括计划综述、市场预测、计划目标、销售计划、生产计划、管理计划、研究发展计划、固定资产投资计划、财务计划等。 **第11条** 计划管理部门编制完成中期经营计划后，报公司总经理初审，由总经理组织召开高层领导会议，进行会议审议。 **第12条** 中期经营计划的审核要点如下。 1．能否完成长期经营计划的目标。 2．是否与长期计划相配合。 3．是否适应国内外市场变动。 4．资源分配是否恰当。 **第13条** 中期经营计划的执行控制中，应按照发现计划偏差、分析计划偏差、纠正计划偏差的程序来执行。				
第4章 年度经营计划的 内容规定	**第14条** 年度经营计划是公司加强资源宏观管理、调控投资规模、实现发展战略规划的重要管理措施，是保证公司资产运营安全、经营管理有序、效益稳步提高的重要手段，是考核各级管理者的重要依据。 **第15条** 年度经营计划包括公司及部门两级，按照“统一计划、分级管理”的原则进行调控和管理。 **第16条** 年度经营计划内容不仅包括目标，而且还包括制定目标的主要依据、实现目标的主要措施、完成计划的风险分析、影响计划执行的各种不确定因素预测及补救办法。 **第17条** 年度经营计划的主要目标按季度、月度逐级进行分解。 **第18条** 公司的年度经营计划内容包括但不限于以下内容。 1．业务经营（收入、利润）目标。 2．财务（资金使用）计划。				

续表

<table>
<tr><td>制度名称</td><td colspan="5">经营计划管理制度</td></tr>
<tr><td>制度版本</td><td></td><td>受控状态</td><td>□ 受控　□ 非受控</td><td>制度编号</td><td></td></tr>
<tr><td></td><td colspan="5">3．费用计划。
4．网络建设与改造计划。
5．人力资源规划与培训计划。
6．公司管理制度建设计划。
第19条　各部门年度经营计划内容包括但不限于以下内容。
1．业绩综合评价各项目标。
2．财务（资金使用）计划。
3．费用（营业费用、管理费用、财务费用）计划。</td></tr>
<tr><td>第5章
年度经营计划的编制</td><td colspan="5">第20条　年度经营计划的编制依据如下。
1．公司战略规划、经营方针、长期经营计划、中期经营计划等。
2．上一年度经营实际情况。
3．当年的经营环境。
第21条　公司的各职能部门应于每年12月5日前向计划管理部门提交本部门的次年年度经营计划。
第22条　各部门应根据上一年度经营实际情况和本年的经营环境编制年度经营计划（草案），以保证计划的科学性和可行性。
第23条　公司计划管理部门根据公司的中长期经营计划和各部门的实际情况在各部门年度经营计划的基础上编制各部门正式的年度经营计划，并于每年12月20日前提交总经理，由总经理于高层领导会议中讨论审议。
第24条　年度高层领导会议于每年12月31日前完成对各部门年度经营计划的审议工作，公司各部门经理参与年度经营计划的讨论和审议工作。
第25条　公司各部门根据会议审议结果，于次年1月10日前完成部门年度经营计划的编制工作。
第26条　公司计划管理部门于次年1月31日前完成年度经营计划的编制工作。</td></tr>
<tr><td>第6章
年度经营计划的控制与执行</td><td colspan="5">第27条　公司计划管理部门统一负责公司年度计划执行管理工作。
第28条　公司年度经营计划所规定的各项计划任务通过一定的计划指标来表示，计划指标是公司在计划期内生产经营活动应该达到的目标和水平。
1．计划指标应按平均发展水平确定，一般应是高于上期实际达到的水平并且经过努力能够实现的。
2．计划指标实行分级管理，总指标由计划管理部门负责汇总、平衡、上报和下达，各部门负责对应管理，部门指标由部门经理组织有关人员负责管理。
3．为使年度经营计划任务层层落实，必须对计划指标进行层层分解，分解指标必须与总指标保持平衡和衔接，分解指标执行情况要按规定路线进行反馈。
第29条　公司各级领导必须随时监督检查计划的执行情况，及时发现执行过程中的问题，并采取有效措施予以解决，以保证计划的顺利完成。
第30条　检查计划执行情况时应充分利用统计报表、会计报表、业务报表等资料，检查计划的实际完成数时，一律以统计报表数为依据。
第31条　计划执行的考核必须与经济责任制考核相结合，纳入考核的计划，一律以上一级部门批准或下达的计划为依据。</td></tr>
</table>

续表

制度名称	经营计划管理制度				
制度版本		受控状态	□ 受控 □ 非受控	制度编号	
	第32条 公司经营环境发生重大变化而导致计划与实际情况出现明显不符时，计划管理部门可以提出年度经营计划调整议案，经由总经理审核后执行。 **第33条** 公司计划管理部门应经常了解和考察各部门年度经营计划的执行情况，并提出相应的建议，以帮助其更好地完成年度经营计划。				
第7章 附则	**第34条** 本制度由计划管理部负责解释。 **第35条** 本制度经总经理审批通过后，自发布之日起执行。				
编制部门		审批人员		审批日期	

第 4 章

市场营销管理制度设计

4.1 市场营销制度体系结构

4.1.1 市场营销制度体系架构图

企业市场营销管理包括市场调研管理、营销策略与规划管理、品牌管理、产品管理、价格管理、产品促销管理、营销渠道管理、销售管理、客户服务管理等内容，在搭建市场营销制度体系时，需将这些内容考虑在内。具体如图 4-1 所示。

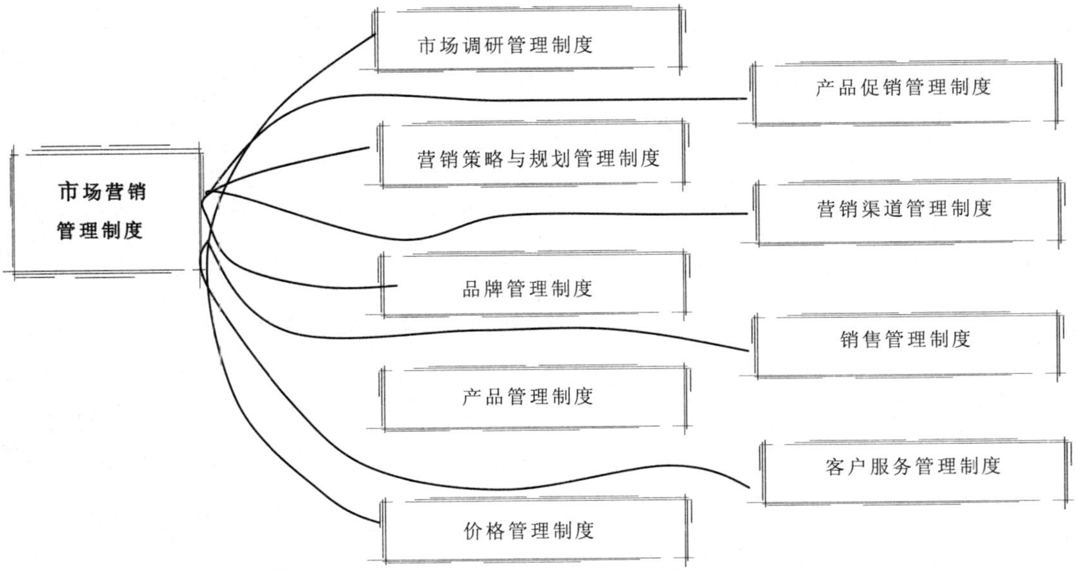

图 4-1 市场营销制度体系架构图

4.1.2 市场营销制度体系关注点

企业在构建市场营销制度体系时，应注意如图 4-2 所示的关注点。

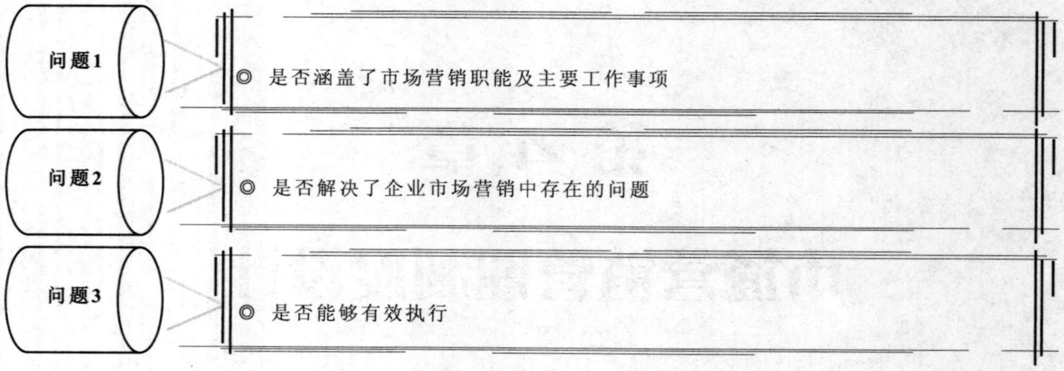

图 4-2　市场营销制度体系关注点说明图

4.2　营销渠道管理制度设计

4.2.1　营销渠道管理制度体系

中小微企业营销渠道管理制度体系包括渠道开发管理制度、渠道选择管理制度、渠道维护管理制度和渠道评估管理制度，具体如图 4-3 所示。

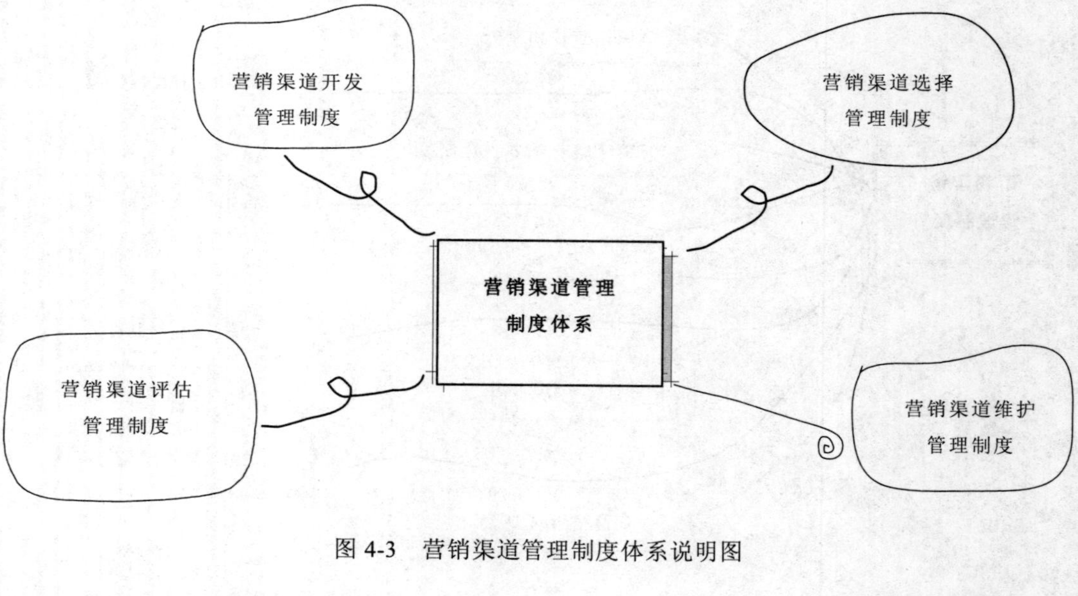

图 4-3　营销渠道管理制度体系说明图

4.2.2　营销渠道管理制度关键点

中小微企业营销渠道管理制度的关键点主要有确定渠道建设目标、明确渠道成员选择标准和明确营销渠道管理方法三个主要方面，具体如图 4-4 所示。

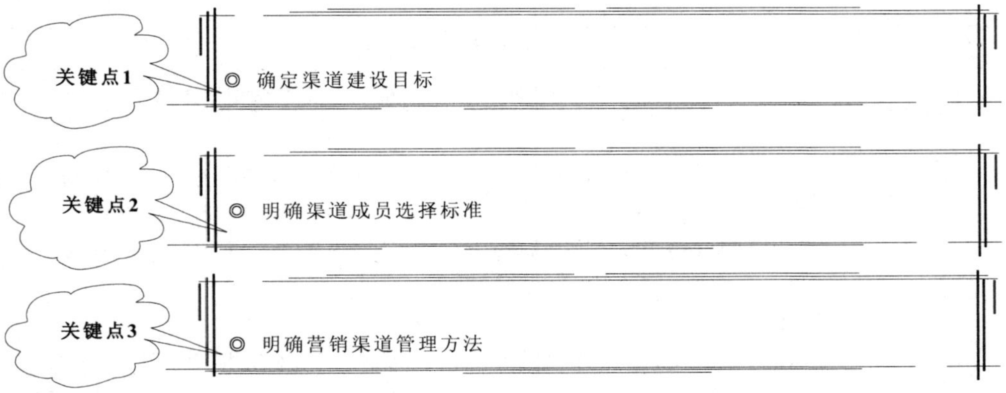

图 4-4　营销渠道管理制度关键点说明图

4.2.3　营销渠道管理制度设计范例

<table>
<tr><td>制度名称</td><td colspan="5">营销渠道管理制度</td></tr>
<tr><td>制度版本</td><td></td><td>受控状态</td><td>□ 受控　□ 非受控</td><td>制度编号</td><td></td></tr>
<tr><td>总则
第1章</td><td colspan="5">第1条　目的
为了加强公司营销渠道管理，明确渠道管理中的各项责任，规范营销渠道运营，特制定本制度。
第2条　适用范围
本制度适用于公司营销渠道管理工作中的各项事务，主要用于以下三个方面事项。
1．公司营销渠道的设计和修订。
2．营销渠道成员的选择。
3．营销渠道的控制。
第3条　职责分工
1．营销部经理负责审核、实施渠道相关制度，管理和考核销售主管及各代理商。
2．销售主管负责设计、修订、控制营销渠道、宣传、推广产品、管理和考核销售专员。
3．销售专员应定期到地区市场进行检查和指导，协助进行渠道管理和开拓。
第4条　术语解释
本制度所称营销渠道，是指本公司产品从工厂向消费者转移过程的具体通道或路径。渠道成员是指商品流通过程中的各级中间商。</td></tr>
<tr><td>细则
第2章
客户需求
分析</td><td colspan="5">第5条　分析消费者需求
1．销售主管应根据公司产品或服务的特点，对目标市场中的消费群体进行需求调查，了解客户的真正需求，从而指导渠道的设计工作，并制定相应的渠道政策。
2．消费者需求的调查，应以渠道设计、渠道策略等对客户购买产品和服务问题的解决程度为目标。
第6条　分析渠道成员需求
1．销售人员应对渠道专员的需求进行详细调查，调查内容包括渠道政策、渠道设计、渠道管理等方面，从而为公司的渠道管理工作提供依据。
2．销售主管在渠道调研完成后，应及时撰写“渠道管理市场调研方案”，上报营销部经理及分管副总进行审核。</td></tr>
</table>

续表

<table>
<tr><td>制度名称</td><td colspan="5">营销渠道管理制度</td></tr>
<tr><td>制度版本</td><td></td><td>受控状态</td><td>□ 受控 □ 非受控</td><td>制度编号</td><td></td></tr>
<tr><td>第3章
营销渠道
建设</td><td colspan="5">第7条 确定渠道设计目标
1．营销部经理应通过对客户消费水平及渠道成员作用的预测，联系本公司产品的特点，以及本公司对营销渠道的要求和期望，确定渠道设计的目标。
2．确定营销渠道设计目标之后，营销部经理应撰写“渠道设计分析报告”，并上交分管副总进行决策。
第8条 渠道选择策略
由于本公司正处于发展期，对渠道的控制力还不够强，所以本公司选择渠道需要采用“宽、短”策略，不能设计过多级别的渠道商，而应靠适当增加同一级别渠道商的数量来拓展市场。
第9条 渠道成员选择条件
在选择中间商时应综合考虑其市场范围、产品政策、地理区位财务状况、管理水平、促销政策和预期合作水平等因素，以保证本公司所选择的中间商能够有效开拓产品市场并维持良好的合作关系。
第10条 编制渠道选择方案
销售主管应根据销售人员收集的渠道信息与渠道设计目标制定“渠道选择方案”，具体内容包括以下三个方面。
1．商业中间机构的类型。
2．商业中间机构的数量。
3．每个加入成员的条件及其责任等。
第11条 建立营销渠道体系
1．在全国直辖市、省级城市各设计一个一级代理商，其他城市的零售商由代理商根据各地区的实际情况酌情考虑，但各地区零售商的发展方案必须事先报营销部批准。
2．销售渠道纵向管理最多为四级，即营销部——代理商（或经销商）——零售商——客户。
3．销售渠道管理实行销售人员按销售区域、各区域代理商按片区进行管理的方式。
第12条 渠道成员选择方法和程序
1．建立渠道成员数据库，将符合本公司需要的渠道成员全部纳入数据库，并对成员进行基础信息收集、整理工作，从而为甄选渠道成员做好准备。
2．确定渠道“宽度”“长度”“层次”等实施策略。
3．销售人员应当对备选渠道成员进行走访调查，确定渠道成员各项信息的真实程度，并依据公司制定的策略选择适合的渠道成员，并与其进行谈判，达成合作意向。
4．营销部经理经过甄选和谈判后，可以与渠道成员签订合同，建立正式的合作关系。</td></tr>
<tr><td>第4章
营销渠道管
理与监控</td><td colspan="5">第13条 营销渠道管理方法
1．分组管理、责任到位。
由营销部对代理商进行管理和考核，代理商对该地区的零售商进行管理和考核。每年销售人员定期到地区市场进行检查和指导，帮助其管理和发展。
2．量化管理。
营销部与代理商之间每年要签订“年度销售目标任务书”“促销计划合作协议书”“销售目标完成奖励兑现书”等，以量化考核进行管理。
3．程序化管理。
（1）营销部对代理商进行直接管理。</td></tr>
</table>

续表

<table>
<tr><td>制度名称</td><td colspan="6">营销渠道管理制度</td></tr>
<tr><td>制度版本</td><td colspan="2"></td><td>受控状态</td><td>□ 受控　□ 非受控</td><td>制度编号</td><td></td></tr>
<tr><td></td><td colspan="6">代理商所有的产品销售、促销、库存、市场信息、零售商发展等相关信息都要按一定的管理规定上报，同时营销部经对代理商的经营情况给予指导。
（2）各地区零售商由代理商直接负责。
第14条　渠道商资质管理措施
1．每年营销部都应对原有的代理商、经销商、零售商和直销商等渠道商进行资质复查。
2．满足条件者保留渠道商资质，复查不合格者取消其经营资格或做降级处理。
3．各类渠道商的资质复查要求与条件，与渠道资质考查时间相同。
第15条　渠道商销售目标管理
1．每年年底，各渠道商需向营销部上报下年度销售目标，营销部根据当地市场需求情况对其销售计划进行审核，在双方均可接受的基础上，制定切合实际且有一定挑战性的销售目标。
2．营销部应按销售目标制订相应的营销计划、促销计划和营销政策等，协助渠道商完成销售任务。
3．营销部应派销售人员对渠道商的销售情况进行监督考核，确保完成销售目标。
第16条　渠道日常销售业务管理
1．公司各类渠道商均需按照本公司的相关规定，及时向主管该区域的销售人员上报产品销售信息和竞争对手的相关信息，为公司制定决策提供重要依据。
2．营销部应根据渠道商的业务状况制定相应的管理策略，为不断提升和优化公司渠道销售政策做好准备。
第17条　渠道商库存管理
1．本公司负责各区域的销售人员需要定期对区域管辖范围内的渠道商进行巡视，检查其库存状况。
2．销售人员还需对各渠道商的入库量进行监控、统计和分析，及时了解和监控代理商的库存状况，并予以指导。</td></tr>
<tr><td>第5章
营销渠道
维护</td><td colspan="6">第18条　渠道政策管理
1．营销部与渠道成员建立合作关系后，应及时组织人员制定适合渠道管理和本公司特点的渠道政策，具体包括销售政策、促销政策、结算政策和返利政策等。
2．为了配合各类销售政策的执行，可对渠道商开展技术培训、新技术研讨等相关的技术服务活动，以提高品牌的知名度和产品的市场占有率。
第19条　渠道商评估
营销部在进行渠道管理过程中，应定期对渠道成员进行评估，并不断完善成员评估体系。
第20条　渠道激励
营销部需建立完善的渠道管理和激励机构，强化营销过程中的考核评估体系，加强对违规操作的惩罚力度，并做好优秀渠道商的奖励工作。
第21条　渠道管理改进
营销部应在工作过程中，对突发事件、重复出现的问题进行及时的分析和总结，快速调整渠道政策，对渠道管理制定改进措施，并在上报分管副总审批通过后，执行改进工作。</td></tr>
<tr><td>第6章
附则</td><td colspan="6">第22条　本制度由营销部制定，营销部保留对本制度的解释权和修订权。
第23条　本制度自总经理审批通过之日起执行。</td></tr>
<tr><td>编制部门</td><td></td><td>审批人员</td><td></td><td>审批日期</td><td colspan="2"></td></tr>
</table>

4.3 销售订单合同制度设计

4.3.1 销售订单合同制度体系

企业销售订单合同管理体系应包括销售订单谈判管理制度、销售订单评审管理制度、销售订单履行管理制度、销售合同纠纷管理制度及销售订单合同管理制度。具体如图 4-5 所示。

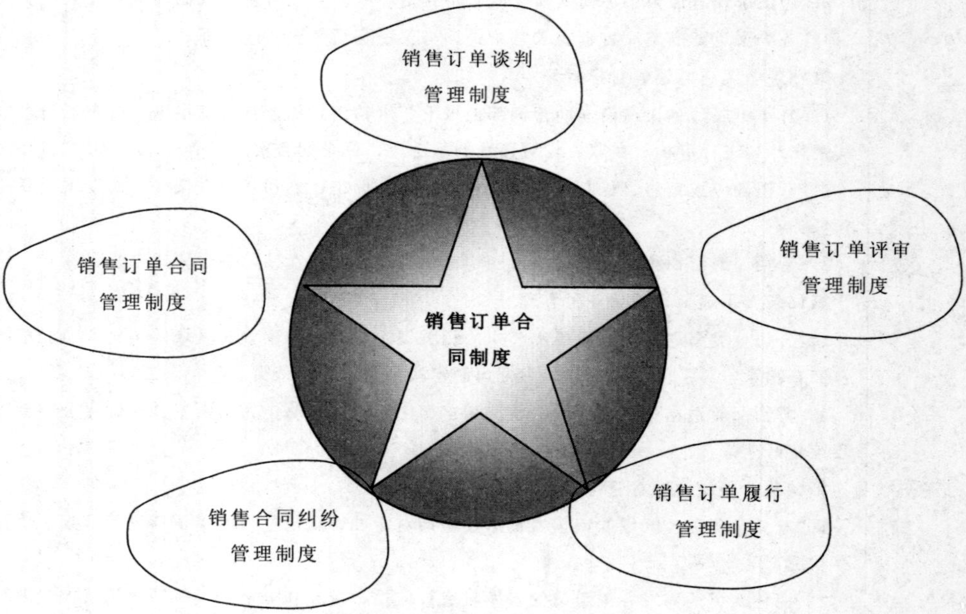

图 4-5　销售订单合同制度体系说明图

4.3.2 销售订单合同制度关键点

企业在制定销售订单合同制度时，应着重考虑如图 4-6 所示的关键点。

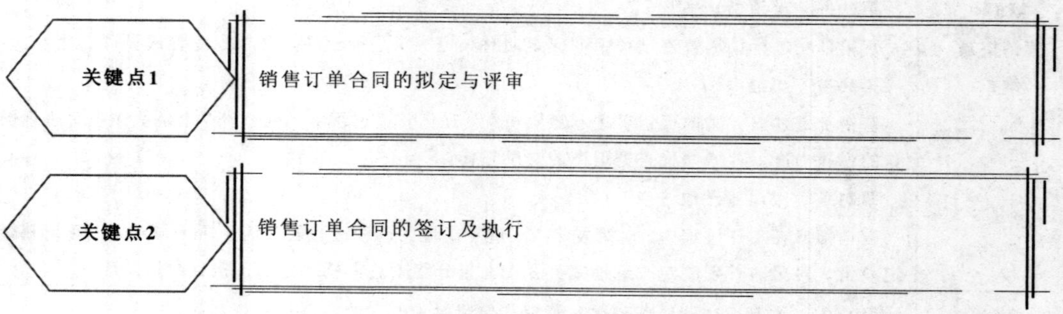

图 4-6　销售订单合同制度关键点说明图

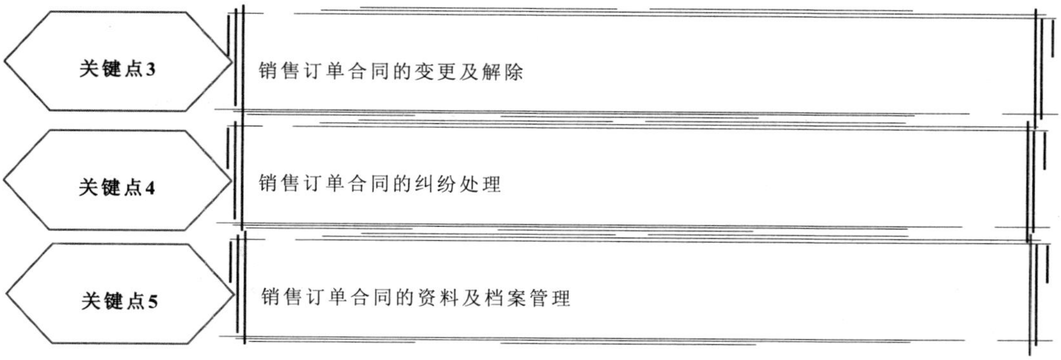

图 4-6 销售订单合同制度关键点说明图（续）

4.3.3 销售订单合同制度设计范例

制度名称	销售订单合同管理制度				
制度版本		受控状态	□ 受控 □ 非受控	制度编号	
总则 第1章	**第1条** 目的 为了通过对销售订单合同的管理，明确双方的权利和义务，使销售合同符合合法性、严密性和可行性等要求，保证销售合同的顺利履行，降低公司合同风险，特制定本制度。 **第2条** 适用范围 本制度适用于对公司销售合同的起草、签订、评审等工作进行管理和控制。 **第3条** 职责分工 1．营销部经营负责销售合同评审的综合管理工作。 2．销售主管负责销售合同评审的组织与协调工作。 3．销售专员负责与客户进行沟通协调，识别并记录客户要求，同时进行销售合同的草拟工作。 **第4条** 术语解释 1．本制度所指合同评审，是为确定合同草案或意向，达到规定目标的适宜性、充分性和有效性所进行的审查活动。 2．本制度所提及的合同签订人，是指持有法人委托书并在有效范围及时间内签订了合同的销售人员。				
细则 第2章 合同拟定 与评审	**第5条** 合同拟订管理 1．销售专员负责与客户达成共识之后，根据协商结果拟订合同草案。 2．销售专员及时将销售合同草案上报销售主管，销售主管对合同条款进行审核，并提出修改意见。 **第6条** 合同评审要求与标准 通过合同评审工作，应确保合同草案达到如下四点要求。 1．条款完备可行，双方的权利与义务明确。 2．内容合法有效，用语规范严谨。 3．确保客户的合理需求得到完整体现。 4．公司具备满足客户要求的能力。 **第7条** 合同评审的内容规范 在销售合同评审的过程中，评审人员应着重评审如下五个方面的内容。				

续表

<table>
<tr><td>制度名称</td><td colspan="5">销售订单合同管理制度</td></tr>
<tr><td>制度版本</td><td></td><td>受控状态</td><td>□ 受控　□ 非受控</td><td>制度编号</td><td></td></tr>
<tr><td>细则
第2章
合同拟定
与评审</td><td colspan="5">1．客户的各项要求是否合理、明确。
2．该合同是否符合有关法律法规的要求。
3．公司现有的生产和技术能力能否满足合同、标书的技术及质量特性的要求。
4．产品交付的时间、地点、方式和联系人等是否明确。
5．公司是否具有履行合同中产品要求的有力，包括供货周期、安装调试、开通验收、售后服务和付款条件等。
第8条　合同评审时机
合同评审应在合同正式签订及修改之前进行。
第9条　合同评审权限
1．销售专员应将合同草案、资信调查资料上报销售主管，由销售主管组织法律顾问审核合同条款，经营销部经理签字确认。
2．如果客户要求提供量产产品，销售部应组织进行内部评审并请法律顾问审核合同条款，经营销部经理签字确认。
3．如果客户提出个性化要求，销售部应组织技术部、质量部、财务部、采购部及生产部分别对设计、设备、材料、利润、质量和生产能力等方面进行相关评审，完成评审后由法律顾问审核合同条款，经分管副总签字确认。
4．如果客户要求提供新产品，销售部组织技术部、质量部、研发部、财务部、采购部及生产部分别从技术、设计、研发、质量、利润、材料及生产能力等方面进行评审，完成评审后由法律顾问审核合同条款，经分管副总签字确认。
第10条　合同审批程序
1．合同审批人根据经营目标，参考合同评审记录、法律意见书、合同草稿等，做出审批意见。
2．如果合同审批不通过，则该项目终止；如果合同审批通过，则可与客户签订合同书。其他审批意见可根据具体情况进行处理。
第11条　合同审批注意事项
1．所有销售合同都必须进行书面评审，填写“销售订单合同评审表”，以此作为审核通过的依据。
2．合同评审可以以会签或会议的形式进行。</td></tr>
<tr><td>第3章
合同的签订
与执行</td><td colspan="5">第12条　签订销售合同
经评审通过的合同草案，由销售人员按照“销售合同管理制度”的规定，进行合同签订前的巡签，然后与客户正式签订合同。
第13条　销售合同存档
合同签订后，由销售人员将合同正本交给销售部档案管理人员存档，副本送财务部等相关部门。
第14条　销售合同执行
销售人员应密切监督合同执行过程中客户的动向，确保合同得到顺利执行。</td></tr>
<tr><td>第4章
合同的变更
与解除</td><td colspan="5">第15条　合同的变更
1．在合同执行的过程中，因缺货或客户的特殊要求等，如果销售人员或客户提出变更合同，则由双方共同协商解决。</td></tr>
</table>

续表

制度名称	销售订单合同管理制度				
制度版本		受控状态	□ 受控 □ 非受控	制度编号	
第4章 合同的变更 与解除	2．对于重大合同款项的变更应按照合同评审程序规定，重新召开销售合同评审会议。 **第16条** 合同的解除 1．合同的解除必须根据合同规定的解除条件、产品销售的实际情况执行。 2．销售人员填写“合同解除申请表”，说明合同解除原因，由原合同评审组织审核签字后，报销售经理及分管副总审批。 3．审批通过后，由销售人员通知客户办理合同解除手续。 4．公司法务部人员负责指导销售人员办理合同变更和解除而涉及的协商、索赔、赔付等相关工作。				
第5章 销售合同的 纠纷处理	**第17条** 合同纠纷处理原则 1．在处理合同纠纷时，必须坚持以事实为依据，以法律为准绳，保证公司合法权益不受侵犯。 2．合同纠纷的处理以双方协商解决为主，其他解决方式为辅。 3．本公司员工在处理纠纷时，要及时上报上级领导，积极主动地做好应做的工作，不互相推诿、指责、埋怨，应统一意见，统一行动。 **第18条** 合同纠纷的处理方法 1．因对方责任引起的纠纷，必须坚持保障公司合法权益不受侵犯。 2．因本公司责任引起的纠纷，应尊重对方的合法权益，主动承担责任，并尽量采取补救措施，减少双方的损失。 3．因合同双方的责任引起的纠纷，应实事求是，分清主次，合情合理地解决问题。 4．协商达不到预期要求时，可依合同约定的纠纷解决方式进行诉讼或仲裁。				
第6章 合同资料 保管	**第19条** 空白合同保管 1．空白销售合同由销售部档案管理人员统一保管，并设置合同文本领取记录。 2．销售人员领用空白合同时，需在档案管理人员处登记，填写合同编码产签名确认。 **第20条** 销售合同原件管理 1．销售专员因书写有误或其他原因造成合同作废的，必须保留原件交还给合同管理档案人员。 2．签订生效的合同原件必须齐备并存档，原件未及时上交的，档案管理人员应及时向合同签订人员索取。如其拒不补回，应及时上报销售经理追收。 **第21条** 建立合同档案 1．每份合同都必须有一个编号，不得重复或遗漏。 2．每份存档合同必须资料齐备，应包括合同正本、副本及附件，合同文本的签收记录，合同分批履行的情况记录，变更、解除合同的协议（包括文书、电传）等。 **第22条** 建立合同管理台账 1．销售部应根据合同的不同种类，建立销售合同的台账。 2．销售合同的主要内容需包括序号、合同号、经手人、签约日期、合同标的、价金、对方单位、履行情况及备注等。 3．台账应逐日填写，做到准确、及时、完整。 **第23条** 保管年限要求 销售合同按年、区域装订成册，保存三年以备查。				

续表

制度名称	销售订单合同管理制度				
制度版本		受控状态	□ 受控 □ 非受控	制度编号	
第6章 合同资料 保管	**第24条** 合同的清册与销毁 销售合同保存三年以上的，档案管理人员应将其中未收款或有欠款单位的合同另册保管，已收款合同报销售经理批准后做销毁处理。				
第7章 附则	**第25条** 本制度由营销部制定，营销部保留对本制度的解释权和修订权。 **第26条** 本制度自总经理审批通过之日起执行。				
编制部门		审批人员		审批日期	

4.4 产品品牌管理制度设计

4.4.1 产品品牌管理制度针对性

企业制定的产品品牌管理制度，主要是针对品牌规划、品牌传播、品牌提升和品牌评估四个方面的内容，具体内容如图 4-7 所示。

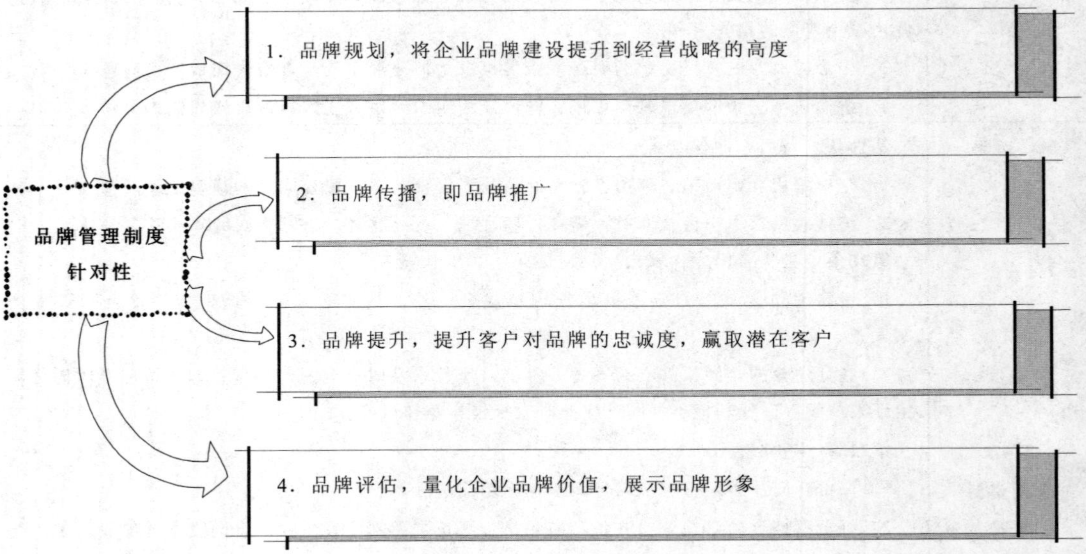

图 4-7 产品品牌管理制度针对性说明图

4.4.2 产品品牌管理制度关键点

企业在制定产品品牌管理制度时，应包括如图 4-8 所示的关键点。

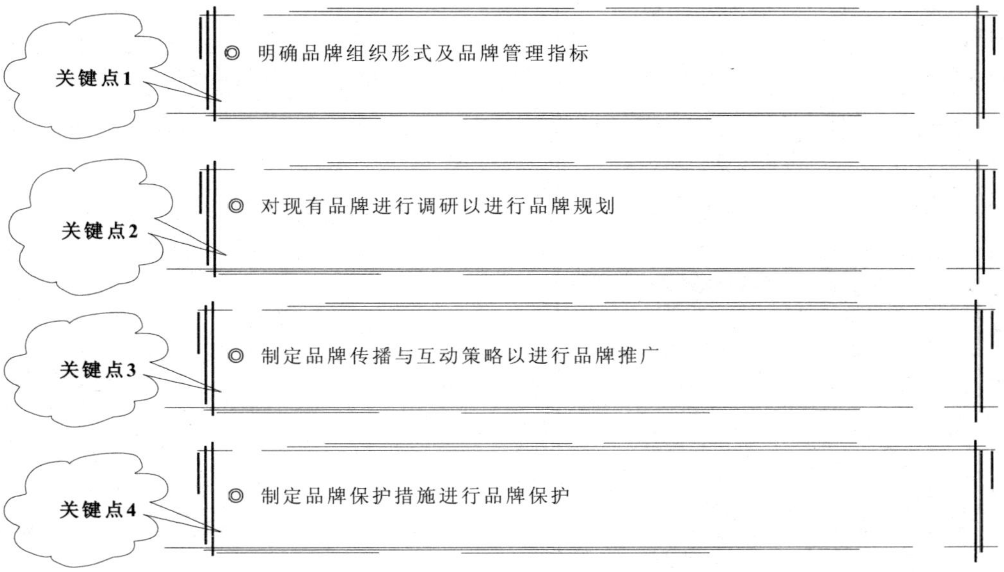

图 4-8 产品品牌管理制度关键点说明图

4.4.3 产品品牌管理制度设计范例

制度名称	产品品牌管理制度				
制度版本		受控状态	□ 受控 □ 非受控	制度编号	
总则 第1章	**第1条** 目的 为了规范公司品牌管理工作，塑造公司品牌及商标的良好形象，扩大公司的知名度和美誉度，提高市场占有率，有效地保护品牌，特制定本制度。 **第2条** 适用范围 所有涉及公司品牌宣传、品牌形象维护等内容的品牌管理工作，均依照本制度执行。 **第3条** 职责分工 1．各业务部门。 各业务部门负责做好品牌对外宣传及商标塑造工作，为公司树立良好的品牌形象。 2．营销部。 营销部门负责做好公司形象维护、品牌管理工作。 3．公司所有员工。 公司所有员工都有义务为维护公司品牌形象做出贡献。 **第4条** 术语定义 1．品牌的定义及表现。 品牌是一种名称、名词、标记、符号或图形设计，或是它们的组合运用，其目的是借以辨认某企业的产品或劳务，并使其区别于竞争对手。本公司现有品牌为“××”“×××”和“××××”。 2．商标的定义及表现。 商标是商品的标志，即在商品上使用的，由文字、图形或组合所构成的，具有显著特征的标志。经商标局核准注册的商标为注册商标，包括商品商标、服务商标、证明商标。本公司的注册商标有“××”“×××”和“××××”，分别于××年、××年和××年经国家商标局批准注册。				

续表

<table>
<tr><td>制度名称</td><td colspan="5">产品品牌管理制度</td></tr>
<tr><td>制度版本</td><td></td><td>受控状态</td><td>□ 受控　□ 非受控</td><td>制度编号</td><td></td></tr>
<tr><td>总则
第1章</td><td colspan="5">3．商标与品牌的关系。
品牌的法律保护来源于商标权利，商标是品牌在法律上的体现形式。
4．品牌规划。
品牌规划是建立以塑造强势品牌为核心的经营战略，将品牌建设提升到经营战略的高度，其核心在于建立与众不同的品牌识别，为品牌建设设立目标、方向、原则与指导策略，为日后的具体品牌建设战术与行为制定规范。
5．品牌设计。
品牌设计是在公司自身正确定位的基础上，基于品牌定义下的视觉沟通。它是一个协助公司发展的形象实体，不仅能够帮助公司正确地把握品牌方向，而且能够使人们正确、快速地记住公司形象。
6．品牌管理。
品牌管理是指品牌管理人员为培育品牌资产而展开的以消费者为中心的规划、传播、提升和评估等一系列战略决策和策略执行活动。</td></tr>
<tr><td>细则
第2章
建立品牌
管理体系</td><td colspan="5">第5条　明确建立品牌管理的基础
公司品牌管理的基础包括思想基础、管理基础、产品基础等，具体管理的基础的建立说明如下。
1．建立品牌管理的思想基础。
本公司全体员工应具有品牌理念和意识，将品牌思想深入贯彻到整个工作过程，从根本上带动品牌的良性发展。
2．建立品牌管理的管理基础。
品牌主管要对品牌战略的实施进行良好的规划，并在执行方法上进行规范化操作，便于正确执行公司品牌策略，从而保证公司品牌价值的实现。
3．建立品牌管理的产品基础。
市场主管应抓住公司产品优势来维护其品牌价值，只有公司产品被消费者接受，才会在消费者心中积累起品牌的价值。
第6条　明确品牌管理的组织形式。
品牌管理的组织形式一般包括职能性组织形式、以市场为标准的组织形式、以产品为标准的组织形式和以类别为标准的组织形式等。市场主管应根据公司品牌的具体特点，建立适合本公司发展的品牌管理组织形式。具体各类组织形式的特点与适用范围如下表所示。

品牌管理的组织形式一览表
<table>
<tr><th>种类</th><th>适用范围</th><th>特点</th></tr>
<tr><td>职能性组织形式</td><td>单一品牌的组织形式</td><td>专业化程度高，市场适应程度低</td></tr>
<tr><td>以市场为标准的组织形式</td><td>多品牌的组织形式</td><td>能够兼顾产品和市场，但是组织的效率不高，需要进行充分沟通</td></tr>
<tr><td>以产品为标准的组织形式</td><td>营销部的品牌经理管理体制</td><td>充分考虑了品牌需要，但由于需要各部门进行太多的沟通和协调，效率较低，而且各个品牌容易因为抢夺资源而发生矛盾</td></tr>
<tr><td>以类别为标准的组织形式</td><td>品类管理组织形式</td><td>依据不同类别或性质的产品分别设置管理部门</td></tr>
</table>
第7条　确定品牌管理指标体系
市场人员需制定完善的品牌管理指标，通过科学的方法评价品牌，并以此作为品牌管理工作的具体评价指标，指导制定品牌规划策略。一般情况下，品牌管理指标应当包括以下两类，具体如下表所示。</td></tr>
</table>

续表

制度名称	产品品牌管理制度				
制度版本		受控状态	□ 受控 □ 非受控	制度编号	

细则 第2章 建立品牌管理体系

品牌管理指标一览表

指标项目		说明
品牌资产类指标	品牌知名度	潜在购买者认识到或记起本品牌是某类产品的能力
	品牌美誉度	市场上人们对本品牌的好感和信任程度
	品牌满意度	品牌最常使用者的平均满意程度
	品牌认知质量	消费者对品牌质量的评估，品牌认知质量直接影响到消费者对品牌的喜欢程度、信任度及价格等
	品牌联想度	透过品牌，联想形象的程度
品牌成长类指标	市场渗透率	在被调查的品牌中，一个品牌的产品使用者的比例
	品牌成长指数	$\frac{该地区的消费者人数/全部消费者人数}{该地区人口/全部人口}\times100\%$
	品牌竞争力	本品牌超越其他同类产品的竞争能力，是其他同类产品不易甚至无法模仿的能力，它代表着本品牌开拓市场、占领市场并获取更多市场份额的能力
	产品市场份额	产品市场份额=$\frac{产品销售量}{整个行业销售量}\times100\%$
	用户增长率	$\frac{比较期用户销售量-前期用户销售量}{前期用户销售量}\times100\%$

第3章 品牌规划

第8条 品牌规划内容

品牌规划包括以下五个方面的内容。

1．提炼品牌核心价值。

市场主管应对品牌进行全面调研与诊断，充分研究市场环境、产品行业特性、目标消费群体、竞争者及公司自身情况，为制定品牌决策提供详细、准确的信息导向，并在此基础上提炼品牌核心价值。

2．规范品牌识别系统。

市场主管应以品牌核心价值为中心，规范品牌识别系统，使品牌识别与公司营销传播活动的对接具有或操作性。

3．建立品牌化模型。

建立品牌化模型，是品牌战略规划中一项重要工作。市场部主管应规划好品牌的属性、结构、模式、内容及愿景等问题，而且在营销决策中提供一些具体有前瞻性、指导性和可操作性的依据，并随着公司的成长，把焦点从“打造一个强势品牌”转移到“打造强势的品牌组合”。

4．进行理性的品牌延伸扩张。

市场主管应对品牌延伸进行科学和前瞻性的规划，只有以科学的态度与高超的智慧来规划品牌延伸战略，才能实现品牌价值的最大化。

续表

制度名称	产品品牌管理制度				
制度版本		受控状态	□ 受控　□ 非受控	制度编号	

5．加强品牌管理。

市场主管应完整理解品牌资产的构成，透彻理解品牌资产指标如知名度、品牌认可度、品牌联想、溢价能力、品牌忠诚度的内涵及其相互之间的关系，不断加强品牌管理，确保本公司品牌的良性发展。

第3章 品牌规划

第9条　品牌规划流程

1．开展品牌调研。

市场主管应组织调研人员对消费者进行品牌整体认知的市场调研，具体调研项目如下表所示。

品牌调研项目一览表

项目	说明
产品概念	了解消费者对产品概念的理解程度，是否符合本公司事先设计的策略，同时还应该检验这种策略是否正确，这样有助于本公司开发出真正符合市场需求的产品
品牌概念	了解消费者对品牌的理解程度，并与公司品牌设计理念进行对比，找出差距并进行调整，使消费者正确理解本公司品牌的含义
品牌知名度和美誉度	了解消费者对品牌的认知程度和喜爱程度，以此检验公司的传播策略是否有效
品牌形象认识	了解消费者对于品牌的符号、字体、色彩、形象代表等要素的认知程度，检验这些视觉要素是否准确传达了品牌的策略，对于出现的误差一定要及时调整，以免削弱品牌的传达力
品牌与产品联系	了解消费者对品牌的理解是否符合产品特质，以及产品的品质是否符合品牌所诉求的内涵，使消费者对产品和品牌的认知始终保持一致
品牌市场地位	通过与其他竞争品牌进行比较，了解品牌对市场的影响程度，以及与竞争品牌的具体差距，并对品牌策略保持动态调整

2．对品牌进行诊断定位。

品牌诊断的内容包括品牌的市场环境、品牌与消费者及竞争品牌的关系、品牌的资产情况、品牌的战略目标和品牌架构及品牌组织等五个方面。

3．规划品牌愿景和目标。

规划品牌愿景就是告诉消费者、公司员工品牌未来的发展方向和品牌未来的目标。

4．提炼品牌核心价值。

品牌核心价值是品牌的灵魂和精髓，公司营销部应对品牌核心价值进行提炼，使品牌持有鲜明的个性。

5．制定品牌中长期战略。

制定品牌核心价值后，公司应围绕品牌核心价值制定品牌战略，并尽最大可能使其具有可操作性。

第4章 品牌传播与互动

第10条　品牌传播的要求

市场主管需及时建立品牌传播战略，通过品牌宣传、品牌推广、开展品牌互动等途径实施品牌传播，使品牌在传播过程中形成新的品牌文化与品牌联想，创造品牌的新价值。

第11条　品牌宣传

1．市场主管、专员负责品牌分析、品牌宣传计划制订、品牌宣传执行等，尽到品牌宣传工作职责。

续表

<table>
<tr><td>制度名称</td><td colspan="5">产品品牌管理制度</td></tr>
<tr><td>制度版本</td><td></td><td>受控状态</td><td>□ 受控 □ 非受控</td><td>制度编号</td><td></td></tr>
<tr><td>第4章
品牌传播
与互动</td><td colspan="5">2．公司品牌的宣传包括如下表所示的两种方法。

品牌宣传方法说明表
<table>
<tr><th>方式</th><th>具体说明</th></tr>
<tr><td>公司自身的广告、公共关系等宣传</td><td>◆ 公司可通过电视、平面媒体、网络等广告手段对品牌进行宣传，扩大公司品牌的知名度和美誉度
◆ 公司可参加各种公共活动，对外宣传公司品牌</td></tr>
<tr><td>广大客户在使用公司产品后对公司品牌的“隐性”宣传</td><td>◆ 公司坚持贯彻“质量是效益，质量是生产”的理念，让广大客户放心使用公司产品
◆ 在使用后对公司产品做出满意的评价，能在行业中对公司品牌进行传播</td></tr>
</table>
第12条　品牌推广
市场主管在对品牌进行推广活动时，应注意从品牌市场定位、品牌策略规划、品牌形象设计及品牌整合传播四个方面入手。
第13条　品牌互动
市场主管应关注消费者从品牌中获得的利益，对于品牌的态度及其变化，通过此种行为可以掌握品牌的发展动态，诸如消费者能否顺利获得品牌，对品牌的认知程度、品牌提供的利益是否符合其消费需求，品牌知名度等指标的变化程度，从而保证品牌的健康成长。</td></tr>
<tr><td>第5章
产品品牌
塑造</td><td colspan="5">第14条　品牌塑造途径
公司品牌塑造可通过以下三种途径进行。
1．公司人员形象塑造公司品牌。
2．公司产品质量塑造公司品牌。
3．扩大公司产品线塑造公司品牌。
第15条　公司人员形象塑造公司品牌
公司所有员工均应注意以自身形象塑造公司良好的品牌形象，其中销售人员、客服人员等直接与客户接触的工作人员及其他人员应采取不同的方式进行。
第16条　公司产品质量塑造公司品牌
公司各部门均应秉承“质量第一”的原则，开展生产经营活动，严把产品质量关，做到“不合格原料不采购、不合格的产品不予发运”，用高质量赢得广大客户，提高品牌的知名度和美誉度。
第17条　扩大公司产品线塑造公司品牌
公司产品管理部应努力扩大公司产品线，增加产品类型并保持品牌在市场上的占有率，通过“多产品品牌”策略来提高公司品牌的知名度。</td></tr>
<tr><td>第6章
品牌保护</td><td colspan="5">第18条　品牌保护的内容
公司品牌保护工作包括品牌经营保护、法律保护与自身保护三方面的内容，公司对所拥有的品牌和商标具备占有、使用、支配和处分权，并建立保护知识产权的壁垒。
第19条　品牌保护措施
一般情况下，公司采用以下三种措施保护品牌。
1．通过提高服务质量、改进产品质量、提高技术水平、改善工艺和工艺配方、完美营销策略、改善企业文化等方式提升品牌形象。</td></tr>
</table>

续表

制度名称	产品品牌管理制度				
制度版本		受控状态	□ 受控　□ 非受控	制度编号	
	2．利用相关法律法规来保护公司商标的专用权，利用各种法律手段来打击假冒伪劣、保护消费者权益。 3．加强管理，采取各种措施保护品牌的商业秘密，不让品牌策略、品牌经营目标等内容外泄。				
第7章 附则	**第20条**　本制度由公司营销部制定、修改及解释 **第21条**　本制度经总经理审批后方可执行。				
编制部门		审批人员		审批日期	

4.5　销售回款管理制度设计

4.5.1　销售回款管理制度体系

销售回款管理管理体系一般包括销售货款管理制度、销售业务考核管理制度及销售回款管理办法等，具体如图 4-9 所示。

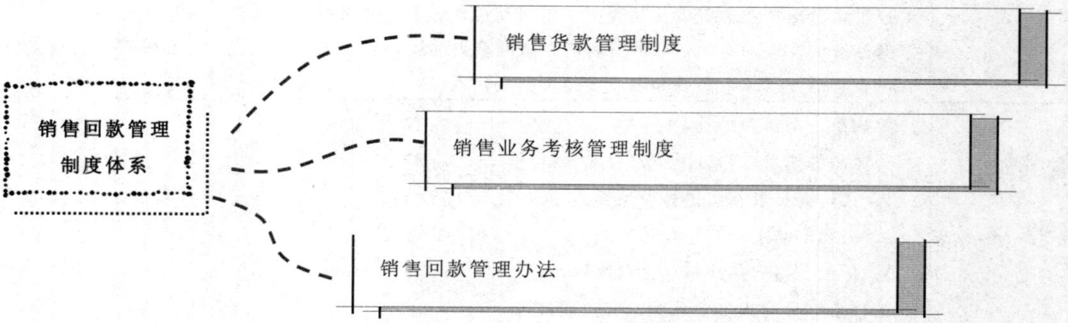

图 4-9　销售回款管理制度体系

4.5.2　销售回款管理制度关键点

企业在制定销售回款管理制度时，应重点考虑如图 4-10 所示关键点。

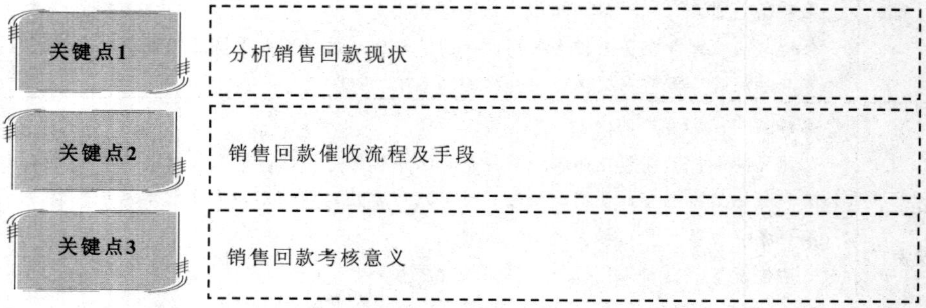

图 4-10　销售回款管理制度关键点

4.5.3 销售回款管理制度设计范例

<table>
<tr><td>制度名称</td><td colspan="5">销售回款管理制度</td></tr>
<tr><td>制度版本</td><td></td><td>受控状态</td><td>□ 受控 □ 非受控</td><td>制度编号</td><td></td></tr>
<tr><td>总则
第1章</td><td colspan="5">第1条 目的
为了达到以下目的，特制定本制度。
1．规范公司销售回款管理工作，确保销售账款能及时收回，减少出现呆账、坏账次数。
2．加快资金回笼速度，减轻公司现金流的压力。
第2条 适用范围
本制度适用于公司销售回款管理工作的控制和指导。
第3条 职责分工
1．营销部负责销售回款的监督与回款的催缴工作。
2．财务部负责应收账款的统计及相关账务的处理工作。</td></tr>
<tr><td>细则
第2章
分析回款状况</td><td colspan="5">第4条 销售人员应当按照签订的“销售合同”或“产品订货单”向客户销售产品。
第5条 财务部会计人员根据“出货单”会计联、发票及销售部拟订的“销售账款回收计划表”，分析即将到期且尚未收回货款的客户。
第6条 财务部定期结账一次，当期货款未能于次月__日内回收的，由财务部编制“应收账款明细表”“应收账款分析表”提供给销售部，销售部业务人员据此向客户收缴货款。</td></tr>
<tr><td>第3章
货款催收工作管理</td><td colspan="5">第7条 销售人员需根据财务部提供的“应收账款明细表”等表单制作“催款通知单”。
第8条 销售人员负责将“催款通知单”送给客户，并要求其尽快付清货款。
第9条 销售人员开始催收后10日内，仍不能收回货款的，应将未能收回货款的原因及对策，以书面形式提交给营销部经理。
第10条 销售人员在约定付款期结束后60日内仍未收回货款的，视为准呆账，由营销部研究方案继续催收。
第11条 当客户出现破产，被法院查封、被银行冻结资产等无力偿还的情况时，该笔货款需视为呆账，销售人员应立即报告法务部，法务部需配合以专案研究处理。</td></tr>
<tr><td>第4章
货款回收工作管理</td><td colspan="5">第12条 销售人员收回客户款项后，回公司填写“收款通知单”，并连同货款一同交给财务部出纳人员。
第13条 收回账款后，财务部应方始凭“收款通知单”及收款凭证，做销账处理。</td></tr>
<tr><td>第5章
销售回款考核</td><td colspan="5">第14条 建立回款考核体系
1．销售部将回款纳入销售人员考核体系。
2．根据考核结果和回款结果确定对销售人员的奖惩。
3．对于无法收回的呆账，销售人员应补偿公司的部门损失。
第15条 回款奖惩办法
人力资源部配合销售部制定回款奖惩办法，具体如下表所示。

回款责任人奖惩办法说明表
<table><tr><th>回款情况</th><th>奖惩说明</th></tr><tr><td>约定回款期内收回全部货款</td><td>除销售提成外，按照回款金额的0.1%，奖励销售人员，随当月工资一同发放</td></tr><tr><td>超过约定回款日期30天未付款</td><td>自超过约定回款日期30天起，每月按欠款金额的0.5%扣除销售责任人的当月工资，销售责任人负责继续催收</td></tr></table></td></tr>
</table>

续表

<table>
<tr><td>制度名称</td><td colspan="6">销售回款管理制度</td></tr>
<tr><td>制度版本</td><td></td><td>受控状态</td><td>□ 受控 □ 非受控</td><td>制度编号</td><td colspan="2"></td></tr>
<tr><td>第5章
销售回款
考核</td><td colspan="6">续表
<table>
<tr><th>回款情况</th><th>奖惩说明</th></tr>
<tr><td>超过约定回款日期60天未付款</td><td>视为准呆账，按欠款金额的1%扣除销售责任人的当月工资，销售责任负责继续催收</td></tr>
<tr><td>客户已经宣告破产或其他无力偿还情况</td><td>视为呆账，按欠款1.5%扣除销售责任人的当月工资</td></tr>
<tr><td>准呆账后期收回</td><td>扣除责任人工资在货款全部回收的当月予以补发</td></tr>
</table>注：销售人员当月工资不够扣除的，顺延至下月扣除，直至达到扣除标准为止。</td></tr>
<tr><td>第6章
附则</td><td colspan="6">第16条　本制度由营销部、财务部共同制定，制定部门保留对本制度的修订和解释权。
第17条　本制度自总经理审批通过之日起生效。</td></tr>
<tr><td>编制部门</td><td></td><td>审批人员</td><td></td><td>审批日期</td><td colspan="2"></td></tr>
</table>

4.6　销售售后服务制度设计

4.6.1　销售售后服务制度针对性

企业在制定销售售后服务制度时，主要针对售后服务流程和售后服务标准两大主要内容，具体如图 4-11 所示。

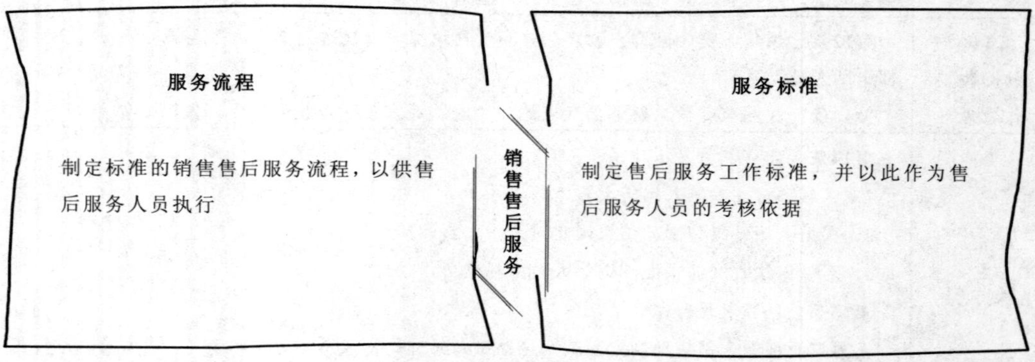

图 4-11　销售售后服务制度针对性

4.6.2　销售售后服务制度关键点

企业在制定销售售后服务制度时，应主要考虑如图 4-12 所示的关键点。

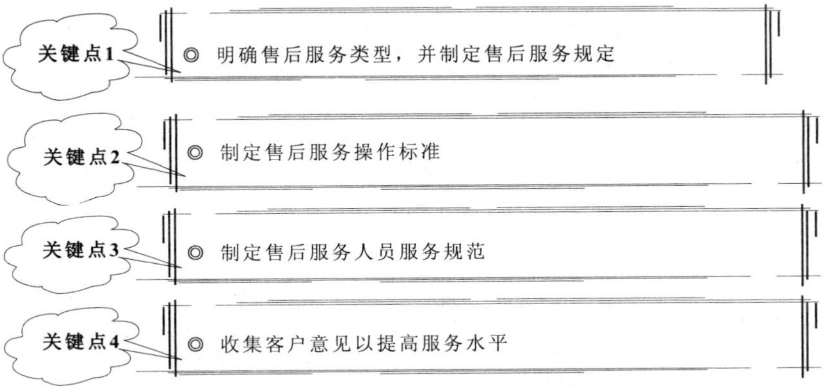

图 4-12 销售售后服务制度关键点

4.6.3 销售售后服务制度设计范例

制度名称	销售售后服务管理制度				
制度版本		受控状态	□ 受控 □ 非受控	制度编号	

第1章 总则

第1条 目的

为了增进经营效能，加强营销部售后服务工作，提高销售业绩、塑造公司良好的品牌形象，特制定本制度。

第2条 适用范围

本制度适用于公司销售售后服务管理相关工作。

第3条 职责分工

1. 营销部下设专门的客户服务机构，配置客户服务人员，负责售后服务工作。
2. 客户服务人员负责与公司产品、商品相关客户（用户）意见收集、投诉受理、退货、换货、维修零部件等工作。
3. 设立专业售后服务队伍，或者指定特约服务商，维修商负责公司的售后服务工作，并与之签订委托协议或合同。
4. 与特约服务商之间的衔接不当、纠纷而影响对客户（用户）的服务，客户服务人员应及时上报主管人员及时处理。

细则 第2章 售后服务说明

第4条 公司根据行业惯例，确定本公司产品、商品的保质期、保修期。在一个产品 、商品中不同部位、部件有不同保修期的，应加以说明。

第5条 公司产品、商品的保质期、保修期，应载于产品说明材料内。因促销等原因导致保修期变化的，应及时通知售后服务部门。

第6条 公司售后服务类型如下表所示。

售后服务类型说明表

服务类型	具体内容
有偿服务	凡为客户保养或维护本公司出售产品，向客户收取服务费用均属此类
合同服务	凡为客户保养或修护本公司出售的产品，依本公司与客户所订立产品保养合同书的规定，向客户收取服务费用者属于此类
免费服务	凡为客户保养或维护本公司出售的产品，在免费保证期间，免向客户收取服务费者属于此类
一般行政工作	凡与服务有关之内部一般行政工作，如工作检查、零件管理、设备工具维护、短期在职培训及其他不属于前三项的工作均属此类

续表

<table>
<tr><td>制度名称</td><td colspan="5">销售售后服务管理制度</td></tr>
<tr><td>制度版本</td><td></td><td>受控状态</td><td>□ 受控　□ 非受控</td><td>制度编号</td><td></td></tr>
<tr><td>第3章
售后服务
操作程度</td><td colspan="5">**第7条**　客户服务专员在接到维修来电、来函时，应详细记录客户名称、地址、联系电话、商品型号，尽量问清存在的问题和故障现象，填写在“叫修登记簿”上，同时在该客户资料袋内，将该商品型号的“服务凭证”抽出，送维修部门处理。
第8条　维修主管接到报修单后，初步评估故障现象，派遣合适的维修人员负责维修。
第9条　维修人员持“服务凭证”前往客户现场服务，凡可当场处理妥当者即请客户于“服务凭证”上签字，携回交与客户服务人员于“叫修派工单”上签字。
第10条　凡在客户地方不能修复带回修理的，应开立收据交与客户，并在公司“进出商品簿”上登记，修复后应向客户索回收据 ，并请其在“维修派工单”上签字。
第11条　上一项携回的商品，如是有偿修护，维修人员应在归还商品当天凭“服务凭证”，至会计处开具发票，以便收费。
第12条　凡属于有偿服务，其费用较低者，应由维修人员当场向客户收费，回公司向会计交款，否则应于当天凭“服务凭证”至会计处开具发票，以便另行前往收费。
第13条　每次维修完结后，维修人员上交派工单，主管考核其维修时间和质量。各种维修工作应在公司承诺的时限内完成。
第14条　维修主管应逐日依据维修人员的日报表，将当天所属人员服务的类别及所耗时间填写“服务日报表”，送总经理核签后，转送营销部。
第15条　凡待修商品不能按原定时间修好的，维修人员应即报请主管予以协助。
第16条　营销部客户服务人员应根据“叫修登记簿”核对“服务凭证”后，将当天未派修工作于次日送请维修主管优先派工。</td></tr>
<tr><td>第4章
对维修人员的
规定</td><td colspan="5">**第17条**　维修人员经培训合格或取得岗位资质证书后，方能上岗，公司鼓励维修人员通过多种形式的培训和学习提高自己的维修技能。
第18条　维修人员如需上门维修，应佩戴公司统一发放的工号卡或出示有关证件才能进入客户场所，并尽量携带齐全有关检修工具和备品备件。
第19条　维修人员如上门维修，公司应协助其运输商品，运输费用按有关规定支付。
第20条　维修人员应尽责精心服务，不得对客户卡、拿、吃、要，要爱护客户设备或办公环境，不损坏其他物品。
第21条　所有服务作业，市区采用六小时派工制，郊区采用七小时派工制，即叫修时间至抵达服务时间不得超过上班时间内六小时或七个小时。
第22条　保修合同期满一个月，客户服务人员应填写“保修到期通知书”寄给客户。</td></tr>
<tr><td>第5章
退换货规定</td><td colspan="5">**第23条**　公司根据保护消费者权益、商品交易的相关法规，制定公司产品和商品退换货的具体规定。
第24条　公司产品和商品退换货的具体规定，应明示于销售场所，或记载于产品说明材料内。
第25条　公司应制定具体的退换货工作流程，并培训有关人员熟悉该规程。
第26条　公司的仓库、运输、财务、生产制造部门给予退换货方面的支付和配合，并进行工作流程上无缝衔接。
第27条　查清退换货的原因，追究造成该原因的部门和个人的责任，并作为其业绩考核的依据之一。</td></tr>
</table>

续表

制度名称	销售售后服务管理制度				
制度版本		受控状态	□ 受控 □ 非受控	制度编号	
第6章 客户意见调查	**第28条** 公司定期举办客户意见调查活动，并将所得结果作为改进服务措施的依据。 **第29条** 客户意见分为客户的建议、抱怨及对销售人员的品评，除将品评资料作为销售人员每月绩效考核的一部分外，对客户的建议或抱怨，营销部应特别加以重视，认真处理，建立本公司售后服务的良好信誉。 **第30条** 客户服务人员应将当天客户“叫修登记簿”于次日寄送营销部，以凭此填写“客户意见调查卡”。 **第31条** 对销售人员的品评，分为态度、技术、到达时间及答应事情的办理情况四项内容，每项可按客户满意状况分为四个程度 ，以便客户勾选。 **第32条** 对客户的建议或抱怨，其情节重大者，营销部应及时呈送营销经理审阅，并进行处理，并将处理情况通知客户。				
第7章 附则	**第33条** 本制度由营销部制定，并负责解释及修订。 **第34条** 本制度自总经理审批通过后开始实行。				
编制部门		审批人员		审批日期	

4.7 销售业务提成制度设计

4.7.1 销售业务提成制度体系

企业销售业务提成制度体系主要包括销售提成核算制度，销售提成发放制度及销售提成纠纷管理制度，如如图 4-13 所示。

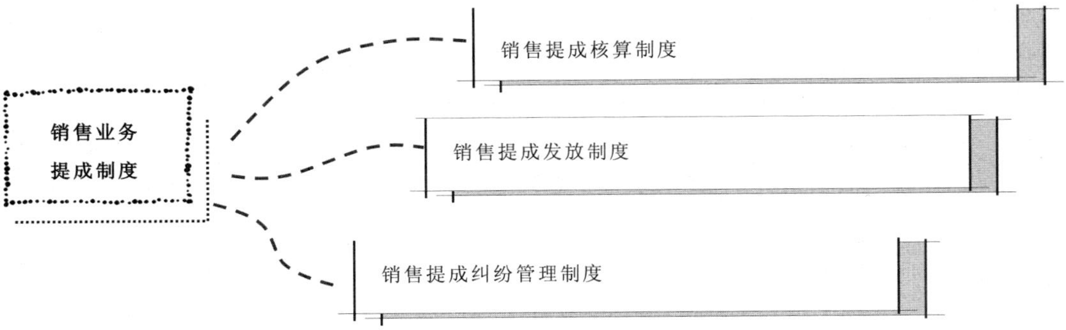

图 4-13 销售业务提成制度体系

4.7.2 销售业务提成制度关键点

企业在制度销售业务提成制度时，应注意如图 4-14 所示的关键点。

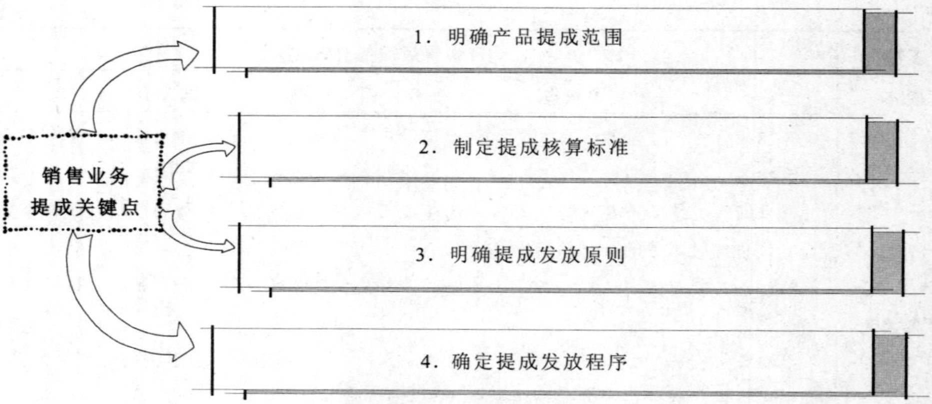

图 4-14　销售业务提成制度关键点

4.7.3　销售业务提成制度设计范例

制度名称	销售业务提成管理制度				
制度版本		受控状态	□ 受控　□ 非受控	制度编号	
总则 第1章	**第1条**　目的 为了提高销售人员的销售业绩及工作积极性，规范公司的销售业务提成管理，保障公司和销售人员的利益，制定本制度。 **第2条**　适用范围 本制度适用于公司所有销售人员的销售业务提成管理工作。				
细则 第2章 提成计算 方法	**第3条**　公司销售主管产品销售进度计划，销售难易程度等因素，制定一线销售人员的提成方案，提交营销经理进行审批，方案提成的具体内容如下。 1. 公司自主生产的保底销售业务提成底额为__万元/月，若达到保底销售额，发放__元底薪；若达到保底销售额的50%，发放__元底薪；若未达到保底销售底额的50%，发放__元底薪。 2. 当月达到保底销售额__万元的，按销售毛利润的__%计算提成，未达到销售保底额的，不予计算提成。 3. 外调产品的销售业务提成的计算方法：销售收入减去采购成本的__%，并且税点和其他相关费用（如物流费用等）必须扣除。 4. 销售业务外包时，不计算一线销售人员的提成。 **第4条**　公司销售主管在接到营销主管提交的销售业务提成方案后，会同人力资源部、财务部审核一线销售人员的提成方案，报总经理审核，并下发营销部执行。 **第5条**　营销部将审批通过后的一线销售人员提成方案交人力资源部、财务部备案，以便于日后执行。				
第3章 提成申报 审批程序	**第6条**　销售业绩的申报。 1. 销售主管按照销售专员的销售业绩制定“销售业绩报表”，报营销经理审核。 2. 营销经理审核完“销售业绩报表”后，报财务部审核，并确认销售业绩。 **第7条**　销售业务提成报表的制定和审核。 1. 人力资源部根据财务部审核通过后的“销售业绩表”，按照提成方案，计算并制定“销售业务提成报表”。 2. 财务部审核完“销售业务提成报表”后，报总经理审批后签字确认。 **第8条**　财务部汇总销售信息，计算销售人员和销售主管的销售业务提成和底薪，扣减所得税后发放。				

续表

制度名称	销售业务提成管理制度				
制度版本		受控状态	□ 受控　□ 非受控	制度编号	
第4章 提成发放 规定	**第9条**　当月发生的销售货款必须全部收回后方可发放提成，如有余款未被收回，则不对销售人员发放提成。 **第10条**　低于公司销售底价的销售，则财务部核算利润后发放提成。				
第5章 附则	**第11条**　本制度由营销部制定，并负责本制度的解释和修订。 **第12条**　本制度自下发之日起执行。				
编制部门		审批人员		审批日期	

第 5 章

生产制造管理制度设计

5.1　生产制造制度体系结构

5.1.1　生产制造制度体系架构图

生产制造制度，是一种对从前端概念设计到产品实现的生产物化过程的管理工具。生产制造制度体系主要包括以下制度体系，具体如图 5-1 所示。

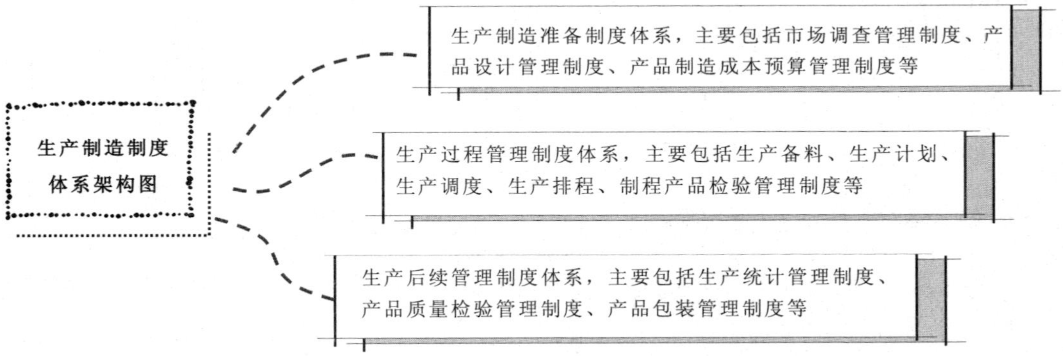

图 5-1　生产制造制度体系架构图

5.1.2　生产制造制度体系关注点

生产制造制度体系的主要关注点如图 5-2 所示。

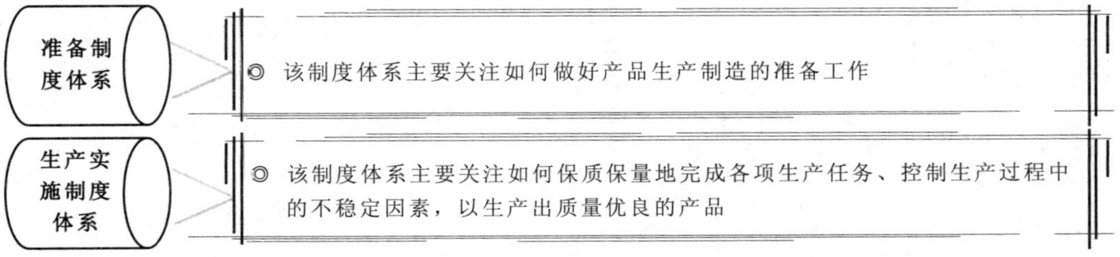

图 5-2　生产制造制度体系关注点

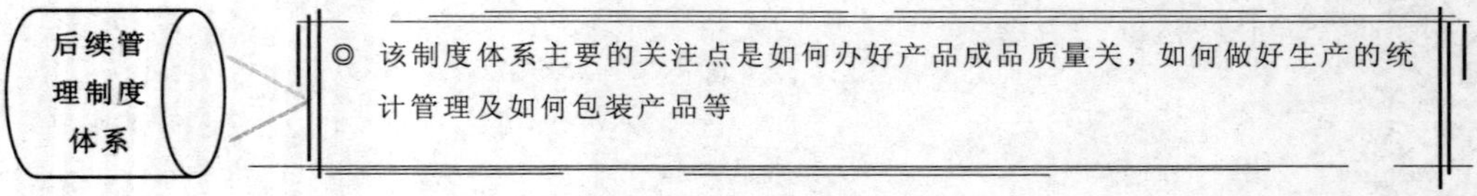

图 5-2　生产制造制度体系关注点（续）

5.2　生产计划管理制度设计

5.2.1　生产计划管理制度体系

生产计划管理制度体系主要包括生产计划编制管理制度、生产计划执行控制管理制度、生产计划变更调整管理制度，具体结构说明如图 5-3 所示。

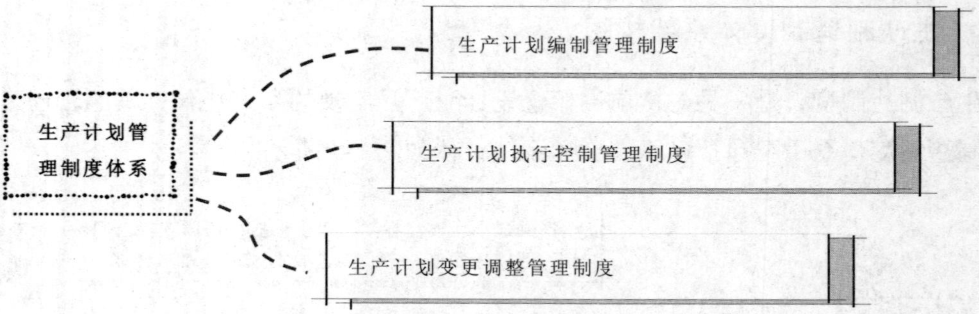

图 5-3　生产计划管理制度体系

5.2.2　生产计划管理制度关键点

生产计划管理制度关键点如图 5-4 所示。

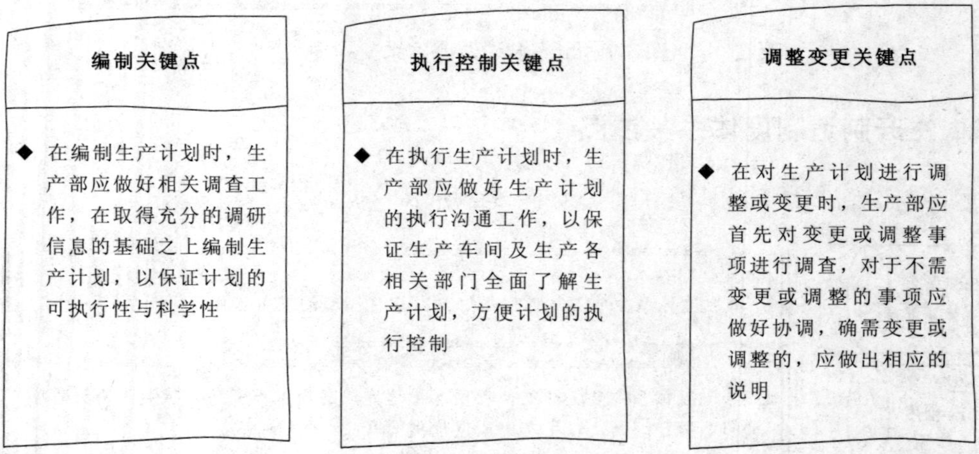

图 5-4　生产计划管理制度关键点

5.2.3 生产计划管理制度设计范例

<table>
<tr><td>制度名称</td><td colspan="5">生产计划管理制度</td></tr>
<tr><td>制度版本</td><td></td><td>受控状态</td><td>□ 受控 □ 非受控</td><td>制度编号</td><td></td></tr>
<tr><td>第1章
总则</td><td colspan="5">第1条 目的
为了加强对生产计划的编制与执行管理，提高公司的生产效率，保证生产目标的实现，制定本制度。
第2条 适用范围
本制度适用于生产计划管理的相关事宜。
第3条 职责分工
1. 生产部负责汇总、分析有关生产计划资料后制订生产计划并监督计划的执行，根据生产实际变化情况对计划进行调整，保证生产任务的顺利完成。
2. 生产部各生产车间负责具体实施生产计划。
3. 生产各相关部门应提供制订生产计划所需的各项资料及预测，并积极配合生产计划的实施。</td></tr>
<tr><td>细则
第2章
生产计划
编制管理</td><td colspan="5">第4条 收集资料
生产计划专员负责收集各部门以下方面的资料。
1. 市场营销部的下期市场预测、下期销售计划及销售价格预测。
2. 财务部提供的有关资金、费用、成本和生产经营效果的预测。
3. 采购部对于物料市场价格的预测。
4. 技术研发部提供的技术改造计划、科研计划、新产品开发计划等。
5. 生产部提供的设备能力、各类产品定额消耗、安全措施、环保、绿化规划及各类产品产量计划等。
第5条 编制生产计划草案
生产部计划科在编制生产计划草案时应考虑以下内容。
1. 现有库存量能满足生产的部分不列入计划。
2. 确定适当的批量与间隔区，保证生产计划的经济性。
3. 检查生产设备的负荷量是否会剧烈波动、是否已超过其极限或低于其生产能力。
4. 涉及的内容、概念必须具体化。
第6条 修订生产计划草案
1. 生产计划草案形成后，生产部经理组织生产相关部门及人员对生产计划进行评估，保证生产计划与生产能力、劳动力、物料供应、生产技术准备及生产资金的平衡度。
2. 生产计划评估后，生产部经理应将计划草案交于分管副总及公司总经理分别进行审核、审批，并根据审核、审批意见对生产计划草案进行修订。
第7条 下发生产计划
生产计划编制好后，生产部将计划下发到各生产车间及生产相关部门，组织落实生产计划。</td></tr>
<tr><td>第3章
生产计划
执行控制</td><td colspan="5">第8条 生产计划实施准备
在进行正式生产前，生产车间主任组织各生产车间级班组做好生产的准备工作，包括生产设备的保养、工具的摆放及物料的领取等工作，以此来保证生产的进度。
第9条 计划协调
生产部做好全公司的生产计划协调、调度等工作，合理安排生产，对生产计划执行情况进行检查与督促。各部门应配合生产部的生产协调和调度工作。</td></tr>
</table>

续表

<table>
<tr><td>制度名称</td><td colspan="5">生产计划管理制度</td></tr>
<tr><td>制度版本</td><td></td><td>受控状态</td><td>□ 受控　□ 非受控</td><td>制度编号</td><td></td></tr>
<tr><td>第3章
生产计划
执行控制</td><td colspan="5">**第10条**　物资调度
为保证生产计划的顺利执行，生产部应组织做好生产调度工作，包括生产物料调度、生产设备调度及生产机械调度等。
第11条　生产环节的计划执行控制
1．各生产车间要按照生产部下达的生产计划严格分配作业，并准时按照规定的日期进行生产，以保证产品在生产线上的进度要求，保证产品的交货期。
2．生产部应在生产当日结束时拟订第二日的生产计划，并将物料需求计划在当日报送仓储部；仓储部接到生产车间的物料需求后，必须在生产车间次日上班前将物料准备完毕。
3．各生产车间在每日上班后应召开由车间主任主持的简短的生产早会，总结昨日生产状况，指出目前完成生产计划的情况及存在的不足，制定解决措施，布置生产任务及工作重点等。</td></tr>
<tr><td>第4章
生产计划
调整管理</td><td colspan="5">**第12条**　计划执行跟踪
生产车间进行投料生产后，生产部应派出相关人员随时了解和掌握生产的实际现状和进度状况，如果生产进度发生延误，应督促相关部门进行改善。
第13条　计划执行改进
对影响生产进度的问题，生产部应要求相关部门或车间整改，并落实到具体责任人和具体整改日期。
1．对于所有阻碍计划执行的问题，生产部都必须要求各生产车间级班组在既定的时期内由专人负责进行整改。
2．对于整改协调过程中出现的争议，生产部要及时报分管副总甚至总经理进行协调和解决，以确保生产计划的严肃性和可执行性，推动生产计划的按时完成。
第14条　生产计划变更
生产过程中，如出现以下意外或不可抗因素导致生产计划无法继续执行，各生产车间应以书面形式及时通知生产部，由生产部临时调整生产计划，调整后经总经理批准后，再通知有关部门和生产车间及时调整生产任务。
生产计划变更的主要影响因素主要包括以下五个方面。
1．客户临时要求更改或撤销合同。
2．市场形势突变而导致营销策略的改变。
3．原料供应方无法按计划供应原材料。
4．因设备故障或生产事故导致无法继续生产。
5．其他不可抗因素（主要包括自然灾害、战争、国家政策调整等因素）。
第15条　计划调整流程
1．各生产车间或班组发现生产计划无法继续执行时，以书面形式通知生产部。
2．生产部接到通知后，应对计划的执行情况进行调查，确认生产计划是否需要调整。
3．对于确需调整的生产计划，生产部应以书面形式向分管副总或公司总经理做出详细的计划变更调整说明。
4．变更后的生产计划通过后，生产部应监督对新计划的执行。</td></tr>
<tr><td>第5章
附则</td><td colspan="5">**第16条**　本制度由生产部负责制订和修改。
第17条　本制度经总经理审批通过后执行。</td></tr>
<tr><td>编制部门</td><td></td><td>审批人员</td><td></td><td>审批日期</td><td></td></tr>
</table>

5.3 生产调度管理制度设计

5.3.1 生产调度管理制度体系

生产调度管理制度体系的主要内容如图 5-5 所示。

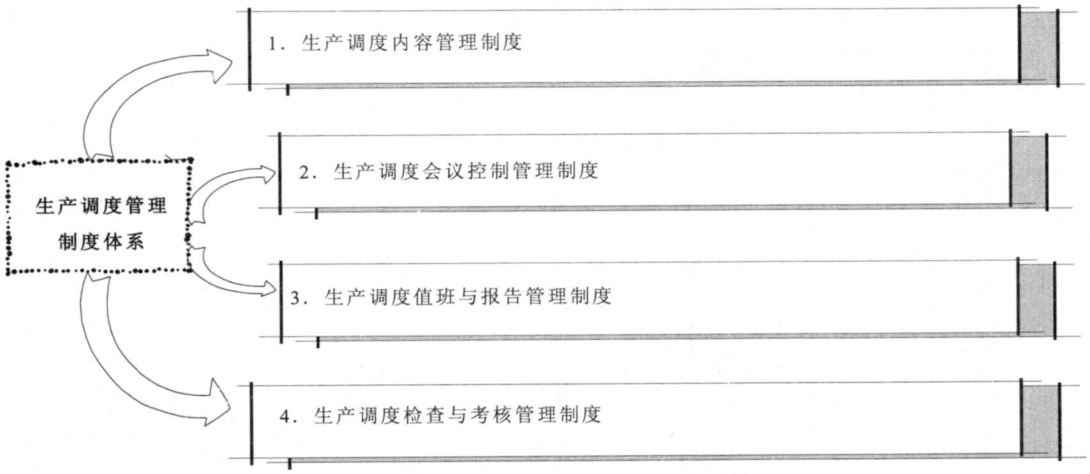

图 5-5 生产调度管理制度体系

5.3.2 生产调度管理制度关键点

生产调度管理制度的关键点说明如图 5-6 所示。

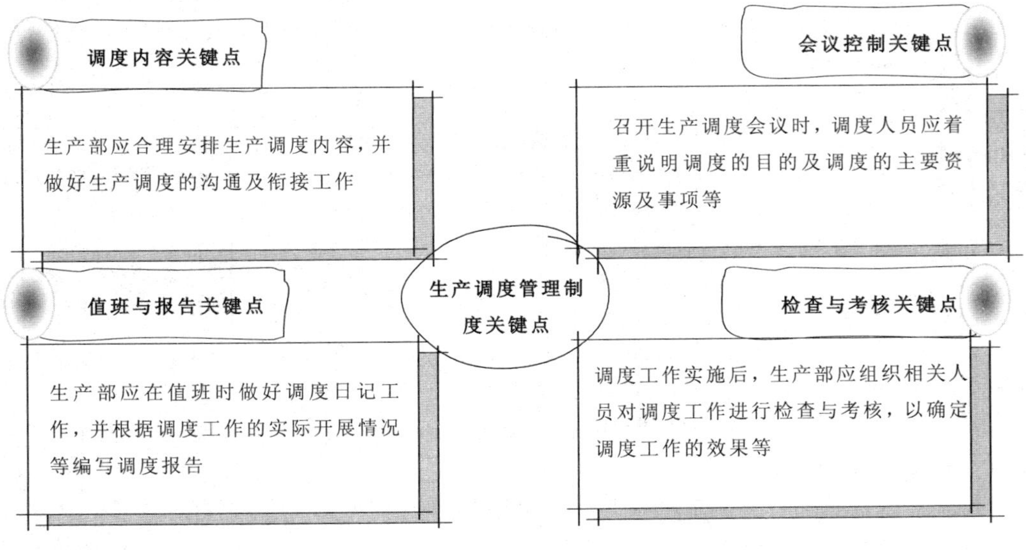

图 5-6 生产调度管理制度关键点

5.3.3 生产调度管理制度设计范例

<table>
<tr><td>制度名称</td><td colspan="5">生产调度管理制度</td></tr>
<tr><td>制度版本</td><td></td><td>受控状态</td><td>□ 受控 □ 非受控</td><td>制度编号</td><td></td></tr>
<tr><td>总则
第1章</td><td colspan="5">第1条 目的
为了更好地完成生产调度工作，保证生产人员、生产设备按时到位及生产原料的及时供应，并保证生产车间保质、保量地在交期内按时完成交货任务，特制定本制度。
第2条 适用范围
本制度适用于生产调度管理的相关事宜。
第3条 职责分工
1．生产部作为生产调度管理的职能部门，负责对生产经营活动进行调度，是生产管理的指挥中心。
2．各部门、车间主任及班组长应建立以生产调度为核心且相互衔接的生产调度指挥系统，按程序、分层次地组织、协调、指挥生产。
3．生产各相关部门应予以配合生产部进行生产调度工作。</td></tr>
<tr><td>细则
第2章
生产调度原则及内容</td><td colspan="5">第4条 生产调度工作原则
1．生产调度应以市场为导向，以“少投入、多产出、快产出”为原则，科学利用资源，合理组织调配，有效进行生产过程控制，以获取最佳经济效益。
2．上道工序要按下道工序要求的产品的品种、质量、数量和时间组织本道工序的生产。
3．若上道工序出现异常，在产品的品种、质量、数量、时间方面不能满足本道工序要求时，要及时调整，以减少对后续工序的影响，尽可能保持全生产线的正常秩序。
4．辅助工序要满足主生产线工序，为主生产线工序提供辅助条件。
第5条 落实生产作业计划
1．生产调度指挥系统在接到生产部下达的月、周、日生产作业计划后，应将生产任务和各种指标分解到各班次和班组，分解的主要依据是各班组的月作业时间，即按日历时间扣除法定休息时间确定各班组的工时，从而确定生产指标。
2．落实生产指标时，生产调度指挥系统要考虑上月生产实绩、本月设备情况、安全状况及各种计划指标与标准。
第6条 日常生产调度控制
车间班组长及时收集现场生产数据，督促生产岗位填写各种原始记录，整理生产日报，每周汇总一次，并将信息及时反馈给各班组，使其能根据自己的生产实绩查找差距、改进工作，同时将生产数据上报给相关职能部门。
第7条 班组间协调与衔接的规定
1．生产调度指挥系统负责协调各个生产环节，确保设备的正常运转与原材料、能源的及时供应。
2．生产调度指挥系统要组织好班组间的交接班工作，每天上岗时巡视整个作业区，了解生产、设备状况，查阅交接班记录。
3．各班组根据生产例会的决定，结合所负责区域的实际生产情况，进行生产作业的调整。
第8条 紧急情况处理
1．调度人员接到紧急生产任务时，首先应分析、了解该生产任务的特点，然后采取相应的插单措施。
2．当调度人员接到有关部门或车间的紧急报警电话时，需立即拨打报警电话并通知生产部领导和主管人员，迅速联系有关部门或其他车间进行应急处理，同时在最短的时间内到达现场协助处理。</td></tr>
</table>

续表

<table>
<tr><td>制度名称</td><td colspan="5">生产调度管理制度</td></tr>
<tr><td>制度版本</td><td></td><td>受控状态</td><td>□ 受控 □ 非受控</td><td>制度编号</td><td></td></tr>
<tr><td>细则
第2章
生产调度原则及内容</td><td colspan="5">**第9条** 生产调度会议
生产调度会议的主要工作事项是检查上次调度会议决策的执行情况，同时提出本次会议需要解决的问题，通过讨论最后确定措施、形成决议，并责成有关部门或人员执行。
第10条 生产调度会议的内容
生产调度会议主要包括公司级调度会议、生产部调度会议、车间调度会议及紧急调度会议等，具体会议安排及内容如下所示。
1. 公司级调度会议，每月第一个工作日由生产调度主管负责召集各车间主任及有关生产负责人，并由主管副总主持召开。会议的主要内容应包括总结上月生产情况、协调本月各项工作、布置本月生产任务及进行本月生产活动分析等。
2. 生产部调度会议，每月_____日和月末最后一个工作日由生产调度主管负责召集有关生产负责人，并由生产部经理主持召开。
3. 车间调度会议，每周一上午由车间调度专员负责召集各车间管理人员及班组长，并由车间主任主持召开。会议的主要内容应包括总结上周生产情况、针对问题提出解决意见、进行本周生产任务的分配及强调生产过程中的注意事项等。
4. 临时性调度会议，各部门领导可以根据实际情况及各自的职权范围召开生产调度会议，讨论突发事件的处理方案、听取各下属单位汇报急需解决的问题及布置临时性、紧急性的生产任务。</td></tr>
<tr><td>第3章
生产调度会议控制</td><td colspan="5">**第11条** 会议召开注意事项
召开生产调度会议时，相关人员应注意以下事项。
1. 会议开始前，与会人员要将当前生产情况、工艺情况及工作中存在的问题和注意事项整理成资料备用。
2. 会议召集人通知参加会议的人员，应详细告知会议的时间、地点、时长、人员安排、需要注意的事项等。
3. 对未经允许擅自不参加会议或迟到、早退的人员，会议负责人有权对其进行处罚。
第12条 会议记录管理
1. 产调度会议召开时，生产部安排专人记录会议的主要内容，并于会后填写“生产调度会议记录表”。
2. 生产调度会议纪要由生产调度员起草，会议主持领导审定后发放给各生产部及有关职能部门和工厂领导，档案室存档一份。</td></tr>
<tr><td>第4章
生产调度值班与报告管理</td><td colspan="5">**第13条** 生产调度值班管理
为了保证对生产任务进行不间断的监督，公司应制定调度值班制度，重点事项主要包括以下两点。
1. 每个车间设值班员，以便及时发现并随时处理生产中临时发生的问题。
2. 值班员要做好交接班工作并记好调度日记，以保证各班之间调度工作的连续性和衔接性。
第14条 编制生产调度报告
1. 公司应建立生产调度报告制度，各级领导可按时收到逐级汇总上报的调度报告，全面掌握生产的进度情况。
2. 生产调度报告主要分为生产日报、周报、月报，反映了生产作业计划的执行情况及存在的问题和处理意见。</td></tr>
</table>

续表

制度名称	生产调度管理制度				
制度版本		受控状态	□ 受控 □ 非受控	制度编号	
第5章 生产调度检查与考核	**第15条** 考核主体 人事行政部负责组织、分管副总参与检查考核生产调度指挥系统、各车间及各部门对本制度的执行情况。 **第16条** 考核周期 每周检查不少于一次，每月考核一次。 **第17条** 考核实施程序 1．人力资源部组织对生产部的生产调度事宜进行检查与考核，并向生产部说明考核所需的文件及资料等。 2．生产部向人力资源部提交调度考核所需的资料，由人力资源部实施考核。 3．考核结束后，人力资源部应将考核结果反馈给生产部，由生产部确认是否需要进行考核申诉等。 **第18条** 考核结果应用 生产调度工作的考核结果可以作为生产部及生产部调度人员的绩效考核的基本组成部分，将直接影响生产部部门奖金及调度人员的绩效工资的发放比例。				
第6章 附则	**第19条** 本制度由生产部负责制订和修改。 **第20条** 本制度经总经理审批通过后执行。				
编制部门		审批人员		审批日期	

5.4 生产排程管理制度设计

5.4.1 生产排程管理制度体系

生产排程管理制度体系主要包括以下三类制度，具体内容如图5-7所示。

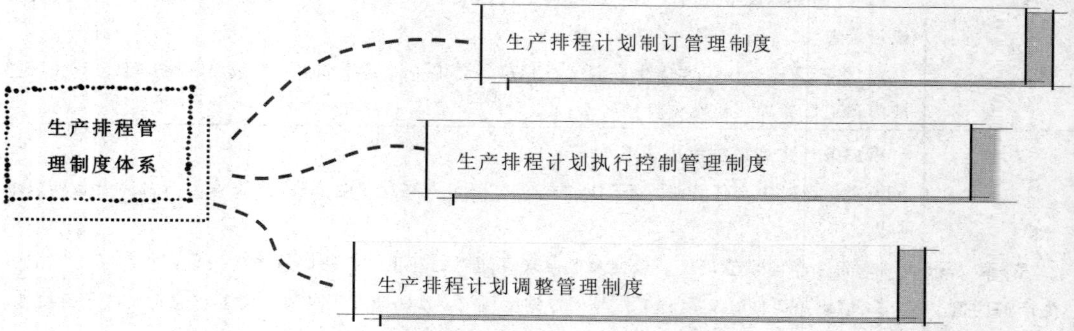

图 5-7 生产排程管理制度体系

5.4.2 生产排程管理制度关键点

生产排程管理制度的关键点如图5-8所示。

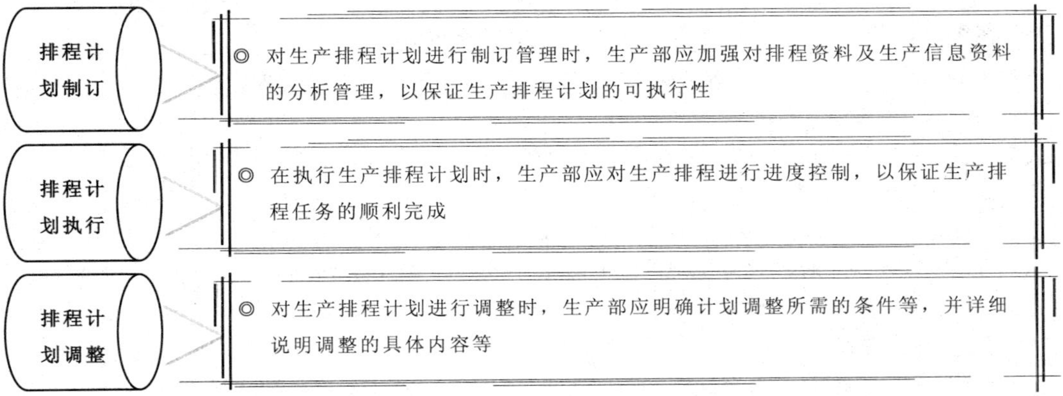

图 5-8　生产排程管理制度关键点

5.4.3　生产排程管理制度设计范例

<table>
<tr><td>制度名称</td><td colspan="5">生产排程管理制度</td></tr>
<tr><td>制度版本</td><td></td><td>受控状态</td><td>□ 受控　□ 非受控</td><td>制度编号</td><td></td></tr>
<tr><td rowspan="2">总则
第1章</td><td colspan="5">**第1条**　目的
为了确保按时完成生产任务，充分利用生产资源，提高车间生产效率，保证将生产计划变成作业人员的具体生产作业指令，并加以落实，特制定本制度。
第2条　适用范围
本制度适用于各生产部门与生产排程管理相关的各项事项。</td></tr>
<tr><td colspan="5">**第3条**　管理职责
1. 生产部经理负责对“生产排程计划”进行最终的审核及审批。
2. 生产计划主管负责对企业总体生产计划进行分解，并将生产任务分配到各车间。
3. 各车间负责初步编制“生产排程计划”，并交给生产计划主管进行初步审核。</td></tr>
<tr><td>细则
第2章
制订生产排程计划</td><td colspan="5">**第4条**　分解企业生产计划
生产计划主管应于“企业生产计划”编制完成后____个工作日内对企业生产计划进行分解，然后召集各生产车间主任及班组长等召开生产任务分配说明会，明确各生产车间的生产任务。
第5条　各车间编制生产排程计划
各生产车间主任在接到生产任务后____个工作日内，组织本车间各生产班组长制订本车间的生产排程计划，制订该计划时应考虑以下四个方面的内容。
1. 本车间的任务内容及任务量。
2. 明确客户订单的优先级别。
3. 明确各类物料的供应状况，尤其是特殊物料和紧缺物料。
4. 本车间的人员配备情况、设备运行状况及模具、治具是否齐备。
第6条　计划报审
1. 各车间生产排程计划制订完毕后，由车间主任提交至生产计划主管进行初审，并由生产计划主管提出审核修改意见。
2. 各车间主任根据生产计划主管的意见将各自车间的生产排程计划进行修改后，报生产部经理审批。</td></tr>
</table>

续表

<table>
<tr><td>制度名称</td><td colspan="5">生产排程管理制度</td></tr>
<tr><td>制度版本</td><td></td><td>受控状态</td><td>□ 受控 □ 非受控</td><td>制度编号</td><td></td></tr>
<tr><td>第3章
生产排程计划的执行控制</td><td colspan="5">第7条 传达“生产排程计划”
各车间的“生产排程计划”经生产部经理审批后，传达至以下各部门共同执行。
1. 生产部，调配生产所需的人力，拟定生产步骤。
2. 市场部，进一步确认客户出货要求与实际生产情况。
3. 采购部，通知供应商备料并安排生产，同时确认物料供应日期。
4. 设备管理部，备齐生产所需的设备、模具和治具。
第8条 编制“生产通知单”
各车间的“生产排程计划公布”后，各车间主任应依据产品类别、投产及完成时间将其分解细化为各班组的生产任务，并于每周____制订下一周或下一期的详细日程计划，即“生产通知单”。制作“生产通知单”时应考虑以下三个因素。
1. 确认物料交期，“生产通知单”的安排是以主要物料的到位时间为依据的，因此，采购部应及时将主要物料的交期通知生产部。
2. 确认客户的出货的具体要求，按交期、物料套数、本期生产进度、半成品日报数据等合理平衡物料供给后安排生产进度。
3. “生产通知单”的制定应保留必要的调整余地，便于紧急订单和退货返修生产计划的安排。
第9条 生产进度控制
为了确保车间生产任务的按时完成，投产后，各班组长应随时了解和掌握生产线的实际情况及生产进度。如发现生产进度的延误或不协调的情况，应向相关部门提出改善意见，必要时可以向车间主任申诉。</td></tr>
<tr><td>第4章
生产排程计划的调整</td><td colspan="5">第10条 “生产排程计划”的调整条件
“生产排程计划”下达后，生产部可以根据实际情况进行适当地调整，可调整的情况包括以下四种。
1. 客户增加、减少或改变订单交货要求甚至取消订单的。
2. 物料、工具、设备、人员无法在计划投产日期前准备就绪的。
3. 其他因素导致生产排程计划无法实施的。
4. 其他不可知的因素或不可调整的情况导致生产排程计划在实施过程中必须做出调整甚至停止实施的。
第11条 “生产排程计划”的调整程序
1. 当“生产排程计划”因己方原因需要调整时，生产部发出“生产排程计划变更通知单”，由生产总监核准后通知相关部门，同时撤销原计划。直到对原计划及变动后的差异进行调整后，重新向相关部门下达“生产排程计划”。
2. 由于客户要求而产生的订单变化，可在订单评审阶段由市场部、生产部等部门进行协调、商议，调整或重新制定生产排程，并通知相关部门，做好相互间的协调工作。</td></tr>
<tr><td>第5章
附则</td><td colspan="5">第12条 本制度由生产部负责制订和修改。
第13条 本制度经总经理审批通过后执行。</td></tr>
<tr><td>编制部门</td><td></td><td>审批人员</td><td></td><td>审批日期</td><td></td></tr>
</table>

5.5 生产车间管理制度设计

5.5.1 生产车间管理制度体系

生产车间管理制度体系主要包括生产车间纪律管理制度、生产车间卫生管理制度、生产车间安全管理制度等，具体的制度体系架构如图 5-9 所示。

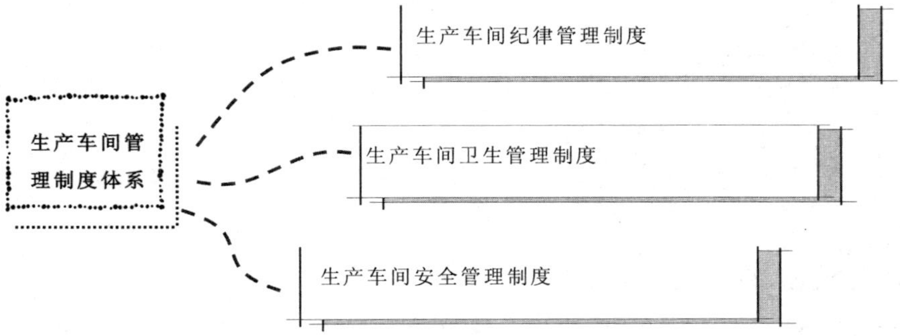

图 5-9 生产车间管理制度体系

5.5.2 生产车间管理制度关键点

生产车间管理制度的管理关键点如图 5-10 所示。

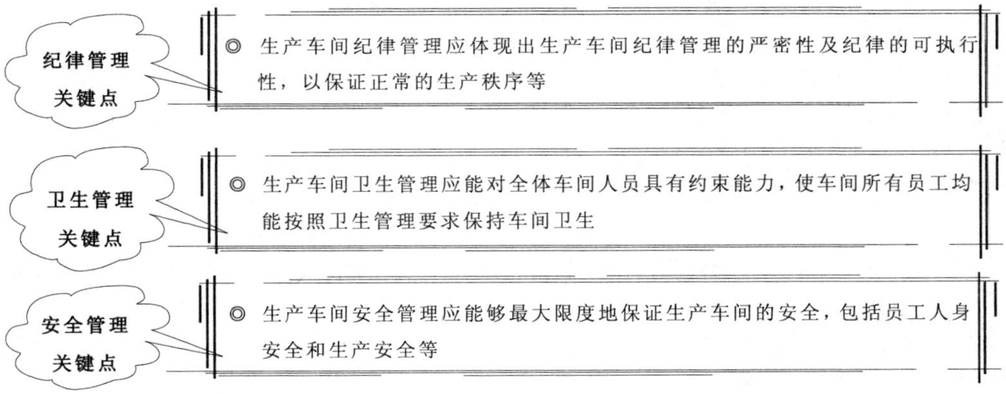

图 5-10 生产车间管理制度关键点

5.5.3 生产车间管理制度设计范例

制度名称	生产车间管理制度				
制度版本		受控状态	□ 受控 □ 非受控	制度编号	
第1章 总则	**第1条** 目的 为规范生产车间的管理工作，营造良好的车间工作氛围，保证各车间生产任务的顺利完成，特制定本制度。				

续表

制度名称	生产车间管理制度				
制度版本		受控状态	□ 受控　□ 非受控	制度编号	
	第2条　适用范围 本制度适用于各生产车间及各车间所属员工。				
细则 第2章 生产车间 纪律管理	**第3条**　作息时间管理 车间员工必须遵守上下班作息时间，不迟到，不早退，并严格按照生产车间规定进行上下班刷卡操作。 **第4条**　着装管理 车间员工在生产现场必须穿工作服，戴工作帽，并正确佩戴员工证。员工工作期间不得佩戴手表、戒指、耳环等物品，不得化妆。 **第5条**　请假管理 车间员工因特殊情况需请假，应严格按照生产车间的请假程序逐级向各级主管请假，得到批准后方能离开。 **第6条**　物品摆放管理 车间员工不得将个人衣物、餐具等用品带入生产现场，饮用水杯应放在现场指定位置。员工责任区内物品必须按定置规定码放在定位线内，严格遵守《消防安全管理规定》。 **第7条**　物品出场管理 未经生产部或相关部门会签批准，车间员工不得将原物料、半成品、设备部件等物品私自带出生产现场。 **第8条**　消防器材管理 车间员工不得将车间内的消防器材挪作他用，特殊情况须报消防安全小组批准。 **第9条**　文明行为管理 各生产车间应提倡文明礼貌，车间员工在现场作业时，不得使用侮辱性字眼，不讲脏话。严禁在现场打架、聚众闹事。 **第10条**　生产作业管理 1．生产现场员工必须专心作业，严禁嬉闹聊天，偷闲怠工。 2．现场各工段应做好人员定岗工作，禁止车间员工脱岗、串岗、溜岗、睡岗等。 3．现场人员在工作期间不得做与工作无关的事情，生产现场禁止吃东西、吸烟、看小说及报刊等。 **第11条**　服从管理 员工必须服从合理工作安排，尽职尽责做好本岗位工作，坚决反对故意刁难、疏忽或拒绝服上级主管命令或工作分配。 **第12条**　自律自觉管理 现场人员必须自律自觉，勇于检举揭发损害工厂利益、破坏车间生产的不良行为，反对一切丑恶现象。 **第13条**　生产行为管理 1．员工必须按照生产工艺规定、操作指导进行现场作业，严禁向半成品投放异物或故意损坏机器设备。 2．各生产车间应提倡节约，生产现场严禁水、电、气浪费现象。 3．车间员工不得私自撕毁工厂公布的各项通知、规定，不得在现场各白板上乱涂乱画。 **第14条**　上班外出管理 上班中途外出员工凭出入证进出车间，并正确登记出入时间。				

续表

制度名称	生产车间管理制度				
制度版本		受控状态	□ 受控　□ 非受控	制度编号	
第3章 生产车间 卫生管理	**第15条**　现场卫生。 各生产车间员工必须时刻保持生产现场的卫生，具体要求如下。 1．现场必须经常清理、整顿，保持地面无积水、污物和油污。 2．保持现场排水沟畅通、墙壁洁净、无卫生死角。 3．必须对作业责任区域内卫生负责，及时对区域内设备、地面及其他生产用品进行清理卫生。 4．现场门窗、楼梯通道、桌凳、现场目视牌等保持干净。 5．定期对现场各蒸汽、水、空压管道、照明用具等进行清扫、清洁，保持无灰尘积压。 6．设备上物品按规定要求整齐挂放，严禁员工随意踩踏、涂污设备。 7．设备应做定期清洁，防尘罩、安全罩禁止敞开，机器底部物应定期清理。 8．卫生清洁用具使用前后清洗、清理，未使用时需摆放在指定位置。 9．生产作业过程中计划内不用的原物料应及时清理整顿。 10．生产作业过程中出现的不良品、废品、垃圾必须及时整理清除。 11．严禁未获批准，使用各种有毒、有害化学物品或药剂。 12．保持各种半成品周转箱，垃圾用箱，输送平板洁净。 13．生产现场过程中落入地面的半成品应及时清理到专门收集不可回收半成品的红色塑料斗中。 14．车间内设备、管道、墙壁不允许随意贴胶带。 15．超出时间效期的公告、通告、标语应及时清理。 16．岗位员工因工作需要接触料液时，必须戴手套或双手消毒。 **第16条**　个人卫生。 各生产车间员工除保持好车间的生产现场环境卫生，还应注意个人卫生，具体要求如下。 1．员工上岗前必须取得健康证。 2．员工保持良好的个人卫生习惯，勤洗澡、勤理发、勤剃须、勤剪指甲、勤换衣服。 3．员工进生产现场双手必须清洗消毒。 4．现场严禁随地吐痰和唾液，严禁随地乱扔纸巾、杂物。 5．员工工作期间严禁挖鼻孔、掏耳朵、剔牙抓头等不合食品工厂卫生规范的行为，在生产现场打喷嚏需背对生产线，并用手遮住嘴巴和鼻孔。 6．员工应做到衣帽整洁，头发不外露，工鞋保持干净，做到勤洗勤换。 7．员工使用卫生间严禁穿着水鞋，使用完毕后必须及时冲洗卫生间。 8．员工必须按工厂要求规范着装，防止作业时汗液、脏物污染半成品。 9．严禁抱病带伤上班，作业前双手消毒。 10．工衣柜及时清洁，避免产生卫生死角，饮用水杯自觉保持干净。 11．现场应做好卫生宣传教育工作，员工应自觉配合遵守。				

续表

制度名称	生产车间管理制度				
制度版本		受控状态	□ 受控 □ 非受控	制度编号	
第4章 生产车间 安全管理	**第17条** 安全生产教育管理 各生产车间主任应做好本车间的安全生产教育工作，具体内容如下。 1．对现场作业人员进行安全生产培训，做好安全防范保障宣传工作。 2．员工必须时刻谨记“安全第一”观念，时刻注意人身安全、设备安全，对于安全规定必须无条件服从。 **第18条** 安全操作管理 1．员工必须掌握本岗位安全操作规范，熟悉设备性能特点，按操作规程作业。 2．员工在操作设备时需集中精神，不得说笑或在疲倦、不清醒的状态下工作，不得在现场嬉戏、逗闹。无紧急情况，禁止在车间现场跑动。 3．岗位员工应定期对设备进行保养与维护，减少事故隐患，发现设备异常应立即上报维修。 4．非本岗位员工不得操作其他工序的设备。 5．员工车间员工应注意蒸汽管道，阀门及用气设备，不得随意触摸以免烫伤。 6．员工在生产现场使用开水等高温液体时应注意防止烫伤。 7．员工不得随意踩、踏、敲、打机器设备，不得将生产器具未按规定挪作他用。 8．员工需熟悉紧急停止按钮，事故发生后停机停电，妥善处理，及时上报。 **第19条** 设备维修管理 1．保养、维修设备时，保养维修人员必须在现场挂警示牌，作业时禁止其他人员触动设备开关。 2．给设备、管道消毒时，消毒人员应注意防止化学用品溅到皮肤衣服或其他易被腐蚀的设备上。 **第20条** 其他事项 1．员工需熟悉消防器材的位置和掌握其使用方法，熟悉安全门位置和疏散路线。 2．消防栓周围1米以内不得摆放任何东西。且消防通道、安全通道需时刻保持畅通。 3．员工需时刻保持车间现场地面的清洁，防止滑倒。				
第5章 附则	**第21条** 本制度由生产部解释、补充，经总经理批准后实施。 **第22条** 本制度自____年__月__日起执行。				
编制部门		审批人员		审批日期	

5.6 生产统计管理制度设计

5.6.1 生产统计管理制度体系

生产统计管理制度体系主要包括以下五个方面的内容，具体如图 5-11 所示。

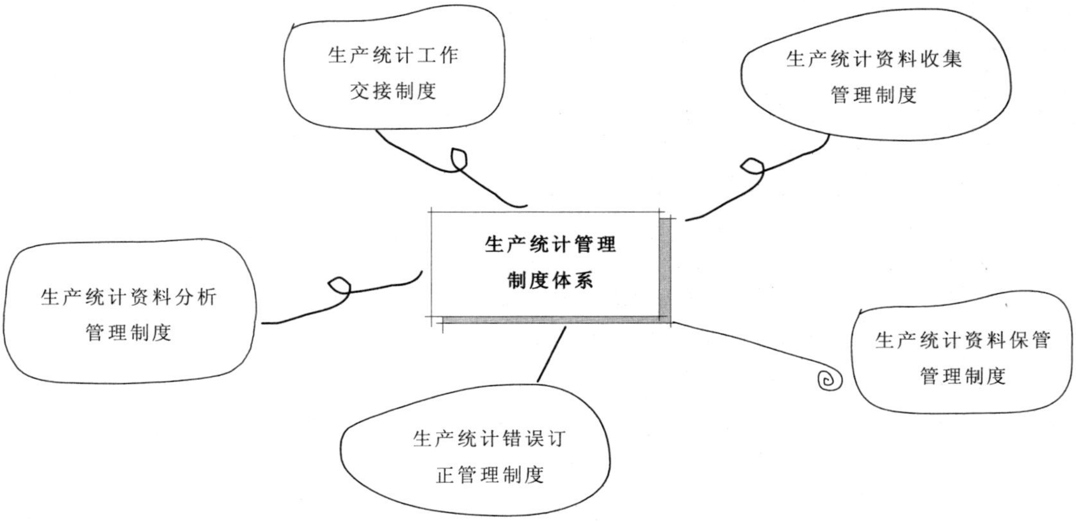

图 5-11　生产统计管理制度体系

5.6.2　生产统计管理制度关键点

生产统计管理制度的管理关键点如图 5-12 所示。

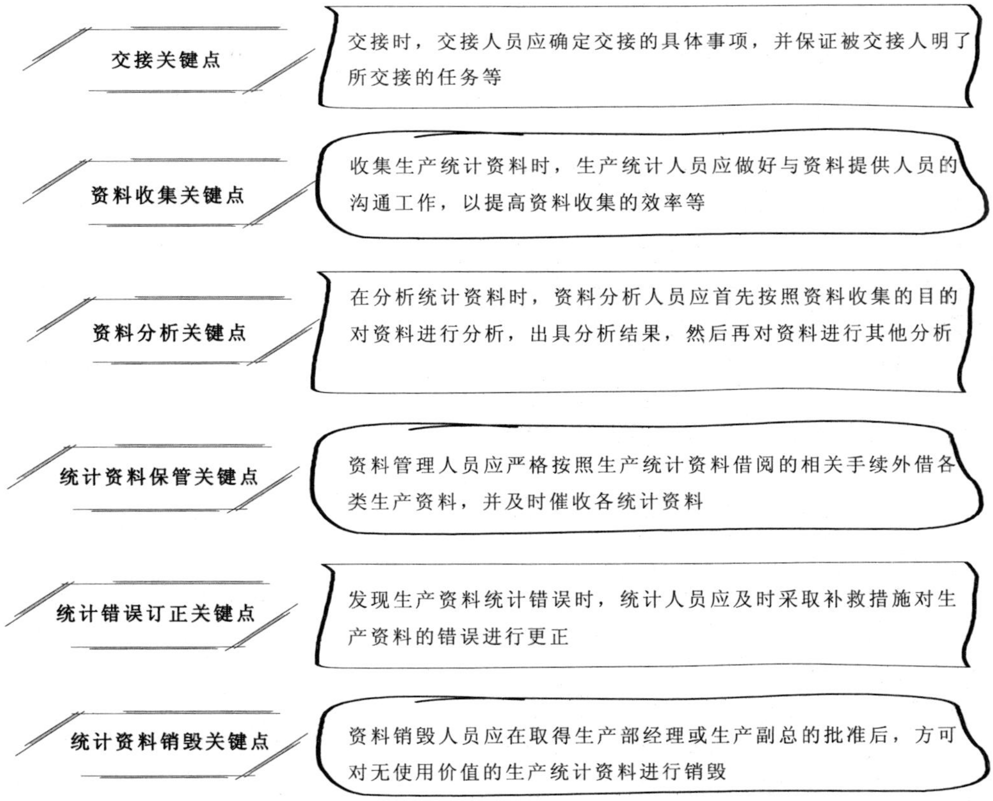

图 5-12　生产统计管理制度关键点

5.6.3 生产统计管理制度设计范例

制度名称					
制度版本		受控状态	□ 受控 □ 非受控	制度编号	

第1章 总则

第1条 目的

为了科学、有效地组织生产统计工作，保证生产统计资料的准确性与及时性，充分发挥生产统计工作在企业生产经营活动中的重要作用，特制定本制度。

第2条 适用范围

本制度适用于生产统计管理的相关工作及相关人员。

第3条 职责分工

1．生产部负责组织收集生产统计信息及资料，并对各信息资料分析、整理及汇总等。

2．质量部、技术部等各生产相关部门负责向生产部提供其所需信息。

第2章 细则 生产统计资料的收集与保管

第4条 统计资料提供

各生产车间及质量部、技术部等生产相关部门向生产统计人员提供统计资料及数据时，应以本部门统计人员所掌握的统计资料为准。

第5条 统计资料积累

生产部的生产统计人员负责汇总各部门提供的统计资料及数据，并根据生产的需要，对各资料进行分类管理，防止统计数据混乱现象的发生。

第6条 统计资料分析

统计资料收集完毕后，统计人员应做好资料的分析工作，并按照生产统计资料的使用要求等出具相应的统计数据分析报告。

第7条 统计资料保管

1．统计人员应对各车间编制的统计台账和加工整理后的统计资料进行妥善保管，不得因保管不当造成损坏和遗失。

2．公司生产各相关部门在借用生产统计资料时，必须按照相应的借用手续办理借用事宜，且必须提供本部门经理签署的“生产统计资料借用审批表”，其具体样式如下表所示。

生产统计资料借用审批表

借用部门		借用人		职务	
借用资料说明					
借用时间			归还时间		
部门主管意见	审核人：		审核时间：____年__月__日		
部门经理意见	审核人：		审核时间：____年__月__日		

3．对已经过时的统计资料，如认为确无保管价值，统计人员应呈请本单位主管领导核准，并经总经理审批后，方可销毁。

第8条 统计纪律管理

1．各车间、各生产相关部门和从事统计工作的人员，必须严格按照统计制度规定提供统计资料，不准虚报、瞒报、迟报和拒报。

2．属于保密性质的统计资料，各车间、各生产相关部门和从事统计工作的人员必须严格保密，严防丢失。

续表

<table>
<tr><td>制度名称</td><td colspan="5"></td></tr>
<tr><td>制度版本</td><td></td><td>受控状态</td><td>□ 受控 □ 非受控</td><td>制度编号</td><td></td></tr>
<tr><td>第3章
生产统计差错的订正</td><td colspan="5">

第9条 统计资料发放错误

统计资料发出后，如发现错误，统计专员必须立即追回发出文件，并立即通知提供资料的部门对统计资料的错误事项进行更正，资料提供部门不得推诿拖延。

第10条 内部统计报表错误

公司内部统计报表如发生数字错误时，统计管理相关人员应及时用电话或口头查询后进行订正，具体要求如下。

1．生产统计日报表当日发现差错时，应及时用电话或口头查询订正，隔日发现差错时，应在当日统计日报表上进行详细说明。

2．如统计差错为重大差错时，统计管理相关人员应填报“统计错误订正单”，并将“统计错误订正单”贴在原报表上，并将原报表数字加以订正，以防误用。

“统计错误订正单”的具体样式如下表所示。

生产统计错误订正单

<table>
<tr><td colspan="4">生产统计日报表</td></tr>
<tr><td>上报时间</td><td></td><td>编号</td><td></td></tr>
<tr><td>上报人</td><td></td><td>审核人</td><td></td></tr>
<tr><td>订正前</td><td colspan="3"></td></tr>
<tr><td>订正后</td><td colspan="3"></td></tr>
<tr><td>部门审核意见</td><td colspan="3">审核人：　　审核时间：____年__月__日</td></tr>
<tr><td>总经办审核意见</td><td colspan="3">审核人：　　审核时间：____年__月__日</td></tr>
</table>

</td></tr>
<tr><td>第4章
统计工作的交接管理</td><td colspan="5">

第11条 统计交接说明

统计人员在进行岗位调动时，必须认真办妥交接手续，在未办妥以前，原任统计人员不得擅离工作岗位，更不得因工作调动而影响统计工作的正常进行。

第12条 统计交接具体事项

统计人员调离工作时，必须做好下列工作。

1．将经办工作的情况全面地向接替人员交代清楚。

2．培训接替人员的业务，使其能独立工作。

3．所有统计资料（包括原始凭证、统计手册、台账、报表、文件、历史资料等）与统计用具（如计算机、绘图仪、书刊等），应一一根据移交清单进行移交。

</td></tr>
<tr><td>第5章
附则</td><td colspan="5">

第13条 本制度由生产部解释、补充，经总经理批准后实施。

第14条 本制度自____年__月__日起执行。

</td></tr>
<tr><td>编制部门</td><td></td><td>审批人员</td><td></td><td>审批日期</td><td></td></tr>
</table>

5.7 在制品管理制度设计

5.7.1 在制品管理制度体系

在制品管理制度体系主要包括以下五个方面的内容，具体如图 5-13 所示。

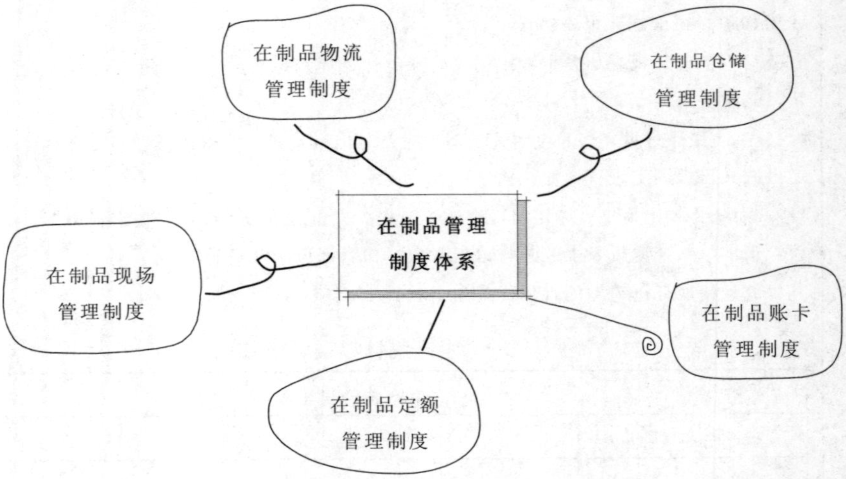

图 5-13 在制品管理制度体系

5.7.2 在制品管理制度关键点

在制品管理制度关键点的主要说明如图 5-14 所示。

物流管理关键点	生产部应明确在制品流转的主要方向及流转时间，以做好在制品的流转等级管理工作
现场管理关键点	生产部人员应做好在制品的生产控制管理工作，包括生产工位器具的管理和在制品的质量检验管理等
仓储管理关键点	生产部应协助仓储部做好在制品的存放管理工作，以保证在制品在仓库存放期间的安全
定额管理关键点	生产部实行生产定额管理时，应保证在制品周转量及存储量的合理性，以保证生产资金的周转速度等
账卡管理关键点	对在制品进行账卡管理时，相关人员应保证各账卡数据的准确性等，以避免因数据统计错误给企业造成经济损失

图 5-14 在制品管理制度关键点

5.7.3 在制品管理制度设计范例

制度名称	在制品管理制度				
制度版本		受控状态	□ 受控 □ 非受控	制度编号	
总则 第1章	**第1条** 目的 为了加强产品的生产管理，提高公司在制品的质量水平，节约生产成本，缩短生产工期，特制定本制度。 **第2条** 适用范围 本制度适用于在制品管理的相关事宜。 **第3条** 术语解释 在制品，是指在生产过程中，正在进行加工、装配或待进一步加工、装配或待检验入库的毛坯、零部件和最终产品。 **第4条** 职责分工 1．生产部负责在制品的全面管理工作。 2．质量管理部负责监督检查在制品的质量，确保不合格在制品不流入下一道工序。 3．仓储部负责保证在制品在仓库的存储管理工作，发现存储问题时应及时通知相关部门予以解决。				
细则 第2章 在制品物 流管理	**第5条** 在制品领用管理 生产领料人员需按定额领用在制品时，应填写“在制品领用（出库）单”，并保证领用单填写规范、完整，涂改作废。 **第6条** 领用登记管理 领用材料、毛坯、零部件等在制品投入生产、转序时，生产人员应及时登记在“生产过程流转卡”上，“生产过程流转卡”由仓储部出具，详细注明领用的数量、产品型号，并保证填写规范、字迹清楚。 **第7条** 不合格在制品管理 对于生产过程中出现的废品，生产管理人员应填写“不合格品通知单”，注明不合格品的名称、工料报废数量，并经质检员、车间领导签字后及时入库。 **第8条** 在制品入库管理 入库前，生产车间管理人员应填写“生产过程流转卡”，并凭“生产过程流转卡”办理在制品入库的相关事宜。 **第9条** 在制品出库交接管理 1．需转入下一道工序的在制品经交接双方做好交接工作，并清点好交接在制品数量后，由仓库管理人员现场办理在制品交接出库手续。 2．如因生产需要需直接转入下一车间的，仓库管理人员应现场办理入库、出库手续直接转入下一车间，如遇紧急情况可由交接双方做好交接记录，并在事后及时到仓储部补办交接出库手续。 **第10条** 在制品丢失管理 在制品流转过程中，若在制品发生流转丢失，相关人员要填写“盘亏（盈）调整单”，注明盘亏（盈）品种、数量及原因。经生产部经理审批后，按规定进行账面处理。				
第3章 在制品的 现场管理	**第11条** 在制品的现场管理要求 生产现场的在制品要与成品、废品等分区、分类管理，即按定置要求存放，并严格控制在制品的存放数量，保证在制品摆放整齐和生产车间各道路畅通。 **第12条** 在制品生产器具管理				

续表

<table>
<tr><td>制度名称</td><td colspan="5">在制品管理制度</td></tr>
<tr><td>制度版本</td><td></td><td>受控状态</td><td>□ 受控　□ 非受控</td><td>制度编号</td><td></td></tr>
<tr><td>第3章
在制品的
现场管理</td><td colspan="5">1．生产在制品时，生产部应配置适用、足量的工位器具，尽可能做到“过目知数”。
2．生产现场人员要正确使用各种工位器具，防止在制品在转移过程中发生磕、碰、划伤、变形等。
第13条　在制品检验管理
1．每班生产结束后，生产车间人员应首先对在制品质量进行自检，自检合格且标示明确（个人工号、工废、料废）。
2．自检结束后，质检员需对在制品质量进行进一步检验，以确定在制品符合产品的质量要求。
第14条　在制品现场清点管理
在生产现场的在制品，各生产班组要随时进行清点，对于发生的盘亏（盈）要查明原因，按规定进行账面处理。</td></tr>
<tr><td>第4章
在制品的
仓库管理</td><td colspan="5">**第15条**　仓库账卡管理
1．仓储部要建立在制品的管理账卡，各账卡需填写完整、签字齐全，并做到“账、卡、物”相一致。
2．仓储部要做到按实收、实付进行记账，严禁空收、空付、记空账。
第16条　仓库分区存储管理
仓库管理人员要根据在制品的类别、型号、特点等进行分区摆放，做到“三清”（材料清、规格清、数量清）“二齐”（堆放整齐、库容整齐），并尽可能“五五摆放”。
第17条　仓库存储检查管理
仓库管理人员要经常检查库存在制品，保证库存在制品不锈、不坏、不混，并保证库内的道路畅通，以方便在制品的运输。
第18条　仓储在制品发料管理
仓库在制品发料必须手续齐全，并坚持先入先出的原则，做到在制品数量、品种规格不出现发料错误，如在制品出现质量问题，仓库管理人员及时通知有关人员安排返修和处理。
第19条　仓储清仓盘点管理
仓库管理人员应定期对仓库在制品进行盘点，主要包括随收随发盘点、月末盘点、半年盘点和年终盘点。</td></tr>
<tr><td>第5章
在制品的
定额管理</td><td colspan="5">**第20条**　在制品定额储备管理
生产部应按公司相关规定，确定在制品总周转量储备和各车间在制品周转量，通过各车间生产计划及生产排程计划等进行控制，并根据市场需求状况及时调整储备。
第21条　在制品生产投入管理
各车间根据确定的在制品周转量及在制品总周转量等，合理组织半成品及各种原材料的投入量，以控制生产成本，提高经济效益。</td></tr>
<tr><td>第6章
在制品的账
卡统计管理</td><td colspan="5">**第22条**　建立在制品统计台账
生产部应建立在制品生产统计台账，统计的内容主要有各种规格的在制品总体完成情况和入库情况，以及转序和车间在制品的数量情况等。
第23条　建立在制品生产台账
各车间、班组应建立“在制品台账”和“零件记录卡”，并指定专人负责记录和整理台账。所有在制品都要通过台账（或记录卡），随时反映出其转移情况和现存数量。</td></tr>
</table>

续表

制度名称	在制品管理制度				
制度版本		受控状态	□ 受控　□ 非受控	制度编号	
第6章 在制品的账卡统计管理	**第24条**　台账管理 生产过程中的各类在制品投入、产出的原始凭证由车间或班组的统计人员分类别、分月装订成册，写明凭证的名称和年月，妥善保管，保存期一般为一年。				
第7章 附则	**第25条**　本制度由生产部解释、补充，经总经理批准后实施。 **第26条**　本制度自____年__月__日起执行。				
编制部门		审批人员		审批日期	

第 6 章

企业质量管理制度设计

6.1 企业质量制度体系结构

6.1.1 企业质量制度体系架构图

企业质量制度体系就是以企业质量管理的组织结构为依据，对质量管理工作进行划分，并将其细分工作或各个步骤进行更加明确、细致说明的一系列规章制度，其具体内容如图 6-1 所示。

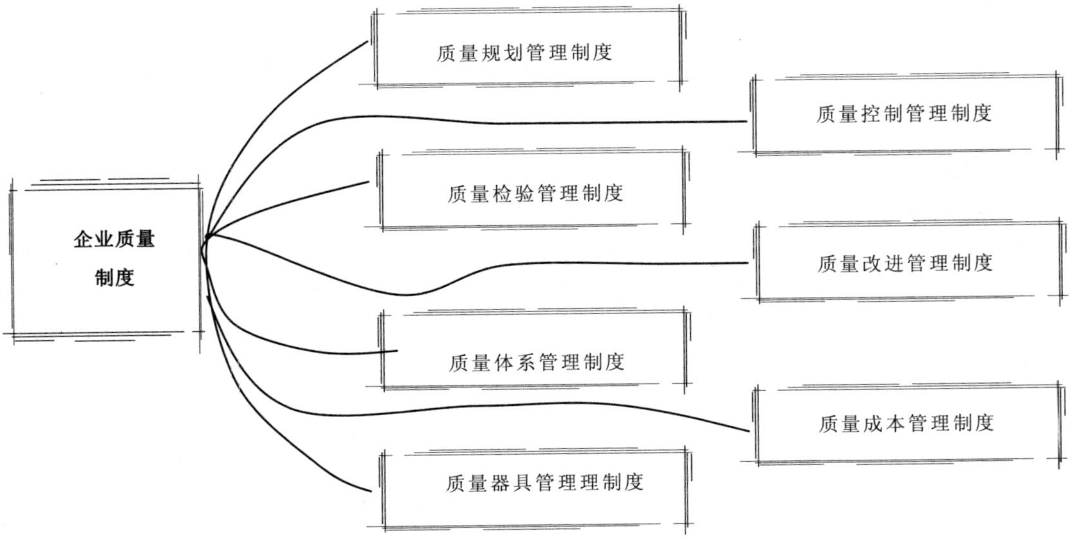

图 6-1 企业质量制度体系

6.1.2 企业质量制度体系关注点

质量制度是为质量工作服务的，企业质量制度体系的关注点就是企业质量管理工作意义所在，主要有如图 6-2 所示的四个关注点。

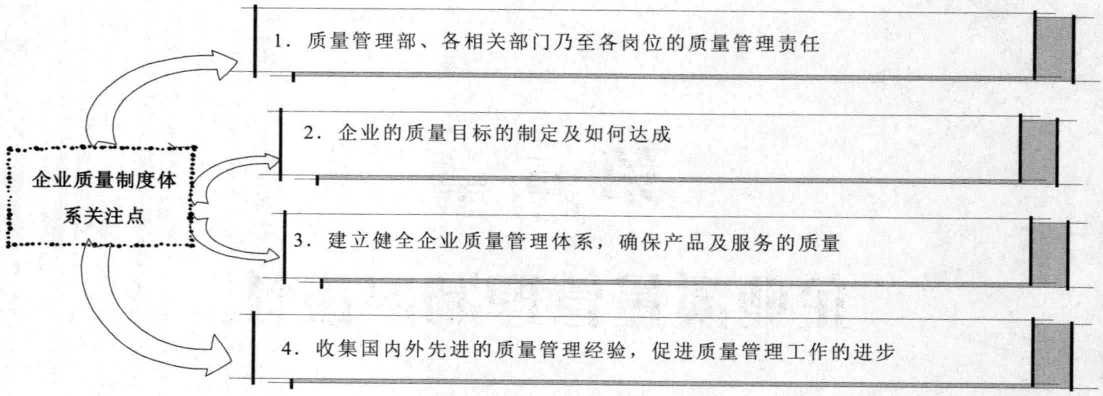

图 6-2　企业质量制度体系关注点

6.2　质量目标管理制度设计

6.2.1　质量目标管理制度体系

企业质量目标管理制度体系的核心思想就是以系统论思想作为指导，从实现企业总的质量目标为出发，去协调企业各个部门乃至每个人的活动。

企业质量目标管理制度体系如图 6-3 所示。

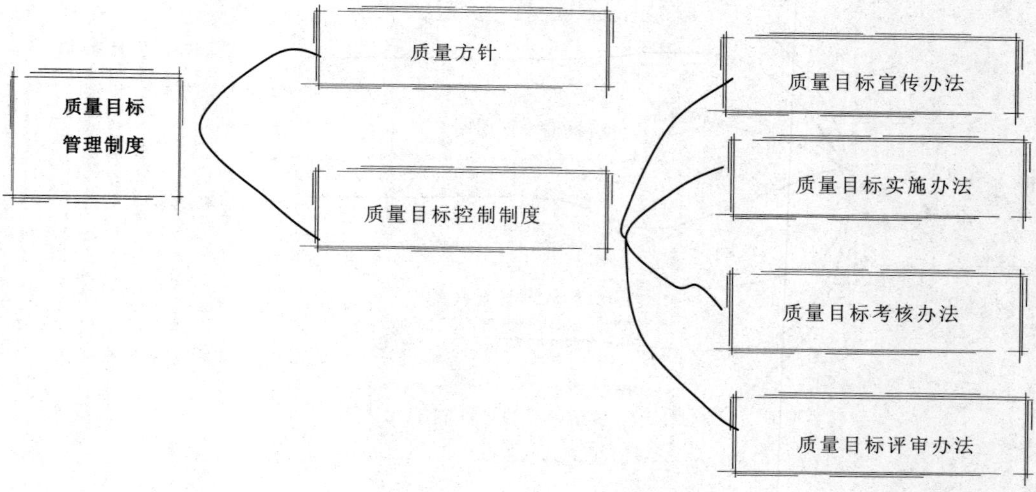

图 6-3　质量目标管理制度体系

6.2.2　质量目标管理制度关键点

实现企业质量管理目标的关键点在于明确目标需求、制定企业质量目标及明确实施内容，具体如图 6-4 所示。

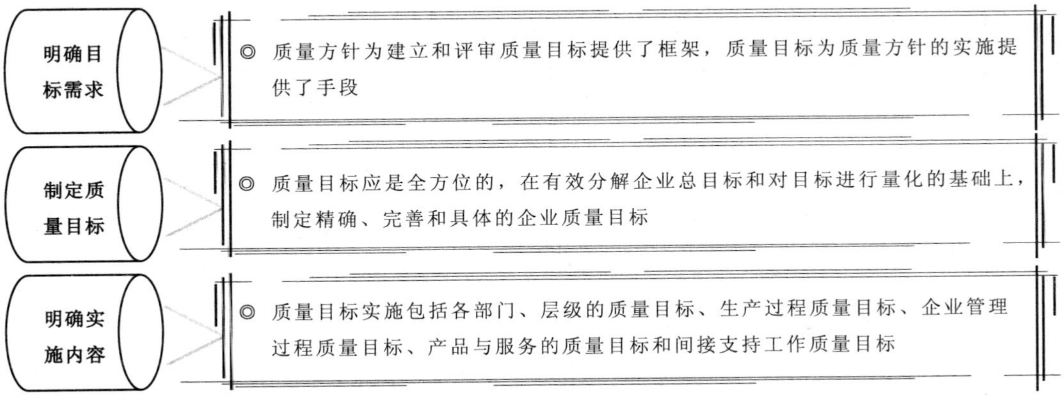

图 6-4 质量目标管理制度关键点

6.2.3 质量目标管理制度设计范例

<table>
<tr><td>制度名称</td><td colspan="5">质量目标管理制度</td></tr>
<tr><td>制度版本</td><td></td><td>受控状态</td><td>□ 受控 □ 非受控</td><td>制度编号</td><td></td></tr>
<tr><td>总则
第1章</td><td colspan="5">第1条 目的
为明确本公司经营管理的总体质量标准和质量目标，提高产品质量，特制定本制度。
第2条 适用范围
本制度适用于质量管理目标的制定与执行及其他相关事宜。
第3条 职责分工
1．总经理负责组织规划质量方针，并最终批准本公司的质量方针目标方案。
2．质量管理部负责组织规划公司质量目标、指标和方案的制定与改进工作，并负责实施公司质量方针及绩效评估等工作。
3．各部门负责落实公司、部门的质量方针目标的贯彻实施，确保质量目标的实现。
第4条 解释说明
1．质量方针是指由公司最高管理者制定并发布的质量宗旨和方向，是实施和改进组织质量管理体系的推动力。
2．质量目标是公司关于质量的所追求的目的。
第5条 管理方法
公司质量方针管理必须建立在公司全面质量管理的基础上，做到质量方针明确，质量责任清晰，质量目标具体化，使各管理部门及各岗位都在相应的质量责任范围内，尽职尽责，有效实现质量管理的各项目标。</td></tr>
<tr><td>细则
第2章
质量目标的制定纲领</td><td colspan="5">第6条 质量目标制定原则
公司质量目标制定原则包括以下八个方面。
1．对满足客户对产品、服务质量期望与需求做出承诺。
2．对遵守使用的法律、法规及其他要求做出承诺。
3．考虑相关受益方（如员工、投资者、供应商等）的期望和需求。</td></tr>
</table>

续表

<table>
<tr><td>制度名称</td><td colspan="5">质量目标管理制度</td></tr>
<tr><td>制度版本</td><td></td><td>受控状态</td><td>□ 受控 □ 非受控</td><td>制度编号</td><td></td></tr>
<tr><td>细则
第2章
质量目标的制定纲领</td><td colspan="5">4．对质量管理体系、管理绩效、产品、服务质量持续改进做出承诺。
5．与公司的经营方针、理念协调一致，或将其当作经营方针、理念的一部分。
6．提供制定质量管理指标的框架。
7．层次适宜，与公司规模、产品特点、市场定位一致。
8．质量管理部经理对质量方针加以诠释，以帮助全体员工理解。
第7条　质量目标规划要求
总经理负责批准公司的质量目标，质量管理部负责组织各相关部门人员群策群力，规划公司的质量目标。
第8条　质量目标的内容
公司所确定的质量目标的内容应包括以下六个方面。
1．产品应该完全满足用户的要求，包括功能、安全性、美观和可靠性等性能，还应考虑制造和运行的经济性。
2．制造、运输和安装过程中，应严格按规范操作，强调在所有可能产生缺陷的地方防止缺陷的产生。
3．对供应商的选择、评估和监督应该依据科学的技术和程序执行，并应提供技术指导，帮助供应商提高设备水平，改进产品质量。
4．应告诉用户如何正确使用和维护产品，这是通过销售和服务网络进行的。
5．定期对产品的使用情况进行检查，在用户的反馈意见和市场调查的基础上进行质量改进。
6．对所有职工进行有组织的教育和培训，使他们树立质量意识，并在工作中熟练应用所学的技巧。
第9条　质量目标的制定程序
总经理、质量管理部经理组织各部门负责人召开质量目标制定的启动会议，明确质量目标的制定要求，提出具体的工作设想。
第10条 各相关部门应收集行业内、市场上相关公司的质量工作情况及相关资料。
第11条 质量管理部应根据资料收集结果，确定质量承诺和质量持续改进承诺，经过论证、分析和协调后，起草质量目标草案。
第12条　总经理组织质量管理部、相关部门经理对质量目标草案进行评议，最终确定一个适合公司经营特点的质量目标。</td></tr>
<tr><td>第3章
质量目标的实施程序</td><td colspan="5">第13条　质量目标的宣传
质量目标的宣传包括内部宣传和外部宣传两个方面，具体内容如下。
1．质量目标的内部宣传。通过公司内部宣传栏、组织全员培训等方式，以达成公司全员质量方针、理念的沟通和理解。
2．质量目标的外部宣传。通过外部宣传，以达成与外部关注方（如客户、供应商、政府、消费者等）的沟通和理解。
第14条　质量目标的实施
1．质量管理部以质量方针为指导建立质量目标方案。
2．质量管理部以质量目标为指导进行质量策划，建立质量管理体系。质量管理体系的文件、过程都必须体现质量目标的要求，严禁与质量目标相抵触、相违背，一旦发现，应立即加以修正和改进。</td></tr>
</table>

续表

制度名称	质量目标管理制度				
制度版本		受控状态	□ 受控 □ 非受控	制度编号	
第3章 质量目标的 实施程序	3．用质量目标去评审质量管理体系是否适宜、充分和有效。如果质量管理体系未能满足质量目标的要求，则应当进行改进。 **第15条** 质量目标的检查与评审 1．质量管理部对质量目标的实施和落实情况应定期进行测量和检查，以为管理评审提供依据。 2．具体检查内容包括对客户和其他相关方满意度的测量、对质量管理体系内部审核、对产品质量的检查等其结果可以作为对质量方针的测量。 3．质量管理部对质量目标的实施过程进行测量和检查。可以通过审核方式、考试方式、现场采访方式等进行检查。 4．质量目标的评审应该与管理评审同步，每年至少一次，评审内容包括：质量目标是否具有持续的适宜性和质量目标是否有效。 5．如果评审结果符合质量目标要求，说明质量目标是有效的，如果不符合，说明质量目标是有缺陷的；如评审结果大大超出目标要求，说明质量目标已落后公司质量管理状况，需要对质量目标进行修正和改进。				
	第16条 质量目标的修正与改进 1．质量目标修订时机包括以下四个方面。 （1）管理评审时，若需要，应组织修订质量目标。 （2）内、外部环境发生重大变化时，应组织修订质量目标。 （3）产品、服务质量缺失重大，危及公司发展。 （4）公司管理者认为需要时时对质量目标进行修订与改进。 2．依据相关质量目标修订时机，质量管理部负责人应及时召开专项管理评审、进行质量目标的修订。 3．修订质量目标必须依据本制度相关条款进行宣传、贯彻、实施和评估。				
第4章 附则	**第17条** 本制度由公司质量管理部核定后实施，修订后亦同。 **第18条** 本制度自发布之日起开始实施。				
编制部门		审批人员		审批日期	

6.3 质量指标考核制度设计

6.3.1 质量指标考核制度体系

质量指标考核制度，即以工作的质量标准为依据，来衡量质量目标的完成情况，一般考核采取百分制。

根据考核主体的不同，考核制度内的质量指标也各有不同，作为生产企业，一般的质量指标考核制度体系会有如图6-5所示的四种基本的考核制度。

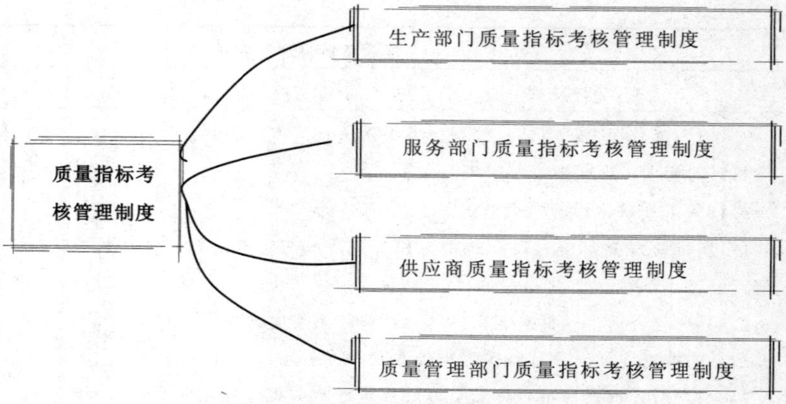

图 6-5　质量指标考核制度体系

6.3.2　质量指标考核制度关键点

质量指标考核一般为量化考核，除了在指标设计上具有针对性和专业性外，与一般考核制度并无实质差别，其关键点如图 6-6 所示。

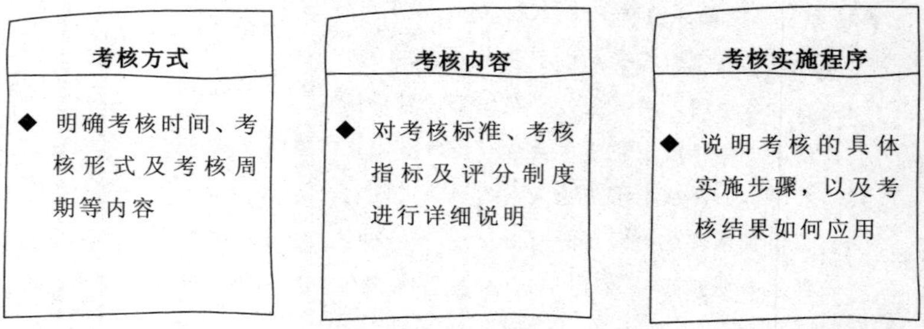

图 6-6　质量指标考核制度关键点

6.3.3　质量指标考核制度设计范例

制度名称	质量人员绩效考核制度				
制度版本		受控状态	□ 受控　□ 非受控	制度编号	
总则 第1章	**第1条**　目的 为了增强岗位人员责任心，提升质量人员工作积极性及工作效率，不断提升质量管理水平，特制定本制度。 **第2条**　适用范围 本制度适用于公司质量管理部质量人员的绩效考核。 **第3条**　相关职责 1．行政部负责协助质量管理部门制定相应考核办法并对考核进行监督和审核。 2．质量管理部主管负责具体考核方案的制定并根据实际情况不断调整考核方案，以保证考核的合理性。 3．质量绩效统计人员负责对数据的真实性承担相应责任。				

续表

<table>
<tr><td>制度名称</td><td colspan="5">质量人员绩效考核制度</td></tr>
<tr><td>制度版本</td><td></td><td>受控状态</td><td>□ 受控 □ 非受控</td><td>制度编号</td><td></td></tr>
<tr><td></td><td colspan="5">第4条 考核原则
在对质量人员进行考核时，必须遵循以下两项基本原则。
1．以个人实际工作情况为依据。
2．必须遵循公平、公正、公开的原则。</td></tr>
<tr><td>细则
第2章
考核方式</td><td colspan="5">第5条 考核时间
质量人员的考核周期为月度考核，次月的第一周考核上个月的工作。
第6条 考核形式
本制度实行减分制，满分为100分，根据出现问题的严重程度确定减分值。</td></tr>
<tr><td>第3章
考核内容</td><td colspan="5">第7条 工作质量考核
1．当日质量工作失职导致经济损失的扣10分。
2．没有按照规定进行质量作业的扣8分。
3．质量作业过程中做与工作无关的事一次扣5分。
4．当日质量记录马虎、不整洁的一次扣5分。
第8条 出勤考核
1．上班期间迟到、早退、无故请假、旷工者一次扣6分。
2．部门会议未能准时参加或缺席的一次扣5分。
第9条 工作能力考核
1．工作态度不积极，不服从上级安排扣5分。
2．团队协作精神较差，同事间不能相互合作扣5分。
3．扰乱工序或妨碍他人工作的扣9分。
4．不能及时完成上级交代的工作任务扣12分。
5．工作期间无理由浪费公司资源的扣8分。
第10条 工作效果考核
1．不善于总结工作经验或不能为工作创造条件的扣10分。
2．工作技能提升速度较慢，工作熟练程度低的扣5分。
3．不能及时做工作总结和工作汇报的扣7分。</td></tr>
<tr><td>第4章
考核实施程序
及结果应用</td><td colspan="5">第11条 考核实施程序
1．质量人员的绩效考核由质量主管负责执行，每月按时到人力资源部门领取考核表格。
2．考核结束后，质量主管将质量经理签字的考核表交予人力资源部。
3．人力资源部根据考核表内容汇总并统计考核结果。
4．人力资源部在绩效反馈阶段将考核结果公布，并在3日内接受绩效申诉。
5．绩效申诉结果以人力资源部最终绩效复议结果为准。
第12条 考核结果应用
质量人员绩效考核结果作为月度薪酬发放标准之一。</td></tr>
<tr><td>第5章
附则</td><td colspan="5">第13条 本制度由质量管理部制定，质量管理部负责本制度的解释、补充及修订。
第14条 本制度自_____年__月__日起实施。</td></tr>
<tr><td>编制部门</td><td></td><td>审批人员</td><td></td><td>审批日期</td><td></td></tr>
</table>

6.4 质量检验管理制度设计

6.4.1 质量检验管理制度体系

质量检验是指借助于某种手段或方法来测定产品的一个或多个质量特性，然后把测得的结果同规定的产品质量标准进行比较，从而对产品做出合格或不合格判断的活动。

所谓质量检验管理制度是指按照特定的标准、方法和程序，进行上述活动，以判明产品是否符合国家产品质量标准的法律制度。

质量检验管理制度体系主要包括如图 6-7 所示的六种管理制度。

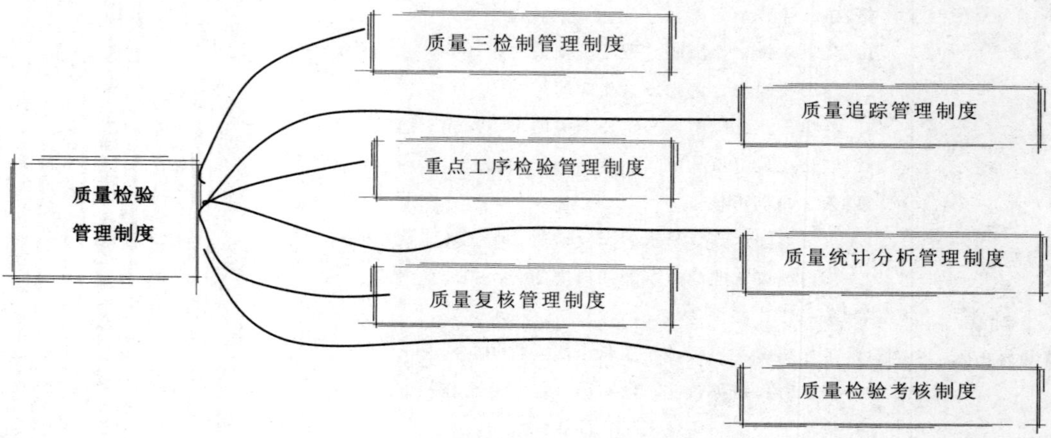

图 6-7 质量检验管理制度体系

6.4.2 质量检验管理制度关键点

无论何种质量检验管理制度，都必须注意做到如图 6-8 所示的五个关键点。

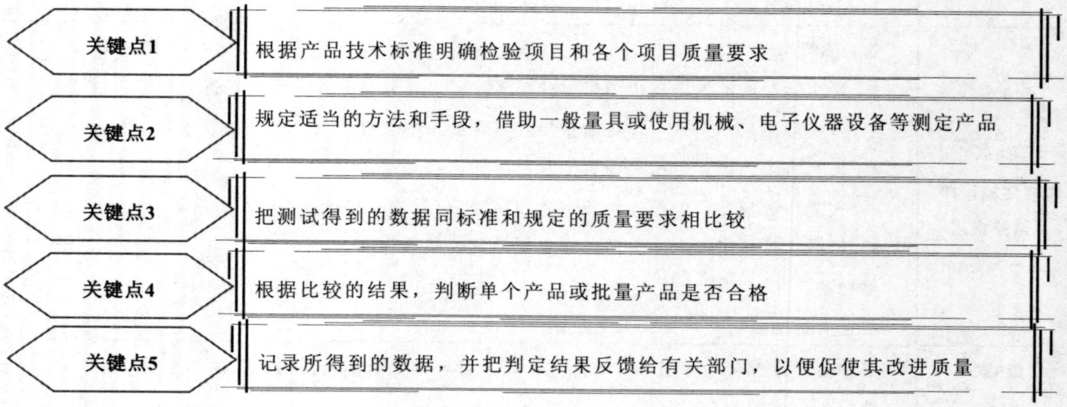

图 6-8 质量检验管理制度关键点

6.4.3 质量检验管理制度设计范例

制度名称	质量检验管理制度				
制度版本		受控状态	□ 受控 □ 非受控	制度编号	
总则 第1章	**第1条** 目的 为了实现生产人员和质量检验人员共同参与产品质量管控，消除质量隐患、减少质量事故、提高生产人员的责任心、确保产品质量，制定本制度。 **第2条** 适用范围 本制度适用于生产过程中产品质量的检验。 **第3条** 质量三检制的定义 公司的质量检验实行三检制，即由生产人员自检、生产人员之间互检和专职检验人员的专检三种方式相结合而形成的一种质量检验制度。 **第4条** 职责划分 1. 生产人员、班组长及质量检验人员负责三检制的具体实施工作。 2. 质量管理部和质量管理人员负责三检制实施工作的监督指导工作。				
细则 第2章 自检管理要点	**第5条** 自检定义 自检，即生产人员及班组对自己加工的产品，根据工序品质控制的技术标准进行检验。 **第6条** 自检目标 通过自检，生产人员能够充分了解自己生产的产品在质量上存在的问题，并通过寻找问题产生的原因，采取改进措施，使得生产人员也能参与到质量管理过程中来。 **第7条** 自检内容 生产完成后生产人员应对自己生产的产品，按照图纸、工艺或合同中规定的技术标准自行检验，并做出是否合格的判断。				
第3章 互检管理要点	**第8条** 互检定义 互检，是指生产人员之间互相进行检验的一种质量检验方式。 **第9条** 互检目标 保证后续工序的质量，避免造成更多的浪费。 **第10条** 互检内容 1. 下道工序对上道工序流转过来的产品进行检验。 2. 同一工序在轮班交接时进行检验。 3. 班组长对本工序加工生产出来的产品进行检验。				
第4章 专检管理要点	**第11条** 专检定义 专检，是指由专门质量检验人员严格按照规程对产品进行的质量检验。 **第12条** 专检目标 必须保证专检人员的质量检验经验丰富、技能纯熟，且与受检对象无直接的利益关系，以确保产品质量检验的效率和可靠性，并保证质量检验的客观公正性。 **第13条** 专检内容 1. 所有工序都必须提请专检人员进行质量检验，未经专检人员检验的项目不得进入下一道工序。 2. 专检人员必须按照“工厂产品质量检验规程”规定进行检验。 3. 专检人员必须按照产品质量标准严格把关，每次抽检样品数量不得少于该工序产出数量的____%，对于发现的质量问题不得盲目下结论。				

续表

<table>
<tr><td>制度名称</td><td colspan="5">质量检验管理制度</td></tr>
<tr><td>制度版本</td><td></td><td>受控状态</td><td>□ 受控 □ 非受控</td><td>制度编号</td><td></td></tr>
<tr><td>第5章
三检实施控制</td><td colspan="5">第14条 前期准备
1．质量管理人员应在产品投产前针对该批次产品开展相应的质量意识培训。
2．车间内部应开展QC小组活动，分析研究生产过程中可能出现的质量问题，并做好相应的预防措施及问题解决方案。
第15条 过程控制
1．自检必须贯穿整个生产过程，必须保证每班一检，不得出现积攒、批量自检的情况。发现问题应及时纠正，避免问题扩散。
2．相关管理人员应及时处理自检、互检中发现的质量问题，不得将质量问题迁延、累积，对于大范围的质量问题或质量事故，应上报质量检验主管。
3．专检人员必须及时、准确地记录专检结果，不得故意漏检、错检或重复检验。
第16条 结果处理
1．在产品三检过程中发现的质量问题要立即组织更改，不得拖延，以免造成更大、更广泛的质量问题。
2．对于大范围、高频率出现的质量问题，质量检验人员应予足够的重视，分析、发现问题出现的根源，并及时纠正。
3．质量管理人员应依照企业相关质量管理规定，对造成质量事故损失的人员追究相应的责任。</td></tr>
<tr><td>第6章
监督实施情况</td><td colspan="5">第17条 确立监督机构职权
工厂负责人应该保证三检制实施情况监督小组具备独立的监督职权，不受其他部门的制约，有权直接向上级主管部门反映三检制的实施情况。
第18条 建立监督检查文件
监督检查小组要建立并执行各种保证检查工作质量的文件，如表单工具、制度规范等。
第19条 落实监督检查工作
监督检查小组明确成员的工作内容、责任范围，并通过定期会议总结三检制实施情况，提出改进意见，确保质量三检制的推进。</td></tr>
<tr><td>第7章
附则</td><td colspan="5">第20条 质量管理部负责本制度的制定、解释、修改、废止等工作。
第21条 本制度自发布之日起开始实施。</td></tr>
<tr><td>编制部门</td><td></td><td>审批人员</td><td></td><td>审批日期</td><td></td></tr>
</table>

6.5 不合格品处理制度设计

6.5.1 不合格品处理制度针对性

不合格品处理制度具有如图 6-9 所示的三个针对性。

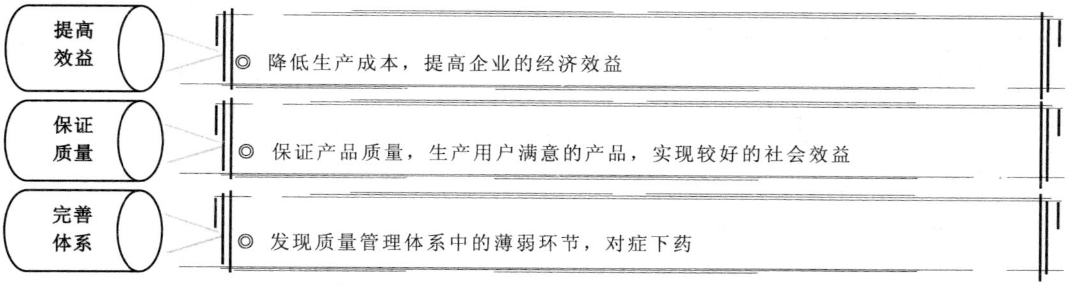

图 6-9 不合格品处理制度的针对性

6.5.2 不合格品处理制度关键点

在制定不合格品处理制度时，应注意控制如图 6-10 所示的三个关键点。

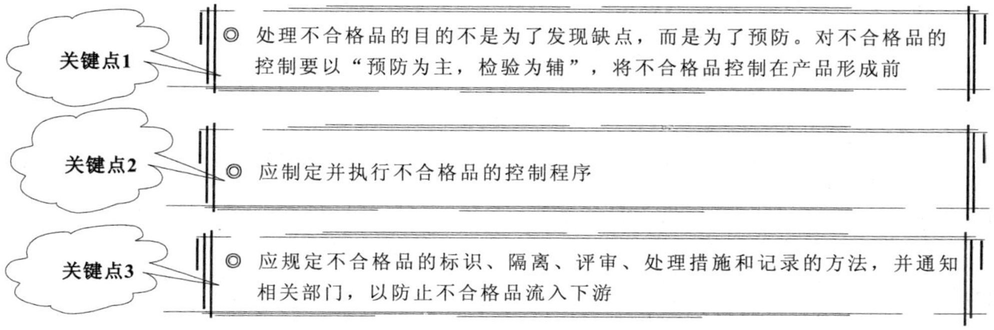

图 6-10 不合格品处理制度关键点

6.5.3 不合格品处理制度设计范例

制度名称	**不合格品处理制度**				
制度版本		**受控状态**	□ 受控 □ 非受控	**制度编号**	
总则 **第1章**	**第1条** 目的 为了加强公司生产质量管理，及时解决生产过程中的产品质量问题，保证最终成品的质量合格率，制定本制度。 **第2条** 适用范围 本制度适用于公司处理生产过程中及成品出库前发现的不合格品的处理。 **第3条** 管理职责 1．生产车间负责生产过程中不合格品的发现、报告、分析及质量问题改进措施的实施。 2．仓储部负责成品存储期间不合格品的发现、报告及分析。 3．质量管理部负责评定产品不合格问题严重性，对公司重大质量事故及恶性批量的质量问题进行通报处理。制订质量异常预防措施，并跟踪其实施情况，及时纠正不合格品责任单位的错误。				
细则 **第2章** **不合格品** **处理流程**	**第4条** 报告不合格品 1．在生产过程中发现不合格品时，生产现场相关人员应先用口头、电话等方式告知质量管理部制程检验主管，并填写“生产质量不合格通知单”。 2．从成品入库到出库期间发现不合格品时，仓库管理人员或质量检验人员应及时上报质量管理部成品检验主管，并填写“成品质量不合格通知单”。				

续表

制度名称	不合格品处理制度				
制度版本		受控状态	□ 受控　□ 非受控	制度编号	
细则 第2章 不合格品 处理流程	**第5条**　不合格品情况判定 质量管理部在接到质量不合格报告后要同时分析质量问题严重程度与质量问题覆盖面两方面情况，以判断上报情况是否属于质量异常情况。具体判定标准如下。 1．质量问题严重程度。 （1）一级缺陷，涉及产品安全性、可靠性及结构性的重大问题。 （2）二级缺陷，对产品外观、性能、稳定性及操作性有较大影响的问题。 （3）三级缺陷，可能导致产品外观、品质产生轻微缺陷的问题。 2．质量问题覆盖面，同一批次产品满足以下条件之一的，即可判定为质量异常。 （1）一级缺陷比例达到____%以上的。 （2）二级缺陷比例达到____%以上的。 （3）三级缺陷比例达到____%以上的。 （4）质量管理部判断有____%以上的可能性会出现以上情况问题的。 **第6条**　分析不合格品的原因 确定质量不合格情况属实后，质量管理部相关主管应着手分析质量问题产生的原因，质量问题的产生主要原因有以下六点。 1．技术原因，包括设备技术问题、产品研发技术问题、生产制造技术问题等。 2．原材料问题，包括原材料质量不合格、原材料库存不到位、产品配件质量不合格等。 3．设备原因，包括设备保养问题、设备维修问题、设备更新改造问题等。 4．作业原因，包括工序安排问题、计划时间问题等。 5．存储、搬运问题，包括成品搬运方法不当、存储条件不合规等。 6．其他原因，其他导致质量问题产生的原因。 **第7条**　制定问题处理方案 1．质量管理部收到质量不合格反馈单后，于____小时内召集相关部门共同分析质量问题产生的原因。并初步制定“不合格品处理方案”。 2．“不合格品处理方案”经总经理审批通过后，相关部门应于____小时内开始实施。 **第8条**　追究责任 若质量不合格问题是因人为因素导致的，则应在问题处理完成后追究相关责任人责任。 **第9条**　注意事项 1．生产过程中发现质量不合格，生产部应采取临时对策以尽快回复生产，在确保品质的前提下尽可能减少误工损失。 2．各相关单位发现质量不合格应立即上报，不得瞒报、拖延，从而导致问题扩大化，如发现瞒报、拖延者，必须严肃处理。 3．各单位实施改善措施时，应以彻底纠正不良问题，具有巩固和预防功效为原则。				
第3章 附则	**第10条**　质量管理部负责本办法的制定、解释、修改、废止等工作。 **第11条**　本办法自发布之日起开始实施。				
编制部门		审批人员		审批日期	

6.6 质量改进管理制度设计

6.6.1 质量改进管理制度体系

质量改进，是指为了向本组织及其顾客提供增值效益，在整个组织范围内所采取的提高活动和过程的效果与效率的措施。质量改进是消除系统性的问题，对现有的质量水平在控制的基础上加以提高，使质量达到一个新水平、新高度。

质量改进管理制度是为了保障这一措施能够得到顺利、明确的执行而制定的相关规定。质量改进管理制度体系是由从质量问题发现到质量改进最终得到实现的一系列制度组成的，具体内容如图 6-11 所示。

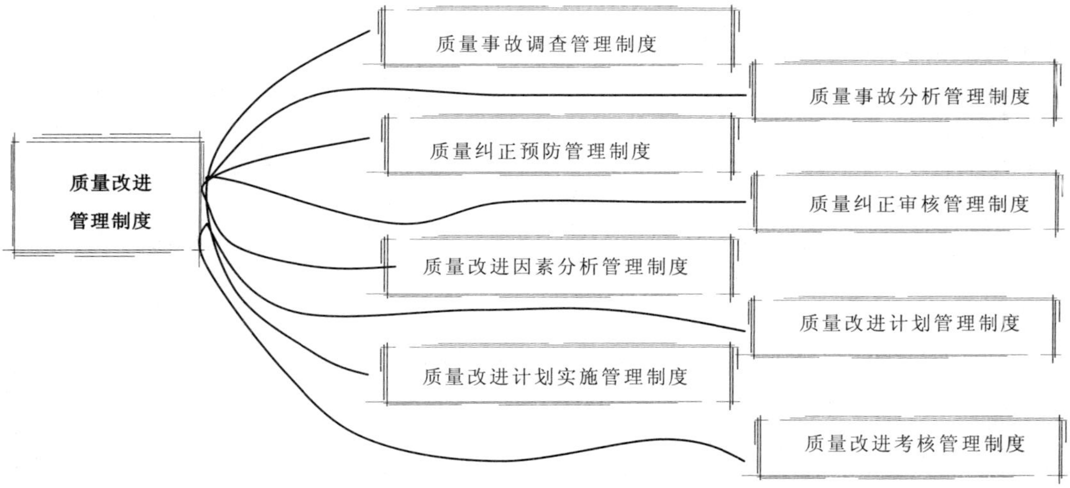

图 6-11　质量改进管理制度体系

6.6.2 质量改进管理制度关键点

不同阶段质量改进管理制度的指导意义不同，但所有质量改进管理制度均应包含如图 6-12 所示的七个关键点中的一项或几项。

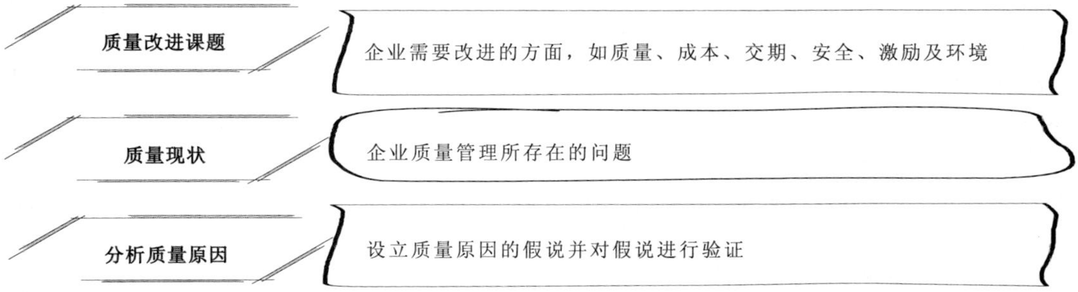

图 6-12　质量改进管理制度关键点

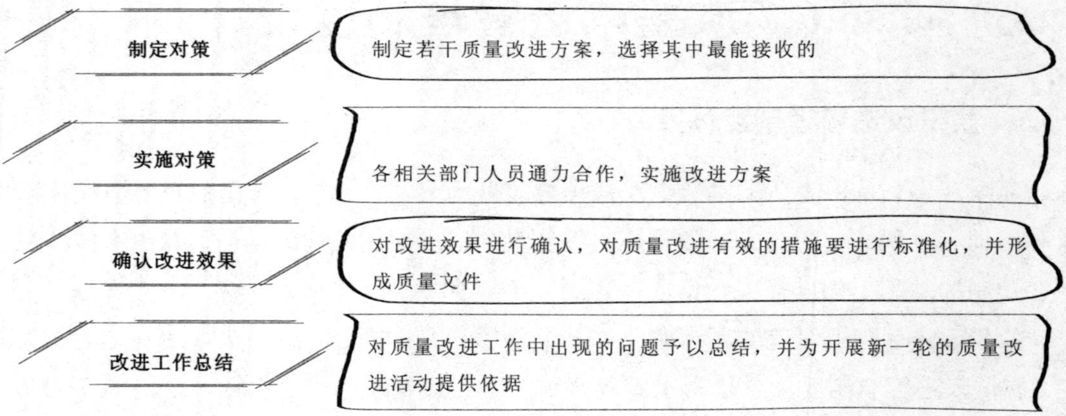

图 6-12 质量改进管理制度关键点（续）

6.6.3 质量改进管理制度设计范例

制度名称	质量改进管理制度				
制度版本		受控状态	□ 受控 □ 非受控	制度编号	
总则 第1章	**第1条** 目的 为了加强对质量改进的管理，合理而有效地进行质量改进工作，保证各项质量改进措施得以贯彻执行，特制定本制度。 **第2条** 适用范围 本制度适用于对所有与产品生产过程、质量改进过程有关的不合格事宜进行分析和控制及对各项质量改进控制措施实施过程进行控制。 **第3条** 职责分工 1. 质量管理部负责制定公司质量改进总体计划，监督各生产职能部门执行部门质量改进计划，指导各部门进行质量改进。 2. 生产部、技术部、研发部、设备管理部等生产职能部门负责执行本部门的质量改进计划，根据计划实施条件的变化，随时调整及制订计划。				
细则 第2章 质量改进 实施原则	**第4条** 全员参与 质量改进是全方位进行的，公司全体工作人员都需要参与到质量改进的工作中来。 **第5条** 过程改进 开展全方位的质量改进工作，既包括对生产过程的改进，也包括服务过程、质量管理体系的改进等。 **第6条** 持续改进 质量改进是追求高效果和高效率为目标的质量管理的持续活动。通过持续的质量改进活动，公司可以提高自身的竞争力和产品效益。 **第7条** 基于事实的决策方法 在进行质量改进前，质量管理部要做好数据信息的收集工作，在科学分析的基础之上制定质量改进措施，保证各项质量改进措施决策的正确性。 **第8条** 预防性的改进 各项质量改进措施不仅要对质量问题进行事后检查与补救，而且还要对各项质量问题进行预防，防止同一质量问题的重复发生。				

续表

<table>
<tr><td>制度名称</td><td colspan="5">质量改进管理制度</td></tr>
<tr><td>制度版本</td><td></td><td>受控状态</td><td>□ 受控 □ 非受控</td><td>制度编号</td><td></td></tr>
<tr><td>第3章
质量改进
实施控制</td><td colspan="5">第9条 制定改进措施
质量管理部负责组织制定各项质量改进措施，主要有以下三方面的内容。
1．明确产品质量现状。
2．分析质量问题产生的主要原因。
3．确定人、机、料、法、环等方面的改进措施。
第10条 改进措施的实施过程控制
质量管理部负责监督各质量改进职能部门的质量改进过程，主要有以下五方面的内容。
1．对在质量改进过程中发现的不适合的改进措施进行调整，制定新的适合生产现场的改进措施。
2．监督各部门质量改进的进度，保证质量改进措施按计划完成。
3．对质量改进的成本进行控制，防止质量改进成本超出预算。
4．指导各职能部门完成本部门的质量改进目标，从而实现质量改进的总目标。
5．把握市场变化规律，规避质量改进风险。
第11条 质量改进实施注意问题
在质量改进实施过程中，质量管理部应避免出现以下问题。
1．对质量改进的认识性不足，难以调动员工对质量改进的积极性。
2．对计划的传达和理解有误。
3．没有对涉及质量改进的员工做必要的教育培训。
4．实施过程中的领导、组织、协调力度不够。
5．质量改进需要的资金、人力资源不足。</td></tr>
<tr><td>第4章
质量改进实
施效果评估</td><td colspan="5">第12条 质量改进效果评估内容
质量管理部要负责对质量改进效果进行评估，主要有以下三方面工作内容。
1．对质量改进的效果要进行正确确认。
2．确认各部门是否严格按照计划实施了质量改进对策、是否达到预期效果。
3．对质量改进不明显的质量改进项目要进行分析总结，找出问题所在，为下一轮的质量改进工作提供依据。
第13条 质量改进评价方法
1．客户评价法，即通过满意度来评价质量改进的效果。
2．公司评价法，即在质量改进工作完成后，通过对比质量改进前后产品的性能变化等，对质量改进效果进行评价。
3．专家评价法，即在定量和定性分析的基础上，由专家对质量改进效果进行分析评价。</td></tr>
<tr><td>第5章
附则</td><td colspan="5">第14条 本制度由质量管理部制定，其解释权、修改权归质量管理部所有。
第15条 本制度经总经理办公会议审议通过后，自颁布之日起实施。</td></tr>
<tr><td>编制部门</td><td></td><td>审批人员</td><td></td><td>审批日期</td><td></td></tr>
</table>

6.7 质量认证管理制度设计

6.7.1 质量认证管理制度体系

质量认证也称为合格评定，是国际上通行的管理产品质量的有效方法。质量认证按认证的对象分为产品质量认证和质量体系认证两类；按认证的作用可分为安全认证和合格认证。

质量认证管理制度体系如图 6-13 所示。

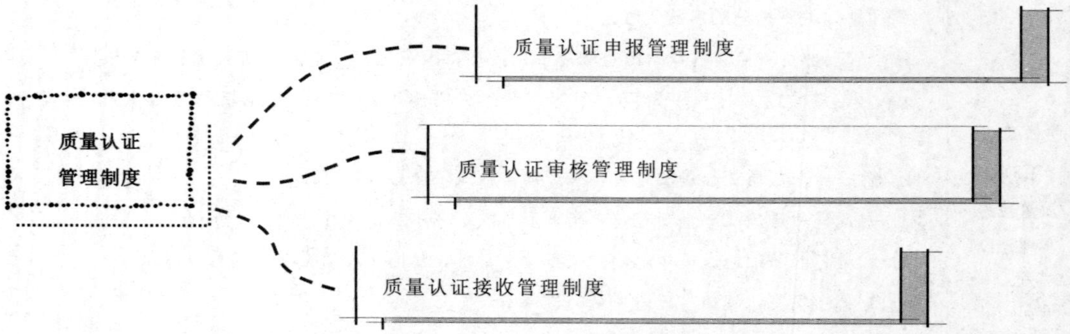

图 6-13 质量认证管理制度体系

6.7.2 质量认证管理制度关键点

产品质量认证制度是为了经认证机构确认并通过颁发认证证书或认证标志证明某一产品符合相应标准和相应技术要求。

质量体系认证是指依据国际通用的质量管理和质量保证系列标准，经过认证机构对企业的质量体系进行审核，并以颁发认证证书的形式，证明企业的质量体系和质量保证能力符合相应要求，授予合格证书并予以注册的全部活动。

由于上述工作的目的，确定了制定质量认证管理制度有如图 6-14 所示的三个关键点。

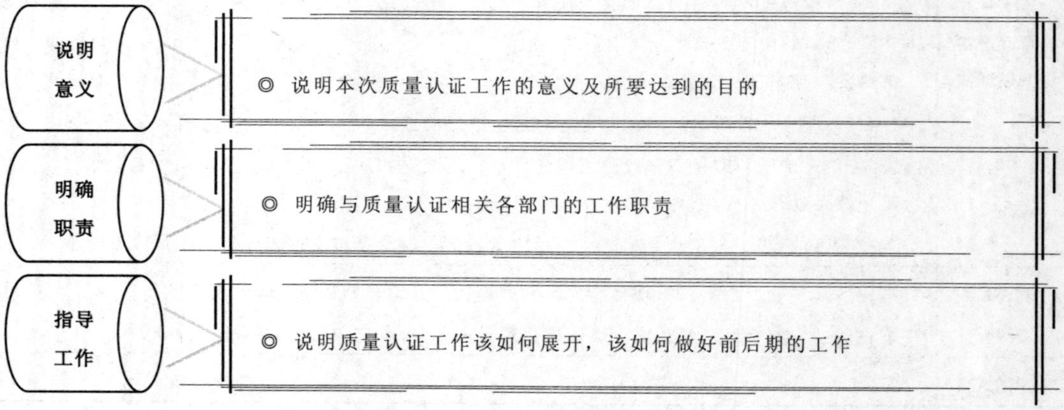

图 6-14 质量认证管理制度关键点

6.7.3 质量认证管理制度设计范例

<table>
<tr><td>制度名称</td><td colspan="5">质量体系认证管理制度</td></tr>
<tr><td>制度版本</td><td></td><td>受控状态</td><td>□ 受控 □ 非受控</td><td>制度编号</td><td></td></tr>
<tr><td>第1章
总则</td><td colspan="5">第1条 目的
为确保公司质量管理体系满足国家/国际相关认证组织标准规定，完成公司的质量体系认证，提高公司影响力与客户忠诚度，特制定本制度。
第2条 适用范围
本制度适用于公司申请、接受质量管理认证工作。
第3条 相关职责
1．总经理负责质量管理体系认证的指导控制工作。
2．质量管理部负责质量管理体系认证的组织实施工作。
3．相关部门按要求开展质量管理活动，配合质量管理体系认证工作。</td></tr>
<tr><td>第2章
质量体系认证的申请
细则</td><td colspan="5">第4条 质量管理部提出认证的条件
1．质量管理部在企业质量管理体系文件运行至少3个月之后，方可提出认证需求。
2．质量管理部提出认证前，应至少组织一次完整的内审和外审，且均获了通过意见。
第5条 质量管理部应选择具备质量管理认证资格的认证机构，并按照认证机构的要求提交申请文件，包括企业管理手册、程序文件等。
第6条 质量体系认证机构应在收到认证申请之日起60天内做出是否受理申请的决定，并书面通知认证申请单位；如不受理申请，则应说明理由。
第7条 质量体系申请通过后，由质量管理部负责与认证机构签订合同，并通知相关部门做好认证工作安排。</td></tr>
<tr><td>第3章
审核的实施</td><td colspan="5">第8条 质量管理部应在文件审查一个月内向认证机构索要文件审查报告，并组织相关部门按照文件审查报告要求进行文件更改，以确保公司质量管理体系文件的符合性。
第9条 质量管理部应协同相关部门做好认证机构初访的接待工作，使认证机构对公司的规模、布局、生产、管理等概况有初步的了解。
第10条 质量管理部可在认证机构在正式审核前进行预备审核，并索要审核计划，以确认公司做好审核的准备。
第11条 现场审核
1．审核期间，受审部门负责人及工作人员务必在场，直至审核结束。
2．各级员工应认真、如实地回答认证机构审核人员提出的问题。
3．被审核部门及人员有责任向认证机构提供质量管理活动实施的证明材料。</td></tr>
<tr><td>第4章
认证结果的接收工作</td><td colspan="5">第12条 质量体系认证会议应由公司管理层以上的人员统一参加，对质量体系认证结果进行确认。
第13条 若公司通过认证，由质量管理部负责接收认证机构颁发的认证证书，并进一步做好公司质量体系的运作监督工作。
第14条 若公司没能通过认证，应了解关于不合格项的内容，并由质量管理部组织相关部门采取纠正措施，以准备复审工作。
第15条 证书管理
1．质量管理部负责做好认证机构在证书的有效期对公司的定期监督审核处理工作，以确保质量体系运行情况稳定、有效。
2．在证书有效期内，如有质量体系标准变更或体系认证范围变更，可申请换发证书。
3．在证书有效期内，如体系规则或标准发生变更，不愿再持有资格认证，可提出认证资格注销。</td></tr>
</table>

续表

制度名称	质量体系认证管理制度				
制度版本		受控状态	□ 受控 □ 非受控	制度编号	
第5章 附则	**第16条** 本制度由质量管理部制定，其解释权、修改权归质量管理部所有。 **第17条** 本制度经总经理办公会议审议通过后，自颁布之日起实施。				
编制部门		审批人员		审批日期	

第 7 章

安全生产管理制度设计

7.1　安全生产制度体系结构

7.1.1　安全生产制度体系架构图

安全生产管理制度主要包括以下五类制度，其体系结构如图 7-1 所示。

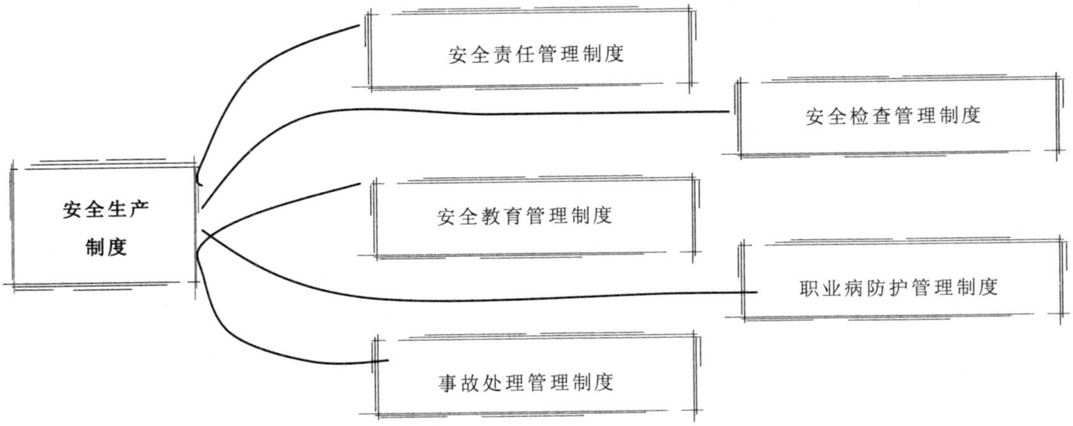

图 7-1　安全生产制度体系架构图

7.1.2　安全生产制度体系关注点

安全生产制度体系关注内容主要包括以下六点，如图 7-2 所示。

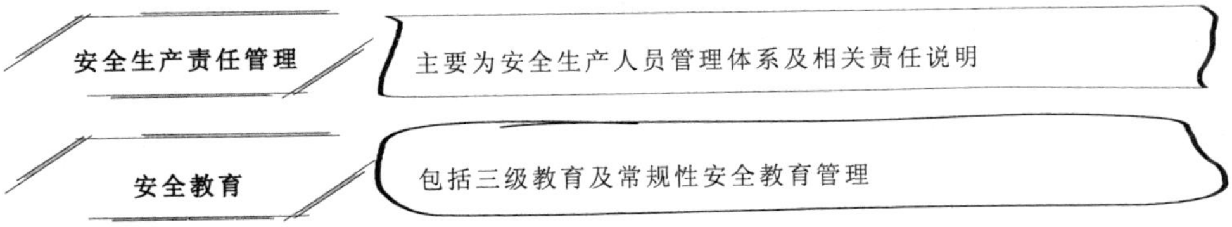

图 7-2　安全生产制度体系关注点

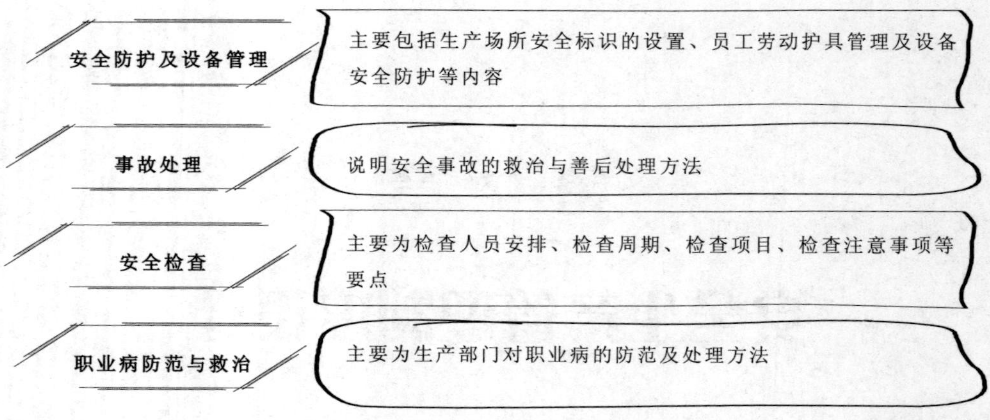

图 7-2　安全生产制度体系关注点（续）

7.2　安全生产责任制度设计

7.2.1　安全生产责任制度体系

安全生产责任制度体系如图 7-3 所示。

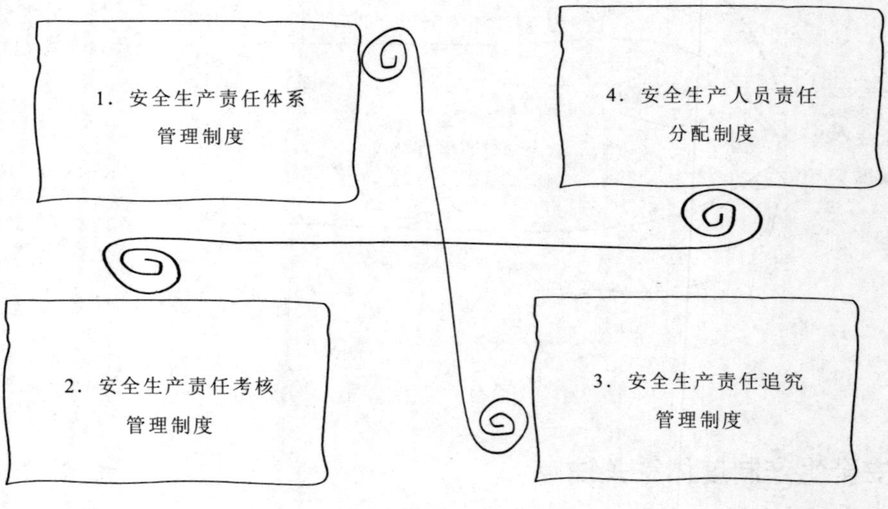

图 7-3　安全生产责任制度体系

7.2.2　安全生产责任制度关键点

安全生产责任制度主要说明了企业的各级领导、职能部门和在一定岗位上的员工个人对安全生产工作应负责任，在制定企业的安全生产责任制度时，应注意如图 7-4 所示的四个关键点。

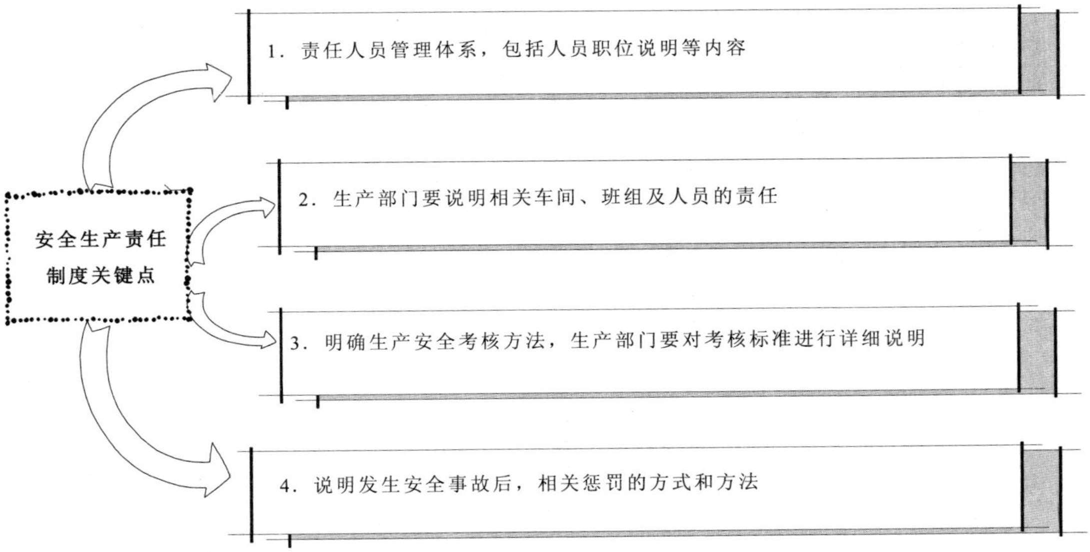

图 7-4 安全生产责任制度的关键点

7.2.3 安全生产责任制度设计范例

制度名称	安全生产责任制度				
制度版本		受控状态	□ 受控 □ 非受控	制度编号	
总则 第1章	**第1条** 目的 为贯彻“安全第一，预防为主”的安全管理总方针，增强全体员工的安全防范意识，明确相关部门及人员安全责任，保证企业稳定顺利发展，特制定本制度。 **第2条** 适用范围 本制度适用于公司生产经营全过程的安全责任管理。 **第3条** 管理原则 安全责任管理要贯彻全员、全部作业原则，即每人都有安全责任，每项作业都要有人负安全责任。 **第4条** 责任管理方式 责任管理方式以责任划分及考核的方式实施管理，明确员工责、权、利，界定各方安全责任。				
细则 第2章 安全责任划分	**第5条** 安全责任体系 1. 公司总经理是公司安全生产责任制的第一责任人。 2. 公司安全生产管理的归口责任部门是生产部，主要负责人为生产部经理。 3. 车间主任在部门经理的领导下，负责本车间的安全生产责任。 4. 班组长负责所在班组的安全生产责任。 5. 安全员负责生产人员的安全教育及安全检查等工作。 6. 普通生产员工根据工作安排，负责职责范围内的生产安全工作。 **第6条** 安全责任说明				

续表

<table>
<tr><td>制度名称</td><td colspan="5">安全生产责任制度</td></tr>
<tr><td>制度版本</td><td></td><td>受控状态</td><td>□ 受控　□ 非受控</td><td>制度编号</td><td></td></tr>
<tr><td>细则
第2章
安全责任划分</td><td colspan="5">1．公司总经理
（1）总经理须认真贯彻执行国家和政府部门所制定的劳动保护条例和安全生产的政策法令和规章制度。
（2）建立和完善安全生产管理制度和安全生产技术措施。
（3）组织实施安全生产各项工作，检查督促本公司的各级安全生产工作。
2．生产部经理
（1）生产部经理应贯彻执行“安全第一，预防为主”的安全生产方针和国家、政府部门及公司关于安全生产和劳动保护法规及安全生产规章制度。
（2）生产部经理须贯彻落实安全生产操作规程，做好安全生产管理和监督工作，负责生产过程安全控制，辅导工地完善落实各项安全技术措施。
（3）生产部经理定期组织生产人员上岗培训及安全教育，定期对生产员工进行监督考核和继续教育。
3．车间主任
（1）车间主任须认真贯彻执行各项安全生产法规、制度和标准。
（2）车间主任有权拟订、修订车间安全技术规程和安全生产管理制度，编制车间安全技术措施计划和方案，经批准后，组织实施。
（3）车间主任定期、不定期对生产车间进行安全检查，确保设备、安全装置、防护设施处于完好状态。
4．班组长
（1）班组长负责定期组织班组员工安全教育和对新上岗人员的安全技术考核，贯彻执行生产车间有关安全生产的规章制度。
（2）班组长应搞好本班组安全生产工作，检查岗位工艺指标及各项安全制度执行情况，做好设备和安全设施的巡回检查及维护保养工作，保证齐全完好。
5．安全员
负责所在车间、班组的安全管理工作。安全员安全生产责任如下。
（1）车间安全员须认真贯彻有关安全生产法规、制度和标准，并检查执行情况，参与拟订、修订车间安全技术规程和有关安全生产管理制度，并监督检查执行情况。
（2）车间安全员负责协助车间主任编制安全活动计划，并督促检查执行情况。
（3）车间安全员须负责车间安全装置、防护器具、消防器材的管理工作，并负责伤亡事故的统计上报工作，参与事故调查和分析。
6．生产部员工
认真贯彻“全员、全部作业”的安全原则，正确、安全地进行生产作业。</td></tr>
<tr><td>第3章
安全生产责任考核管理</td><td colspan="5">第7条　考核组织
安全生产责任考核根据时间分为月度、季度及年度考核，考核由生产部、人力资源部共同组织实施。
第8条　考核内容
安全生产责任考核内容主要有以下四个方面。</td></tr>
</table>

续表

<table>
<tr><td>制度名称</td><td colspan="5">安全生产责任制度</td></tr>
<tr><td>制度版本</td><td></td><td>受控状态</td><td>□ 受控 □ 非受控</td><td>制度编号</td><td></td></tr>
<tr><td>第3章
安全生产责任考核管理</td><td colspan="5">1．各级生产人员安全生产责任制落实情况。
2．生产员工因工伤亡控制指标。
3．现场安全达标率。
4．创建文明生产指标。
第9条　考核标准
1．建立健全安全生产管理机构，按规定配齐安全管理人员。
2．生产部制定安全管理目标，并将安全责任目标分解到人，责任落实，各项目标有人抓、有人管，实现目标管理。
3．生产人员要按规定进行安全培训，持证上岗。
4．生产管理人员须做好伤亡事故的统计报告工作。</td></tr>
<tr><td>第4章
安全责任奖惩</td><td colspan="5">第10条　安全责任奖励
在生产工作中认真执行安全管理制度并及时发现并解决问题的，给予相关人员定额现金奖励，具体奖励情况如下。
1．认真贯彻执行安全生产的方针、政策、法律、法规，在安全生产工作中取得显著成绩的。
2．在劳动保护安全生产方面有较大发明、技术改进或者提出重大合理化建议的。
3．防止和避免了重大伤亡事故或在事故抢救中有功的。
第11条　安全责任惩罚
在生产过程中，相关人员有如下情形的，应按情况严重程度给予相应处罚。
1．违章作业或违章指挥造成事故的。
2．玩忽职守，违反安全生产责任制度，造成事故的。
3．发现险情，既不采取防范措施又不及时报告，而发生事故的。
4．存在事故隐患不执行上级和安全部门限期整改的要求，造成事故的。
5．发生事故后，不积极组织抢救，不吸取教训采取措施，致使同类事故重复发生的。</td></tr>
<tr><td>第5章
附则</td><td colspan="5">第12条　本制度由生产部负责制定，并保留一切修订权和解释权。
第13条　本制度自颁发之日起生效并实施。</td></tr>
<tr><td>编制部门</td><td></td><td>审批人员</td><td></td><td>审批日期</td><td></td></tr>
</table>

7.3　安全生产防护制度设计

7.3.1　安全生产防护制度体系

安全生产防护制度体系如图 7-5 所示。

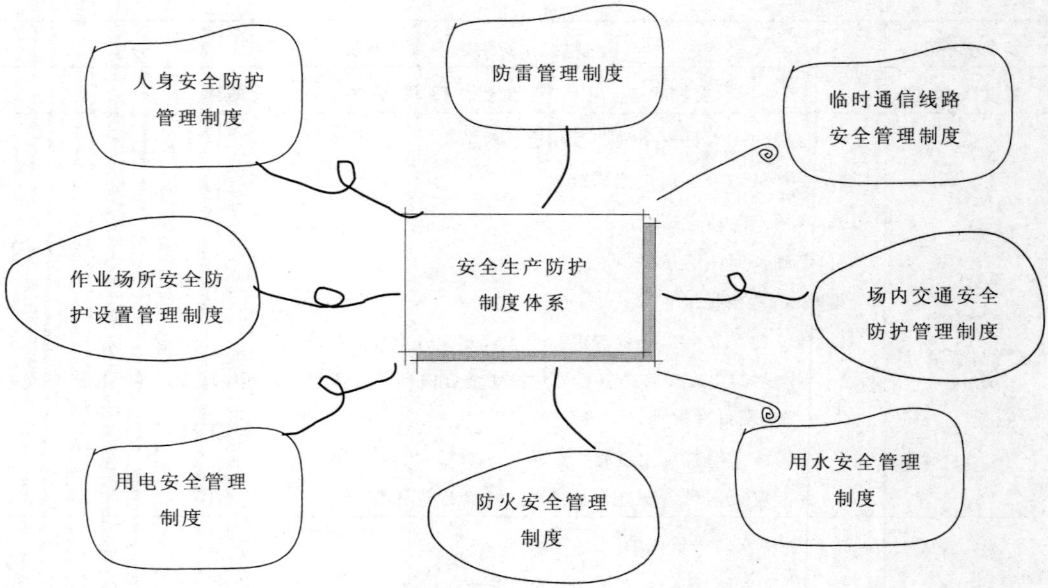

图 7-5　安全生产防护制度体系

7.3.2　安全生产防护制度关键点

安全生产防护制度关键点主要有两个方面，如图 7-6 所示。

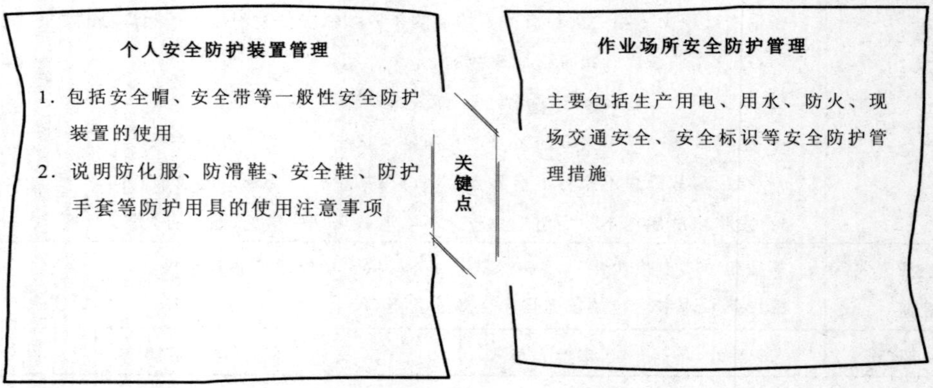

图 7-6　安全生产防护制度关键点

7.3.3　安全生产防护制度设计范例

制度名称	**安全生产防护制度**				
制度版本		**受控状态**	**□ 受控　□ 非受控**	**制度编号**	
第1条　目的 为健全安全生产管理工作，保障各项生产工作都必须有明确的安全防护措施，避免安全事故的发生，特制定本制度。					

续表

制度名称	安全生产防护制度				
制度版本		受控状态	□ 受控 □ 非受控	制度编号	

第2条 适用范围

本制度适用于企业生产作业中的安全防护管理工作。

第3条 相关人员责任

安全生产工作主要由安全生产小组负责。

1．安全生产小组组长为公司总经理，全面管理生产安全工作。

2．安全生产小组副组长为生产部经理，负责日常生产安全工作。

3．安全生产小组组织员主要为公司安全员，负责制定安全预防措施和个人检查，查看所有安全规则和条例的实施情况。

第4条 人身安全防护管理

1．安全帽

（1）安全帽须经有关部门检验合格后方能使用。

（2）正确使用安全帽并扣好帽带

（3）不准把安全帽抛、扔或坐、垫。

（4）不准使用缺衬、缺带及破损安全帽。

2．安全带

（1）安全带须经有关部门检验合格后方能使用。

（2）安全带使用两年后，必须按规定抽检。不合格的，必须更换安全绳后才能使用。

（3）安全带应储存在干燥、通风的仓库内，不准接触高温、明火、强碱酸或尖锐的坚硬物体。

（4）安全带应高挂低用，不准将绳打结使用。

（5）安全带上的各种部件不得任意拆除。更换新绳时要注意加绳套。

3．其他防护装置

员工在生产过程中，要根据相关规定，及时穿戴好防化服、防滑鞋、安全鞋、防护手套等防护用具，并做到正确使用。

第5条 生产用电安全防护

1．支线安全防护

（1）配电箱的电缆线应有套管，电线进出不混乱。

（2）支线绝缘好，无老化、破损和漏电。

（3）支线应沿墙或电杆架空敷设，并用绝缘子固定。

（4）过道电线可采用硬质护套管埋地并作标记。

（5）室外支线应用橡皮线架空，接头不受拉力并符合绝缘要求。

2．现场照明安全防护

（1）一般场所照明工具采用220V电压。

（2）照明导线应用绝缘子固定。

（3）照明灯具的金属外壳必须接地或接零。

（4）室外照明灯具距地面不得低于3m；室内距地面不得低于2.4m。

3．电箱（配电箱、开关箱）安全防护

（1）电箱应有门、锁、色标和统一编号。

续表

制度名称	安全生产防护制度				
制度版本		受控状态	□ 受控 □ 非受控	制度编号	

（2）电箱内开关电器必须完整无损，接线正确。各类接线装置灵敏可靠，绝缘良好。无积灰、杂物，箱体不得歪斜。

（3）电箱安装高度和绝缘材料等均应符合规定。

（4）电箱内应设置漏电保护器，选用合理的额定漏电动作电流进行分级配合。

（5）配电箱应设总熔丝、分熔丝、分开关。零排地排齐全。动力和照明分别设置。

（6）配电箱的开关电器应与配电线或开关箱一一对应配合，作分路设置，以确保转录专控；总开关电器与分路使电器的额定值、动作整定值相适应。熔丝应与用电设备的实际负荷相匹配。

（7）金属外壳电箱应作接地或接零保护。

（8）开关箱与用电设备实行一机一闸，以便保险。

（9）同一移动开关箱严禁配有380V和220V两种电压等级。

4．接地接零安全防护

（1）接地体可用角钢、圆钢或钢管，但不得用螺纹钢。接地电阻应符合规定。

（2）橡皮线中黑色或绿/黄双色线作为接地线。

（3）电杆转角杆、终端杆及总箱、分配电箱必须有重复接地。

（4）高层配电箱重设接地，必须从地下引入。

第6条 防火安全措施

1．施工地建立防火责任制，职责明确。按规定设专职防火负责人。

2．建立动用明火审批制，按规定划分级别，明确审批手续，并有监护措施。

3．一般建筑各楼层、非重点仓库及宿舍，明确用火审批手续，并有监护措施。

4．焊割作业应严格执行“十不烧”及压力容器使用规定。

第7条 场内交通安全防护管理

1．作业现场中因生产需要所设置的坑、沟、壕等必须有足够支撑力的物品覆盖或有防护栏，夜间必须有照明，以防止发生安全事故。

2．作业场合交通严格按照规划路线进行行车，不得在场地内随意停车，大型施工机械及特种车辆通过时设有专人负责指挥。

3．对作业现场中高于2米的运输线，必须设置防护网或防护罩进行保护。

4．安全员要定期检查和维修施工便道，保持场地内行车通畅。

第8条 用水安全管理

1．工地施工用水和饮用水在施工前对水质进行化验鉴定，并采取相应的处理和防护措施。

2．生活用水必须符合中国卫生组织对饮用水的要求。

3．工地内合理布置排水沟。排水沟不得妨碍工地内的交通。

第9条 通信线路安全管理

1．作业场合要减少与既有信讯、电力等线路的交叉和干扰。

2．通信线路与地面等建筑物的最小距离，必须符合国家现有规定。

第10条 安全标识

1．在施工区内设置标准的安全标识，以引起员工对现场不安全因素的注意，提前预防不安全因素。

续表

制度名称	安全生产防护制度				
制度版本		受控状态	□ 受控 □ 非受控	制度编号	
2．安全标识以红色安全色为主，提示内容有禁止标志、停止标志、交通禁令标志、消防和危险标志。如禁止入内、禁止火种、禁止通行、禁止停留、禁止起动、禁止攀登等。 3．各种安全标识按国家标准要求的尺寸、颜色、几何图形、图形符号及补充标志等制作。 **第11条** 防雷措施 1．在雷雨天气时，大型电气生产设备应停止运转，防止雷击事故。 2．在作业场所最高处上方设避雷针，并用钢筋连接接地。 **第12条** 本制度由生产部负责制定，并保留一切修订权和解释权。 **第13条** 本制度自颁发之日起生效并实施。					
编制部门		审批人员		审批日期	

7.4 安全事故处置制度设计

7.4.1 安全事故处置制度体系

安全事故处置制度体系如图 7-7 所示。

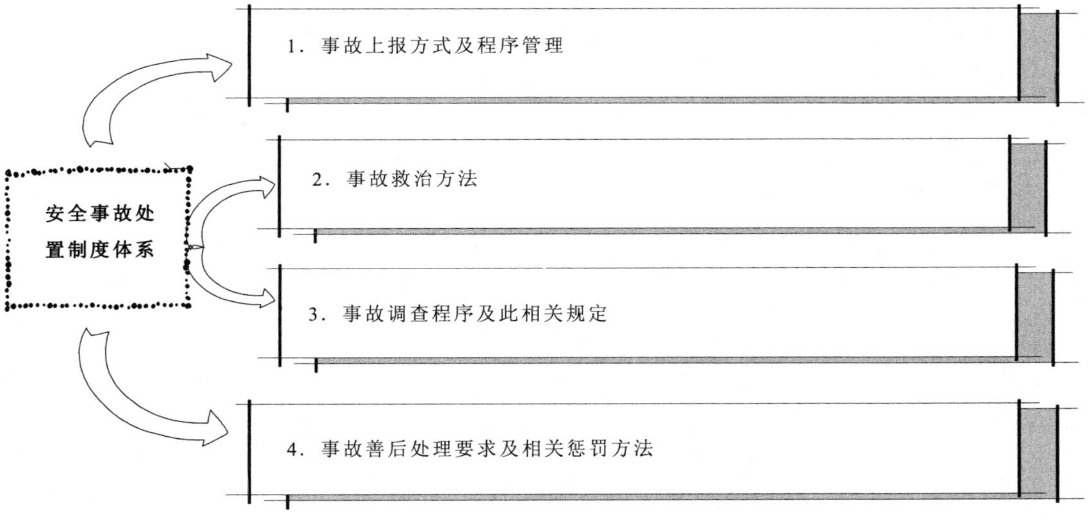

图 7-7 安全事故处置制度体系

7.4.2 安全事故处置制度关键点

安全事故处置制度关键点主要包括五项，具体如图 7-8 所示。

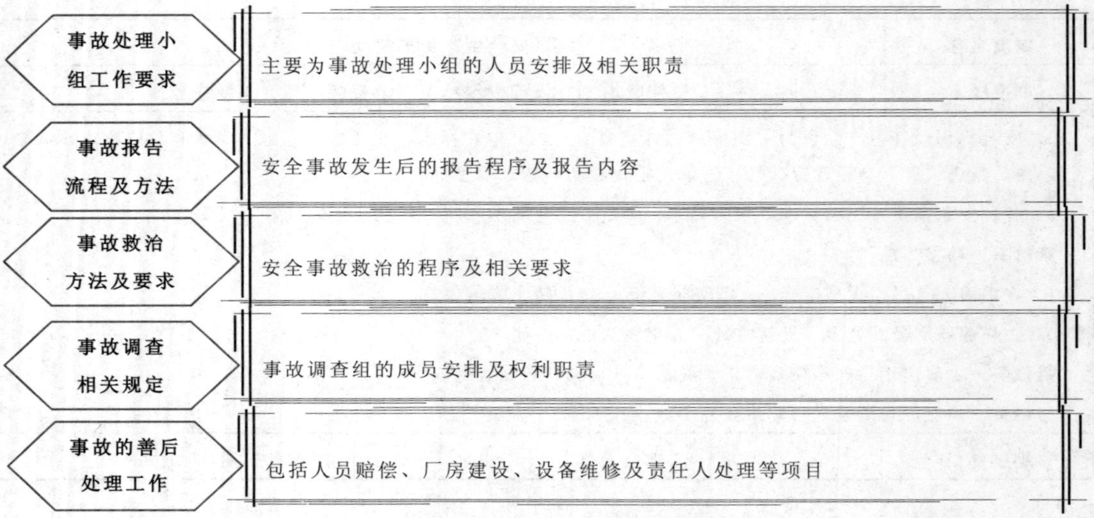

图 7-8 安全事故处置制度关键点

7.4.3 安全事故处置制度设计范例

制度名称	安全事故处置制度				
制度版本		受控状态	□ 受控 □ 非受控	制度编号	

第1章 总则

第1条 目的

为了及时报告、统计、调查和处理生产安全事故，积极采取预防措施，有效减少伤亡率，制定本制度。

第2条 编制依据

本制度依据《中华人民共和国安全生产法》《职业病危害事故调查处理办法》《突发公共卫生事件应急条例》《国家职业卫生应急预案》等有关法律、法规规定，结合企业实际情况制定。

第3条 适用范围

本制度适用于安全事故的报告、救治、统计、调查和善后等处置工作。

第4条 处置原则

1．坚持处置及时的原则。

2．坚持以人为本的原则。

3．坚持统一指挥的原则。

4．坚持科学应对的原则。

第5条 职责说明

安全事故处置工作由安全事故处理小组全权处理。为了使安全事故及时、有效地进行处置，特成立安全事故处理小组（以下称处理小组），分级分部门负责，任何部门和个人都有参加应急救援的义务，都必须服从处理小组的指挥。

1．处理小组

处理小组由总经理、行政部经理及生产部相关人员组成，组长由总经理担任。

2．分组成员具体机构及任务见下表。

续表

<table>
<tr><td>制度名称</td><td colspan="5">安全事故处置制度</td></tr>
<tr><td>制度版本</td><td></td><td>受控状态</td><td>□ 受控 □ 非受控</td><td>制度编号</td><td></td></tr>
<tr><td>总则
第1章</td><td colspan="5">
分组成员具体机构及任务说明表
<table>
<tr><th>分组名称</th><th>组织机构设置</th><th>任务说明</th></tr>
<tr><td>现场救援组</td><td>组长：总经理
成员：</td><td>掌握了解事故情况，维持事故现场秩序，组织现场救援</td></tr>
<tr><td>事故调查组</td><td>组长：生产部经理
成员：</td><td>调查事故发生原因，评估事故影响，做出调查结论，提出事故防范意见</td></tr>
<tr><td>事故危害控制组</td><td>组长：生产部经理
成员：</td><td>保持与各部门沟通，评估事故发生部门人员、设备设施、产品等事故发展趋势，预测事故后果，防止危害蔓延扩大</td></tr>
<tr><td>专家组</td><td>组长：生产部工程师
成员：</td><td>负责对事故进行分析评估，为事故的处理提供决策建议，必要时参与应急处置</td></tr>
<tr><td>办公室</td><td>主任：行政部经理
成员：</td><td>在小组领导下配合相关部门做好事故信息发布工作，负责处理事故现场救援物资保障及善后处理工作</td></tr>
</table>
</td></tr>
<tr><td>细则
第2章
事故报告</td><td colspan="5">
第6条 安全事故发生后，事故现场有关人员应当立即报告处理小组或上级领导。
第7条 小组成员接到安全事故报告后，应当立即上报至小组最高领导。事故报告应当包括以下内容。
1．事故发生的时间、地点、单位。
2．事故的简要经过、伤亡人数，直接经济损失的初步估计。
3．事故发生原因的初步判断。
4．事故发生后采取的措施及事故控制情况。
5．事故报告人员（部门）。
</td></tr>
<tr><td>第3章
事故救治</td><td colspan="5">
第8条 发生安全事故的部门应立刻保护事故现场，并迅速采取必要措施抢救人员和财产，防止事故扩大。
第9条 安全救治理程序
1．组织自救，现场救援组引导现场人员从安全通道疏散，把受伤人员营救至安全地带，抢救事故现场内物资，转移可能引起新危险源的物资到安全地带。
2．疏通事故发生现场通道、道路，保证后续救援工作顺利进行，检查救援人员的装备和安全防护，及时提供后续的救援物资。
3．现场生产负责人根据救援需求，决定是否暂停生产活动，并由现场专兼职安全员组织实施，防止事态扩大。
4．紧急事故处理结束后，部门负责人应填写记录，并召集相关人员研究防止事故再次发生的对策。
5．在处理小组成员未到事故现场之前，事故部门现场负责人即为现场救援最高负责人。
</td></tr>
<tr><td>第4章
事故原因调查</td><td colspan="5">
第10条 轻伤、重伤事故，由事故调查组组织生产、技术、安全等有关人员及工会成员参加的事故调查组进行调查。
第11条 死亡事故，由企业相关领导会同企业所在地区政府、劳动行政部门、公安行政部门等组成事故调查组进行调查。
</td></tr>
</table>

续表

<table>
<tr><td>制度名称</td><td colspan="5">安全事故处置制度</td></tr>
<tr><td>制度版本</td><td></td><td>受控状态</td><td>□ 受控　□ 非受控</td><td>制度编号</td><td></td></tr>
<tr><td>第4章
事故原因调查</td><td colspan="5">第12条　事故调查组的权责
1．查明事故发生的原因、人员伤亡及财产损失情况。
2．查明事故的性质和责任。
3．提出事故处理及防止类似事故再次发生应采取措施的建议。
4．提出对事故责任者的处理建议。
5．写出事故调查报告。
6．事故调查组有权向发生事故的企业和有关单位、有关人员了解有关情况和索取有关资料，任何单位和个人不得拒绝。
7．任何单位和个人不得阻碍、干涉事故调查组的正常工作。</td></tr>
<tr><td>第5章
事故善后处理</td><td colspan="5">第13条　处理小组、各相关部门具体负责事故善后处置，包括人员安置和补偿，设备维修、更换，污染物收集、整理，及时消除事故影响，尽快恢复正常生产经营秩序。
第14条　处理小组协调事发部门对事故的起因、性质、影响、责任、教训及整改措施、建议进行总结与评估，形成报告，向上级主管部门报告。
第15条　对在安全事故应急管理和处置工作中做出突出贡献的先进集体和个人，应当给予表彰和奖励。
第16条　因忽视安全生产、违章指挥、违章作业、玩忽职守或者发生事故隐患、危害情况而不采取有效措施以致造成安全事故的，由企业主管部门或者企业按照国家有关规定，对事故部门负责人或直接责任人员给予行政处分；构成犯罪的，由司法机关依法追究刑事责任。
第17条　在安全事故发生后隐瞒不报、谎报、故意延迟不报、故意破坏事故现场，或者无正当理由，拒绝接受调查及拒绝提供有关情况和资料的，由有关部门按照国家有关规定，对相关部门责任人和直接责任人员给予行政处分；构成犯罪的，由司法机关依法追究刑事责任。
第18条　在调查、处理安全事故中玩忽职守、徇私舞弊或者打击报复的，由其所在部门按照国家有关规定给予行政处分；构成犯罪的，由司法机关依法追究刑事责任。
第19条　伤亡事故处理工作应当在90日内结案，特殊情况不得超过180日。伤亡事故处理结案后，应当公开宣布处理结果。</td></tr>
<tr><td>第6章
附则</td><td colspan="5">第20条　本制度由生产部负责制定，并保留一切修订权和解释权。
第21条　本制度自颁发之日起生效并实施。</td></tr>
<tr><td>编制部门</td><td></td><td>审批人员</td><td></td><td>审批日期</td><td></td></tr>
</table>

7.5　员工职业病防范制度设计

7.5.1　员工职业病防范制度体系

员工职业病防范制度体系如图 7-9 所示。

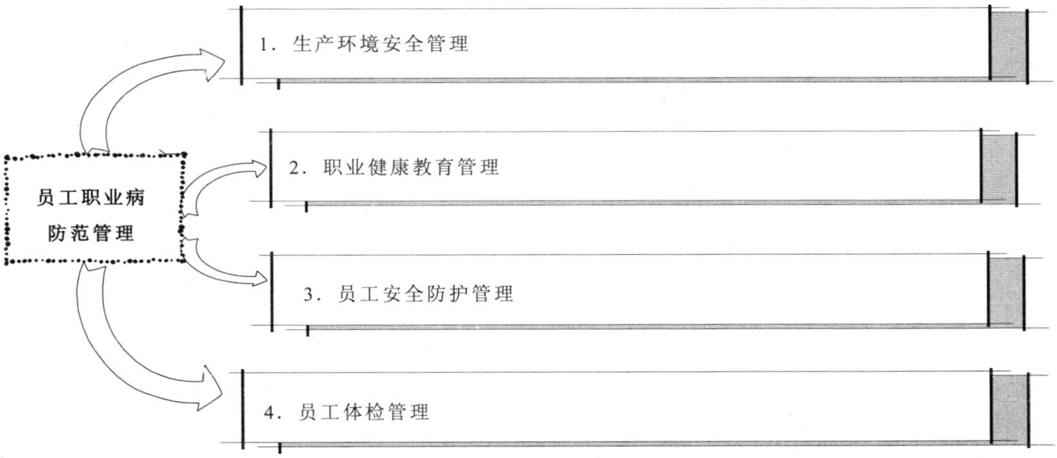

图 7-9 员工职业病防范制度体系

7.5.2 员工职业病防范制度关键点

员工职业病防范制度关键点主要有四个方面，如图 7-10 所示。

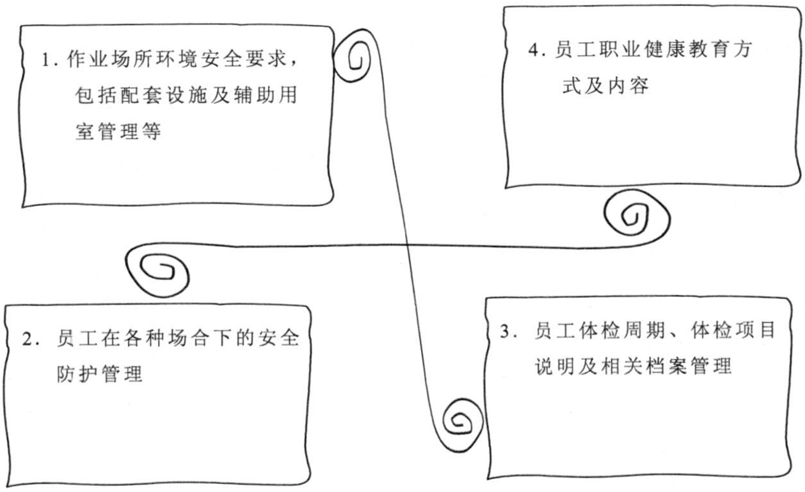

图 7-10 员工职业病防范制度关键点

7.5.3 员工职业病防范制度设计范例

制度名称	员工职业病防范制度				
制度版本		受控状态	□ 受控 □ 非受控	制度编号	
总则 第1章	**第1条** 目的 为规范安全生产工作，有效防范各类职业病的发生，确保员工生命健康免遭损失，保障生产顺利进行，特制定此制度。 **第2条** 本制度根据《中华人民共和国职业病防治法》《企业职工劳动安全卫生教育管理规定》及《工业企业设计卫生标准》制定。				

续表

<table>
<tr><td>制度名称</td><td colspan="5">员工职业病防范制度</td></tr>
<tr><td>制度版本</td><td></td><td>受控状态</td><td>□ 受控　□ 非受控</td><td>制度编号</td><td></td></tr>
<tr><td>总则
第1章</td><td colspan="5">第3条　适用范围
本制度适用于生产作业员工的职业病防范工作管理。
第4条　职责分工
1．生产部安全科负责制定、检查各项职业健康管理措施的制定及实施。
2．各车间本车间的职业病危害因素，并指导员工正确使用劳动保护设施及个人防护用品。</td></tr>
<tr><td>细则
第2章
生产环境安全管理</td><td colspan="5">第5条　规范生产安全设施
1．规范各项生产设施的正确使用，以预防劳动者在劳动过程中发生工伤事故。
2．各类防护装置、保险装置、信号装置、防爆炸设施定期检验，确认正常使用。
第6条　生产环境保障
1．各类防尘、防毒设施及护具齐全完好。
2．防噪声、通风、照明、取暖、降温等措施建设完善。
第7条　辅助用室及设施管理
1．员工工作使用的更衣室、休浴室、消毒室应具备齐全并正常使用。
2．员工生活区域内妇女卫生室、厕所等设施具备齐全并正常使用。
3．员工生活用水的抽取及运输应远离厕所、生产废水等污染源。</td></tr>
<tr><td>第3章
职业健康教育管理</td><td colspan="5">第8条　员工的职业安全健康教育
1．根据《企业职工劳动安全卫生教育管理规定》，对员工实施三级教育。
2．三级教育时间不少于40学时。
3．厂级安全教育。
由厂长（生产部经理）负责，内容应包括职业安全健康法律、法规，通用安全技术、职业健康和安全文化的基本知识，本企业职业安全健康规章制度及状况、劳动纪律和有关事故案例等项内容。
4．车间级职业安全健康教育
由车间负责人组织实施，内容包括本车间的概况，职业安全健康状况和规章制度，主要危险因素及安全事项，预防工伤事故和职业病的主要措施，典型事故案例及事故应急处理措施等。
5．班组级职业安全健康教育
由班组长组织实施，内容包括遵章守纪，岗位安全操作规程，岗位间工作衔接配合的职业安全健康事项，典型事故及发生事故后应采取的紧急措施，劳动防护用品（用具）的性能及正确使用方法等项内容。
6．企业新职工须按规定通过三级安全教育和实际操作训练，并经考核合格后方可上岗。
7．当用人单位内部职工岗位调整或重新上岗时，用人单位必须进行相应的职业病防范教育，以使其掌握现岗位安全生产特点和要求。
第9条　经常性职业安全健康教育。
1．企业组织实施经常性的安全思想、安全态度教育。进行安全思想、安全态度教育，要通过采取多种多样形式和安全活动，激发员工搞好安全生产的热情，促使员工重视和真正实现安全生产。
2．经常性安全教育的形式有：每天的班前、班后会上说明安全注意事项；安全活动日；安全生产会议；事故现场会；张贴安全生产招贴画、宣传标语及标志等。
第10条　特种作业人员的职业安全健康教育
特种作业人员上岗作业前，必须进行专门的安全技术和操作技能的培训教育，经过国家统一考试并取得证书后方可上岗。</td></tr>
</table>

续表

制度名称	员工职业病防范制度				
制度版本		受控状态	□ 受控 □ 非受控	制度编号	
第4章 员工安全 防护	**第11条** 员工在喷漆等有刺激性气味车间工作时，要穿戴呼吸面罩、防护镜、防化服、防化手套、安全鞋等。 **第12条** 员工在进行进入粉尘较大的工作时一定要按要求佩带防尘口罩或防尘面罩。 **第13条** 员工在具有放射性物质场合工作时，必须穿戴好防化衣物。				
第5章 员工体检 管理	**第14条** 生产部综合办对体检管理工作负责，负责制定与修整员工体检管理标准，并下达、组织实施。 **第15条** 企业可将体检划分为一般健康体检和有毒有害岗位体检，女员工在一般健康体检增设妇科项目检查。 **第16条** 实施体检 1. 生产卫生管理部门负责对新员工上岗前体检工作，对有职业病史员工或者职业病禁忌证者禁止从事各种危险行业。 2. 生产卫生管理部门组织对从事有害作业员工按周期实施体检。 3. 生产各部门对工作场所发生影响员工健康的危机情况时，应立刻组织同一工作场所员工实施体检。 4. 员工离岗时，应进行健康体检。 5. 生产卫生管理部门对已确定患职业病的员工，按职业病诊断规定时间，定期复查。 **第17条** 档案管理 1. 生产卫生管理部门对在职员工体检结果汇总存档。 2. 员工健康档案应保持真实性、科学性、隐秘性。				
第6章 附则	**第18条** 本制度由生产部负责制定，并保留一切修订权和解释权。 **第19条** 本制度自颁发之日起生效并实施。				
编制部门		审批人员		审批日期	

7.6 安全生产交接班制度设计

7.6.1 安全生产交接班制度体系

安全生产交接班制度体系如图 7-11 所示。

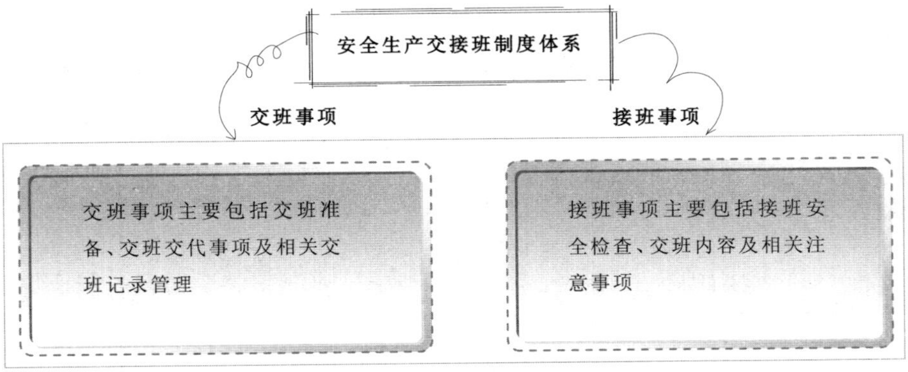

图 7-11 安全生产交接班制度体系

7.6.2　安全生产交接班制度关键点

安全生产交接班制度关键点有四个方面，如图 7-12 所示。

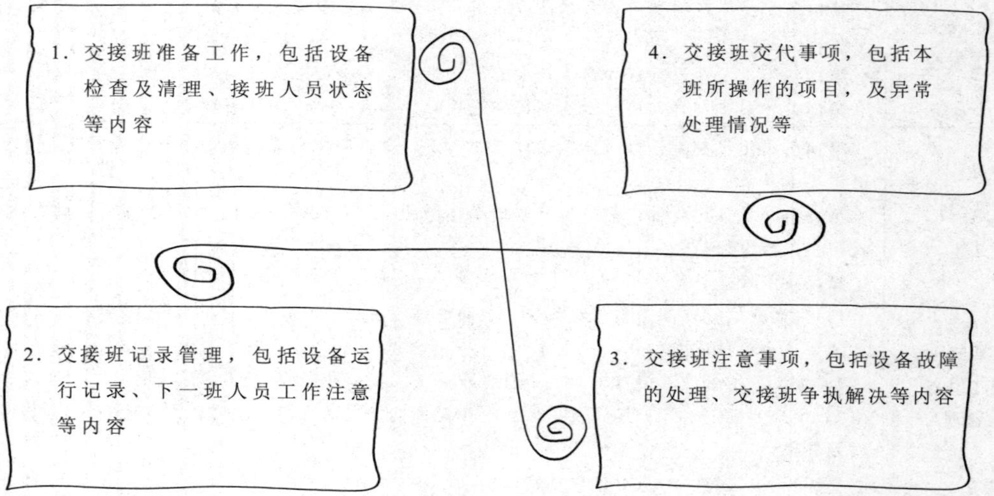

图 7-12　安全生产交接班制度关键点

7.6.3　安全生产交接班制度设计范例

制度名称	安全生产交接班制度				
制度版本		受控状态	□ 受控　□ 非受控	制度编号	
总则 第1章	**第1条**　目的 为加强公司生产部门交接班管理工作，明确交接班工作内容，避免安全事故的发生，确保公司生产工作正常开展，特制定本制度。 **第2条**　适用范围 本制度适用于生产部门的交班、接班管理工作。 **第3条**　职责分工 生产工作人员在进行交接班时，须严格遵守本制度相关规定。				
细则 第2章 交班安全管理	**第4条**　交班规定 1．交班人员应在交班前1小时，将所属的设备、管线阀门、仪表等进行全面检查，发现问题及时解决，不得拖延给下一班。 2．交班前30分钟，交班人员应对岗位设备运行情况进行一次全面检查，并将检查结果如实记入《交接班记录本》中。 **第5条**　在进行交接班时，交班人员要向接班人员做出以下交代事项。 1．本班接到的通知命令。 2．本班所操作的项目。 3．本班发现的缺陷及处理情况。 4．设备投入工作票的许可情况。 5．设备异常及事故处理情况。 6．人员纪律情况，好人好事。 7．交班前的运行方式，下一班的主要工作。				

续表

制度名称	安全生产交接班制度				
制度版本		受控状态	□ 受控 □ 非受控	制度编号	
细则 第2章 交班安全管理	**第6条** 交班注意事项。 1．交接前应清洁设备和操作场地，工具、消防器材完好、清洁、摆放到位，室内卫生整洁。 2．领导的指令或上级来检查的情况，当班的重点工作进展情况。 3．交班人员应向接班人员详细介绍本班设备运行情况及主要参数、发现的问题及需要提醒下班注意安全生产的重点事宜及有关通知。 4．本班生产过程中发生的大小事故及安全隐患。安全保护设施是否有异常情况。 5．交接班时发生事故，须待事故处理完、设备恢复正常后才能分岗位交接。 6．发现接班人员酒后上班或患病时，应报告领导另行指派合格人员接班。 7．接班人未按时到班时，交班人应向领导报告，不得擅自离开岗位。 8．交班人必须实事求是交清班中全部情况，不得遗漏、隐瞒。 9．本班内有条件解决的问题不得遗留交班。				
第3章 接班安全管理	**第7条** 接班人员必须提前10分钟到岗位，进行逐点逐项交接，做到事事有交代，将交接内容和存在问题认真记入运行记录和交接班记录本中。 **第8条** 接班人交接班时应注意以下方面的内容。 1．接班人应保持充沛精力，按规定时间到达工作地点。 2．接班人员当天因故不能按时接班时，应事先向直接领导请假、汇报。 3．接班时由接班领导组织本岗的检查工作。接班人员提前按巡检路线和内容检查设备。 4．与交班人交接时，细心听取交班人介绍设备运行情况，并认真阅读运行记录。由双方当班领导在交接班记录上签认。 5．交接班时若遇上事故发生，应主动了解事故情况并积极协助处理。 6．检查清点交班人员的移交工具、消防器材数量和状况是否完好，检查现场和岗位环境卫生情况，并在交接班记录中记好。 7．接班之前严禁饮酒。				
第4章 交接班注意事项	**第9条** 交接班必须在现场进行，交接班时必须按照操作规程规定的内容和巡回检查制度所规定的检查路线，进行检查交接。 **第10条** 交接班必须把当班设备运行和检修情况向接班人详细交代清楚并填写记录。在接班人认为情况属实后，双方签字，交班人方可离开现场。 **第11条** 交接班时如双方之一发生争执，应及时报告值班领导进行协商解决。 **第12条** 交接班时，重要部位一点一点地交接，重要数据一个一个的交接，重要工作一件一件的交接。 **第13条** 交接班应坚持做到“四不接”，具体如下。 1．资料数据记录不全、不准交接。 2．特殊工种岗位不交给无证上岗者及劳保用品穿戴不全者。 3．接班人酒后上班或精神状态不良不交接。 4．正在处理事故或故障时不交接。 **第14条** 交接班时要严肃认真，对交接班人发现的问题要及时进行整改，在交接班前发现的问题由交班方负责，接班者验收合格后交班方可离去。 **第15条** 接班条件不符合要求时，如确因设备问题，难以在短时间内处理好，经接班人同意，双方确认后，交班人方可离岗。				

续表

制度名称	安全生产交接班制度				
制度版本		受控状态	□ 受控 □ 非受控	制度编号	
	第16条 交接班期间发生事故由交班者负责，交班完毕后，对发现的问题，一律归接班人员负责，交班人不负任何责任。				
第5章 附则	**第17条** 本制度由生产部负责制定，并保留一切修订权和解释权。 **第18条** 本制度自颁发之日起生效并实施。				
编制部门		审批人员		审批日期	

第 8 章

采购供应管理制度设计

8.1 采购供应制度体系结构

8.1.1 采购供应制度体系架构图

采购供应制度体系就是使用各种管理制度对采购供应的各个工作环节进行规范，以保证为工厂运行提供稳定、可靠、优质的物资，具体如图 8-1 所示的六项内容。

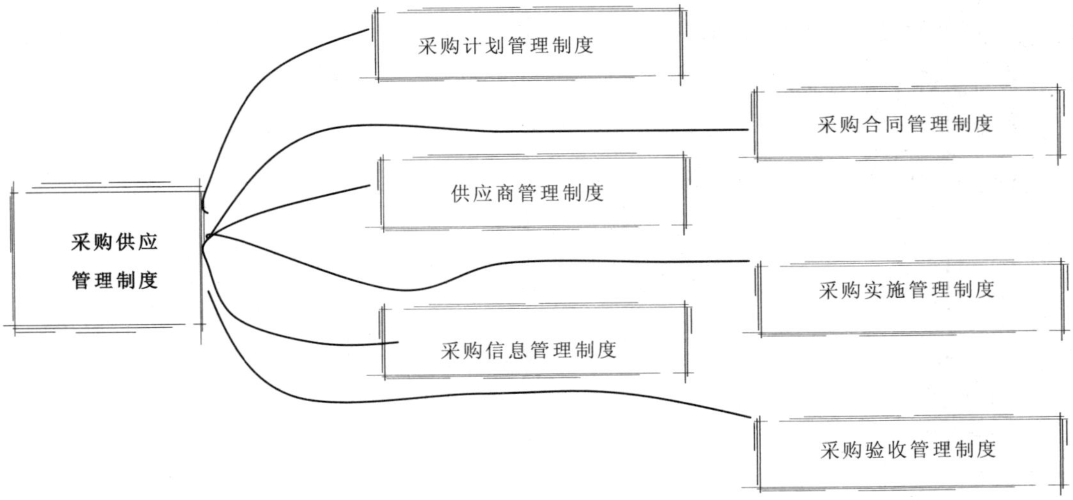

图 8-1　采购供应制度体系结构

8.1.2 采购供应制度体系关注点

采购供应制度体系应关注于如何保证采购供应功能的实现，正是基于此种考虑，在采购供应制度体系运行过程中企业应关注如图 8-2 所示的各项工作。

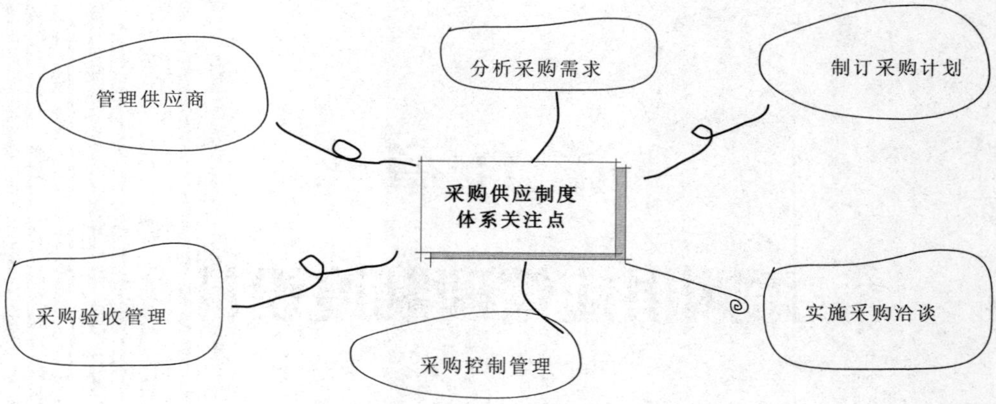

图 8-2　采购供应制度体系关注点

8.2　供应商管理制度设计

8.2.1　供应商管理制度体系

供应商管理，是在新的物流与采购经济形势下，提出的管理机制。供应链环管理环境下的客户关系是一种战略性合作关系，提倡一种双赢机制，从传统的非合作性竞争走向合作性竞争，合作与竞争并存是当今企业关系发展的一个趋势。

供应商管理制度体系正是顺从这种管理趋势，同时为企业供应商管理提出各种工作准则的一系列管理制度，其具体内容如图 8-3 所示。

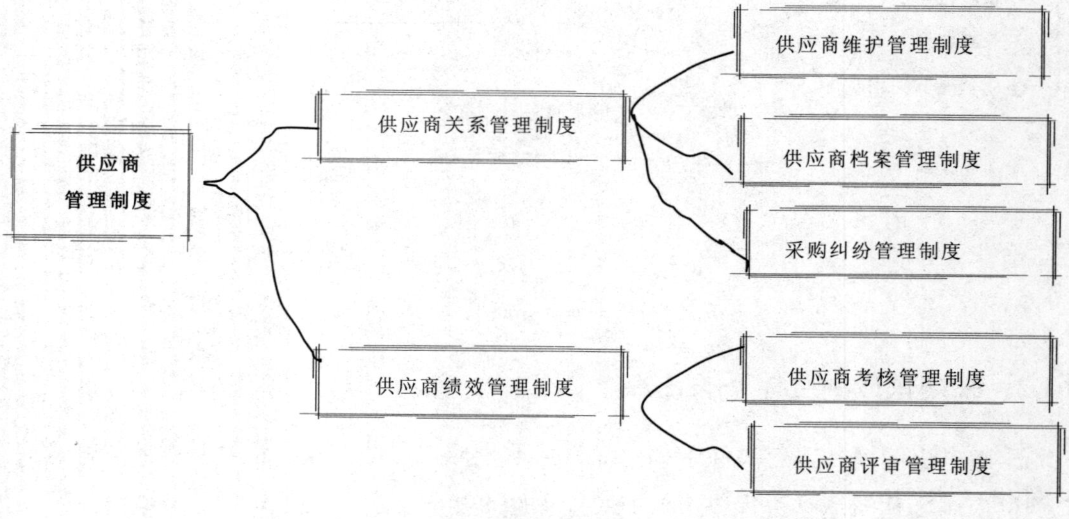

图 8-3　供应商管理制度体系

8.2.2 供应商管理制度关键点

在供应商管理制度的关键点如图 8-4 所示。

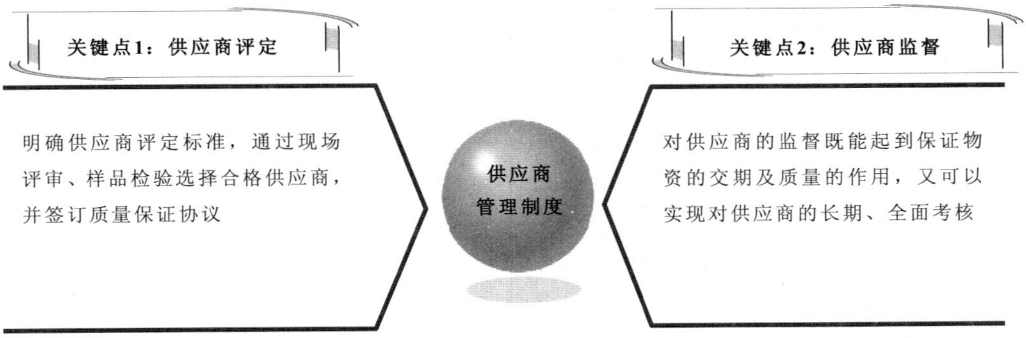

图 8-4 供应商管理制度关键点

8.2.3 供应商管理制度设计范例

制度名称	供应商管理制度				
制度版本		受控状态	□ 受控 □ 非受控	制度编号	
总则 第1章	**第1条** 目的 为了选择合格供应商并对其进行持续监督与管理，确保其提供的物资满足本公司的质量标准，特制定本制度。 **第2条** 适用范围 本制度适用于管理本公司现有的合格供应商。 **第3条** 管理职责 1．总经办负责合格供应商的审批。 2．采购部负责供应商的开发与评定工作的组织与实施。 3．质量管理部负责供应商生产现场评定、样品检测工作，并跟踪供应商的质量情况。 4．财务部负责核查供应商财务资金能力并提供相关资料。 5．使用部门参与供应商的评定工作并为供应商考核提供反馈信息。				
细则 第2章 供应商评定	**第4条** 供应商选择原则 选择供应商时，应当遵循以下三项原则。 1．同等价格择其优原则。 2．同等质量择其廉原则。 3．同价同质择其近原则。 **第5条** 供应商增补时机 采购人员需在以下两种时间中选择增补供应商。 1．需要增加新的产品供应商之前。 2．原有供应商出现重大质量问题时。 **第6条** 供应商评定标准 本公司的合格供应商必须满足以下五项要求。 1．通过ISO 9000质量管理体系认证。 2．未经本公司评定，但是独占市场资源或与知名公司为合作伙伴。				

续表

<table>
<tr><td>制度名称</td><td colspan="5">供应商管理制度</td></tr>
<tr><td>制度版本</td><td></td><td>受控状态</td><td>□ 受控　□ 非受控</td><td>制度编号</td><td></td></tr>
<tr><td>细则
第2章
供应商评定</td><td colspan="5">3．与本公司保持合作往来且在产品、服务方面无重大不良记录。
4．由本公司客户指定。
5．经本公司供应商评审认定为合格。
第7条　供应商初步评价
1．采购部、质量管理部及其他部门应根据本公司实际需求收集供应商资料，并分析资源市场现状。
2．要求有合作意向的供应商填写“供应商调查表”。
3．对收集的信息和“供应商调查表”进行分析，以能力、质量、服务、交货期、价格作为筛选依据，挑选出候选供应商。
第8条　供应商的现场评审
1．组织相关人员对供应商进行现场评审，确定采购物资是否符合国家法律法规的要求和安全要求，对于有毒品、危险品，需要求供应商提供相关证明文件。
2．根据所采购物资对产品质量的影响程度，将其分为关键、重要、普通三个级别，不同级别实行不同的控制等级，普通级别物资的供应商无须进行现场评审。
3．现场评审结果应填入“供应商现场评审表”，并由质量管理部、财务部签署意见。
4．供应商现场评审的合格分数为70分。
第9条　签订质量保证协议
1．采购部应与现场评审合格的供应商签订“供应商质量保证协议”。
2．“供应商质量保证协议”一式两份，双方各执一份，作为供应商提供合格材料的一种契约。
第10条　样品的检验
1．对有样品需求的物资，由采购部人员通知供应商送交样品，质量管理部相关人员需对样品提出详细的技术质量要求，如品名、规格、包装方式等。
2．样品应为供应商正常情况下生产的代表性产品，数量应多于两件。
3．质量管理部负责对样品的材质、性能、尺寸、外观、质量等方面进行检验，并填写“样品检验确认表”。
4．检验合格的样件至少为两件，一件返还供应商，作为供应商进行生产的依据；另一件留在质量管理部作为今后检验的依据。
第11条　确定供应商的名单
供应商具备“供应商调查表”“供应商现场评审表”“供应商质量保证协议”和“样件检验确认表”之后，采购部将其列入“合格供应商名单”，并交公司总经理审批。</td></tr>
<tr><td>第3章
供应商考核</td><td colspan="5">第12条　考核对象
考核对象为列入“合格供应商名单”的所有供应商。
第13条　考核方法
本公司对供应商的考核实行评分分级制度，考核项目包括质量、交期、服务、价格水平等方面的内容。
第14条　考核频率
对关键、重要材料的供应商每月考核一次，普通材料的供应商每季度考核一次。
第15条　考核结果的处理
根据考核结果，应按照下表所示的方法对供应商进行处理。</td></tr>
</table>

续表

<table>
<tr><td>制度名称</td><td colspan="5">供应商管理制度</td></tr>
<tr><td>制度版本</td><td></td><td>受控状态</td><td>□ 受控　□ 非受控</td><td>制度编号</td><td></td></tr>
<tr><td>第3章
供应商考核</td><td colspan="5">供应商考核结果处理办法
<table>
<tr><th>考核得分</th><th>处理办法</th></tr>
<tr><td>90分（含）以上</td><td>优先采购</td></tr>
<tr><td>80（含）～90分</td><td>要求供应商对不足之处进行整改，将整改结果以书面形式提交并通过审核确认</td></tr>
<tr><td>70（含）～80分</td><td>限期要求供应商进行整改，并将整改结果以书面形式提交，根据相关部门对其整改效果的评价决定对其采购量的调整，且整改期间暂停对其采购</td></tr>
<tr><td>70分（不含）以下</td><td>将其从“合格供应商名单”中删除，并终止对其采购</td></tr>
</table></td></tr>
<tr><td>第4章
供应商监督</td><td colspan="5">第16条　对合格供应商的交期监督
1．采购人员应要求供应商准时交货，并准确记录供应物资的到货时间。
2．采购人员应记录由供应商原因引起分批发运造成的超额费用，每月按时汇总提交部门经理作为供应商考核依据。
第17条　对合格供应商的质量监督
1．质量管理部和采购部应保存合格供货方的供货质量记录，对于批量不合格产品应及时通知供应商。
2．产品不合格时，采购部应及时向供应商提出警告；连续两批产品不合格则应暂停对其采购，另选供应商或待其提高产品质量后再行采购。
3．对不合格的供应商，应取消其供货资格，并修订“合格供应商名单”。</td></tr>
<tr><td>第5章
附则</td><td colspan="5">第18条　本制度由采购部制定、解释和修订。
第19条　本制度报总经理审批后，自颁布之日起执行。</td></tr>
<tr><td>编制部门</td><td></td><td>审批人员</td><td></td><td>审批日期</td><td></td></tr>
</table>

8.3　采购申请管理制度设计

8.3.1　采购申请管理制度体系

采购申请又称为请购，主要是指企业各需求部门向负责采购的部门，提出在未来一段时间内所需要物品的种类及数量等相关信息，并填制已制定的表格交由采购部门。

采购申请管理制度是指以文字的形式对采购申请具体活动的行为准则、业务规范等做出的具体规定。采购申请管理制度体系是由一系列采购申请相关制度构成的，具体内容如图 8-5 所示。

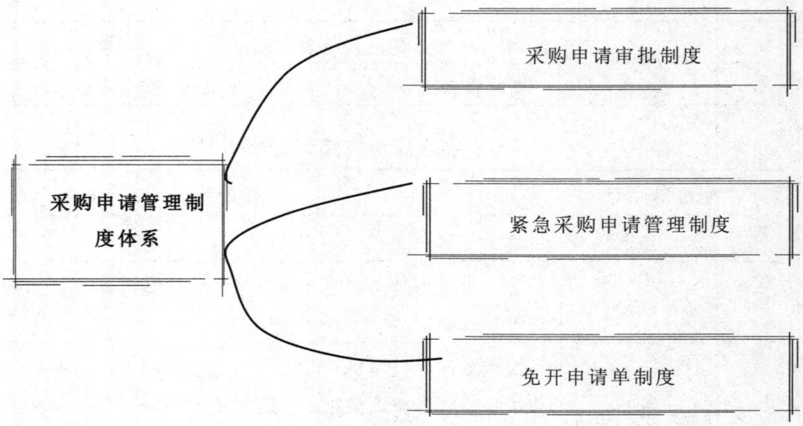

图 8-5　采购申请管理制度体系

8.3.2　采购申请管理制度关键点

采购申请管理制度关键点如图 8-6 所示。

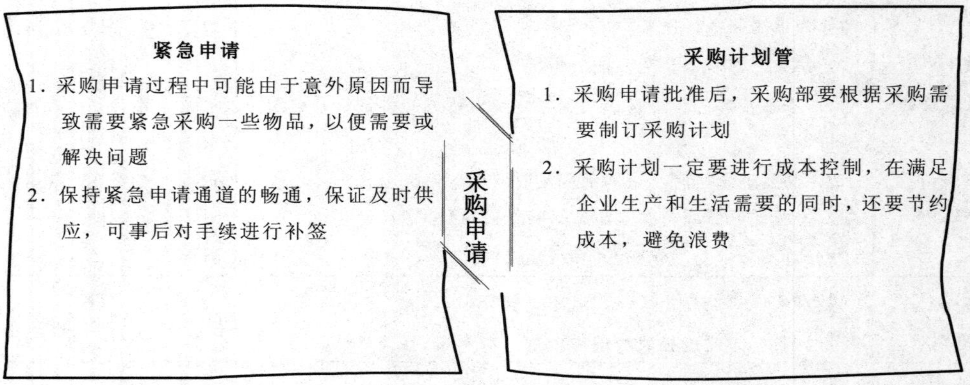

图 8-6　采购申请管理制度关键点

8.3.3　采购申请管理制度设计范例

制度名称	采购申请管理制度				
制度版本		受控状态	□ 受控　□ 非受控	制度编号	

第1条　目的

企业为明确商品或劳务采购的申请与审批规范，特制定本制度。

第2条　适用范围

本企业内所有部门的请购，除另有规定外，均依本制度的规定办理。

第3条　职责分工

1．采购部负责企业所需物资的采购工作。

2．财务部负责采购物资的货款支付工作。

3．各相关部门提出采购申请。

续表

制度名称	采购申请管理制度				
制度版本		受控状态	□ 受控 □ 非受控	制度编号	

4．财务主管、总经理根据权限审批采购项目。

第4条 原材料或零配件的请购

1．需求部门请购。

（1）原材料或零配件由需求部门根据采购计划或实际经营需要提出请购单。

（2）仓库材料保管员接到请购单后，查看材料保管卡上记录的库存数，将库存数与生产部门需要的数量进行比较。

（3）当生产所需材料和仓库最低库存量合计已超过库存数量时，则同意请购。

2．仓储部门请购。

（1）仓库部门在库存材料已达到最低库存量时提出请购申请。

（2）仓库主管签字的请购单需要通过两方面的审批。

① 采购员审查请购单，检查该项请购是否在执行后又重复提出，以及是否存在不合理的请购品种和数量。如果采购员认为请购申请合理，则根据所掌握的市场价格，编制采购预算。

② 经采购员签署同意的请购单呈交财务部进行审核，如果该项请购在经营目标和采购预算范围内，财务部签字确认后可交采购部门办理采购手续。

③ 采购部应将处理过的请购单归档备案。

第5条 临时性商品的请购

1．临时性商品的采购申请由使用部门直接提出。

2．使用部门需要在请购单上对采购商品做出描述，解释其目的和用途。

3．请购单须由使用部门负责人审批同意，并须经财务部、财务主管和总经理签字后，采购部方可办理采购手续。

第6条 经常性服务项目的请购

1．经常性服务项目是指由同一服务机构或企业所提供的某些经常性服务项目，例如公用事业、报纸杂志、保安等服务项目。

2．使用部门需要这些服务时，提出请购单，由财务部、总经理进行审核、审批。

第7条 特殊服务项目的请购

1．特殊服务项目请购是指保险、广告、法律和审计等服务采购申请。

2．总经理和各部门主管进行审议批准。

3．审议人员参照过去的服务质量和收费标准，分析申请人提供的需要内容，包括选定的广告商、事务所及费用水平是否合理等，经总经理批准后，这些特殊服务项目才能进行采购。

第8条 请购单的开列和递送

1．请购单的开列。

（1）请购经办人员应根据库存量管理基准、用料预算及库存情况开立请购单。

（2）请购单分为计划内采购请购单和计划外采购请购单。

（3）各部门在生产、基建、维护工作中需采购的各类物资、工具、仪器仪表及房屋装修、维修等各类开支，都必须按计划内采购请购单和计划外采购请购单所列内容填报。

（4）请购单经使用部门负责人审核后，依请购核准权限报有关领导签字批准，并根据内部管理要求编号，送采购部门。

2．需用日期相同且属同一供应商提供的统购材料，请购部门应根据请购单附表，以一单多品方式，提出请购。

续表

<table>
<tr><td>制度名称</td><td colspan="5">采购申请管理制度</td></tr>
<tr><td>制度版本</td><td></td><td>受控状态</td><td>□ 受控　□ 非受控</td><td>制度编号</td><td></td></tr>
<tr><td colspan="6">3．紧急请购时，由请购部门于请购单中注明原因，并加盖“紧急采购”章。
4．材料检验必须经过特定方式进行的，请购部门应于请购单上注明要求。
5．物料管理部门按月依耗用状况，并考虑库存情况填制请购单，提出请购申请。
第9条　免开请购单部分
1．总务性用品免开请购单，并可以总务用品申请单委托总务部门办理采购。总务用品分类如下。
（1）礼仪用品，如花篮和礼物等。
（2）招待用品，如饮料和香烟等。
（3）书报、名片、文具等。
（4）打字、刻印、账票等。
2．零星采购及小额零星采购材料项目。
第10条　请购事项的撤销
1．撤销请购事项时应由原请购部门立即通知采购部门停止采购，同时在请购单第1、2联加盖红色“撤销”的标记并注明撤销原因。
2．采购部门撤销请购时，注意办理以下事项。
（1）采购部门在原请购单加盖“撤销”章后，送回原请购部门。
（2）原“请购单”已送物料管理部门待办收料时，采购部门通知撤销，并由物料管理部门将原请购单退回原请购部门。
（3）原请购单未能撤销时，采购部门应通知原请购部门。
第11条　本制度经总经理审批，自颁布之日起执行。
第12条　本制度由采购部负责解释。</td></tr>
<tr><td>编制部门</td><td></td><td>审批人员</td><td></td><td>审批日期</td><td></td></tr>
</table>

8.4　采购预算管理制度设计

8.4.1　采购预算编制制度体系

采购预算编制制度内容体系如图 8-7 所示。

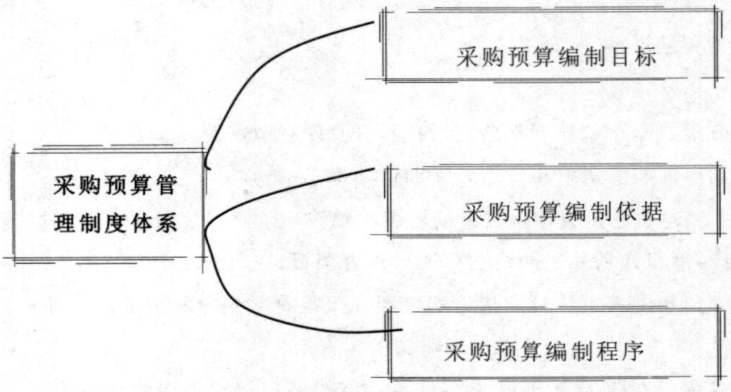

图 8-7　采购预算管理制度体系

8.4.2 采购预算编制制度关键点

在编制采购预算制度时，应注意如图 8-8 所示的关键点。

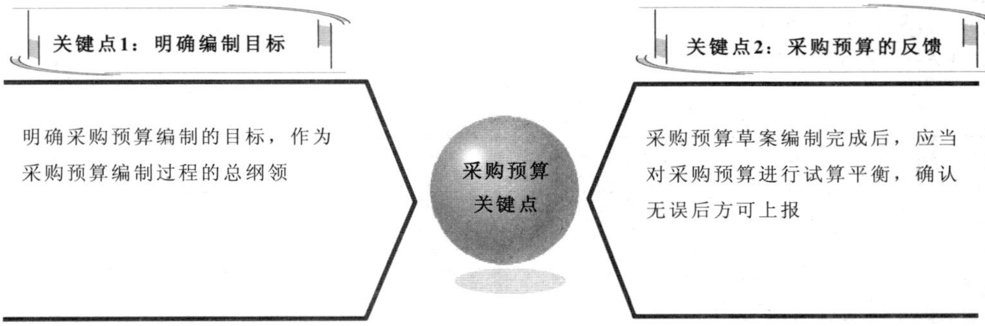

图 8-8 采购预算编制制度关键点

8.4.3 采购预算编制制度设计范例

制度名称	采购预算编制制度				
制度版本		受控状态	□ 受控 □ 非受控	制度编号	

第1条 目的

为达到以下目的，特制定本制度。

1．规范采购预算编制工作，加强公司对采购预算的管理。

2．提高资金的利用率，有效降低采购成本。

第2条 适用范围

本制度适用于公司采购预算的编制工作，除另有规定外，均按本制度的规定办理。

第3条 职责划分

1．采购部负责根据采购计划编制采购预算，并严格执行。

2．财务部协助采购部制定采购预算，整合公司整体预算。

3．总经理负责审批采购预算。

第4条 采购预算编制目标

1．采购部依采购预算进行采购，控制采购费用的支出。

2．方便财务部据此筹措和安排采购所需的资金，保证资金支付的准确性和及时性。

第5条 采购预算编制依据

1．生产经营所需的物资数量。

2．预计的物资期末库存量。

3．本期计划未结转库存量。由仓储部和采购部根据各种物资的安全库存量和提前采购期进行确定。

4．物资计划价格。由采购部根据物资的当期价格，结合可能影响物资价格变化的因素进行确定。

第6条 制定采购预算编制计划

1．采购部应就采购预算编制时间、重点工作等编制采购预算编制计划。

2．采购部应就编制预算的时间与财务部协商沟通，以获得财务部的帮助。

3．采购部应与各部门加强沟通，索取采购预算编制的相关文件，以便能够对采购物资进行整体把控。

续表

制度名称	采购预算编制制度				
制度版本		受控状态	□ 受控 □ 非受控	制度编号	

第7条 采购预算编制方法

采购部根据采购物资的具体内容，选择编制采购预算的方法。具体的采购预算编制方法如下表所示。

采购预算编制方法一览表

编制方法	内容
固定预算	◇ 以预算期内正常的，可实现的某一业务量水平为基础来编制的预算 ◇ 适用于固定费用或者数额比较稳定的预算项目
零基预算	◇ 不考虑以往的情况，一切以零为起点，根据未来一定时期采购需求，确定采购预算是否有支出的必要和支出数量的大小
概率预算	◇ 大体估计其发生变化的概率，以判断和估算各种因素的变化趋势、范围和结果，然后进行调整，计算出期望值的大小
滚动预算	◇ 在编制采购预算时，将采购预算期与会计期间脱离，随着采购预算的执行，不断地补充预算，逐期向后滚动，使采购预算期间始终保持在一个固定的长度（一般为12个月）

第8条 提出准确预算数字

1．采购部应采用目标数据和历史数据相结合的方式确定预算数字。

2．采购部必须对预算留有适当的余量，以应对可能出现的紧急状况。

第9条 编制采购预算草案

1．采购部根据预算数字编制采购预算草案，报财务部审核。

2．采购部应与财务部进行协商，在充分考虑到公司的现实状况、市场状况和公司预算的基础上综合平衡采购预算草案。

第10条 改善采购预算

采购预算应根据以下三个步骤加以改善。

1．确定预算偏差范围。采购部根据实际情况选定一个偏差范围。偏差范围可根据行业内平均水平或公司的实际经验来确定。

2．计算预算偏差值。为了控制和确保采购工作的顺利开展，应确定比较采购实际支出和采购预算支出的差距，计算预算偏差值。

3．调整不当预算。如果预算偏差值超过允许范围，采购部应及时分析原因，对具体的预算提出修改建议，进行必要的改善。

第11条 提交采购预算

1．采购部应根据试算平衡的采购预算草案及采购预算修改建议编制正式的采购预算。

2．采购部将正式的采购预算报总经理审批。

第12条 本制度由采购部负责制定与解释。

第13条 本制度报总经理办公室审议批准后，自公布之日起执行。

编制部门		审批人员		审批日期	

8.5 采购合同管理制度设计

8.5.1 采购合同管理制度针对性

采购合同是企业与供应商经过谈判协商一致同意而签订的“供需关系”的法律性文

件。而采购合同管理制度就是为了保证从合同草拟到合同履约的各个环节均能在符合国家法律规定的前提下尽可能地维护企业的合法权益。

采购合同管理制度具体针对的内容如图 8-9 所示。

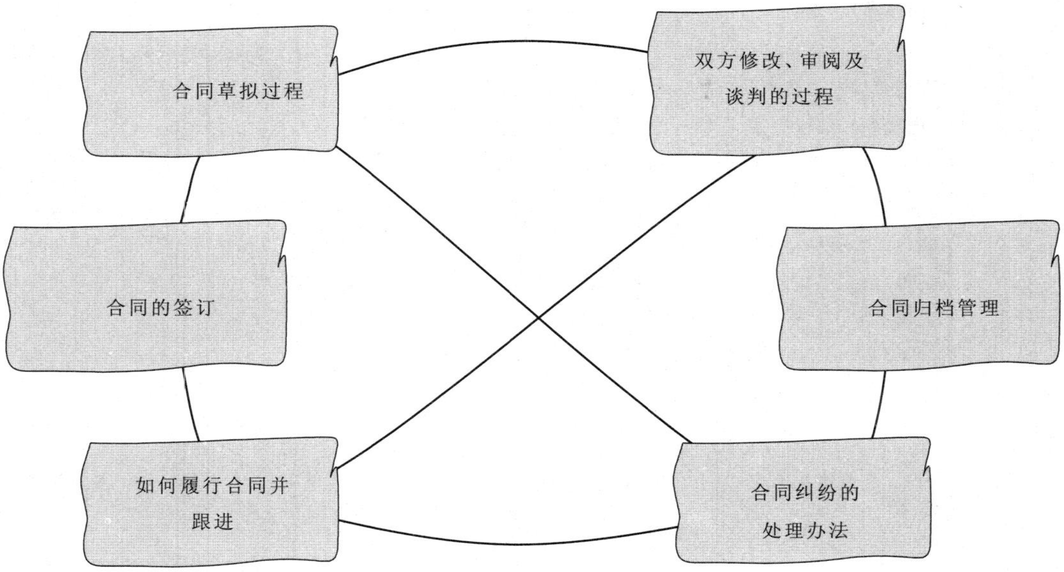

图 8-9　采购合同管理制度的针对内容

8.5.2　采购合同管理制度关键点

采购合同管理制度关键点如图 8-10 所示。

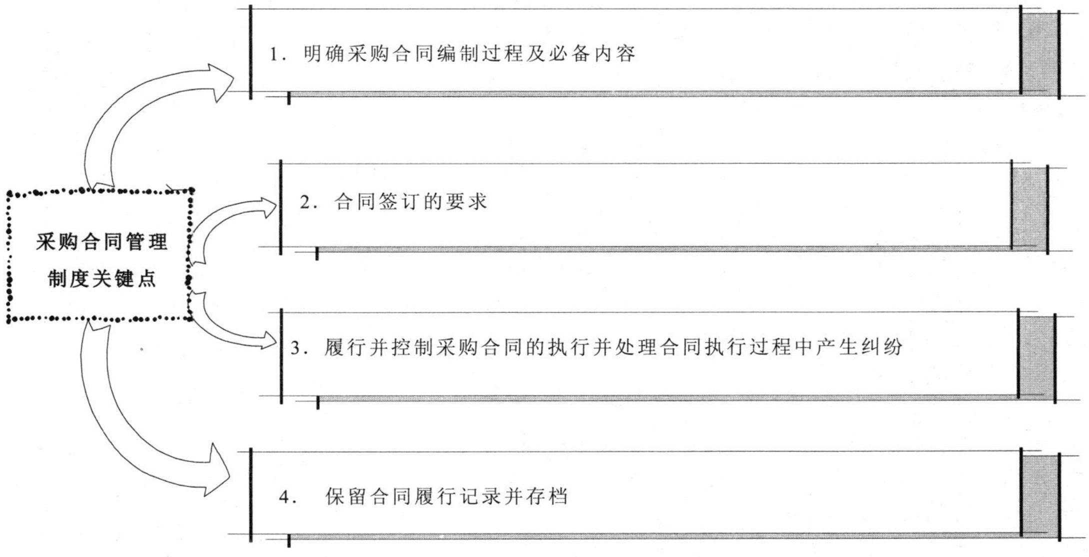

图 8-10　采购合同管理制度关键点

8.5.3 采购合同管理制度设计范例

制度名称	采购合同管理制度				
制度版本		受控状态	□ 受控　□ 非受控	制度编号	

第1章 总则

第1条 目的

为规范公司对采购合同的管理事宜，做好采购合同的编制、签订、执行、修改等工作，使其符合采购管理的要求及公司的利益，特制定本制度。

第2条 适用范围

本制度适用于采购合同管理的相关事宜。

第2章 采购合同的编制 细则

第3条 公司采购部是采购合同的对口管理单位，负责公司采购合同的编制、签订、执行、控制等管理事项。

第4条 本公司一次性采购物品金额高于_____元时，必须签订采购合同；外地采购必须签订合同。

第5条 采购合同的编制程序如下图所示。

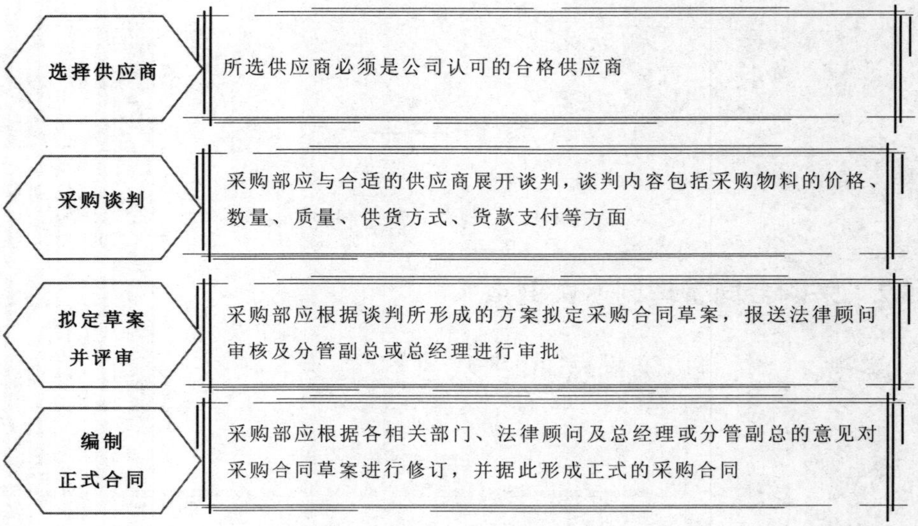

采购合同编制程序示意图

第6条 正式的采购合同必须包括以下九个方面的主要内容。

1．合同签订双方的姓名、地址和联系方式。

2．采购物品的单价、总价。

3．采购物品的数量与规格型号。

4．采购物品的品质和技术要求。

5．采购物品的履约方式、期限、到货地点。

6．采购物品的验收标准和方式。

7．付款方式和期限。

8．售后服务和其他优惠条件。

9．违约责任和解决争议的方法。

第7条 采购合同的条款内容必须齐备、明确、具体，表达必须严谨。

续表

<table>
<tr><td>制度名称</td><td colspan="5">采购合同管理制度</td></tr>
<tr><td>制度版本</td><td></td><td>受控状态</td><td>□ 受控 □ 非受控</td><td>制度编号</td><td></td></tr>
<tr><td>第3章
采购合同
的签订</td><td colspan="5">第8条 与公司签订采购合同的供应商必须具备法人资格，并以其自己的名义签订采购合同，如果委托别人代签，采购部应审验其委托证明。
第9条 公司与供应商签订的合同必须采用书面形式，其他任何形式的合同均视为无效合同。
第10条 对于金额在10万元以下的采购合同，可以采用传真的方式进行签订，即公司将合同拟订好后传送给供应商，供应商进行盖章签字后回传，再由公司盖章签字后发给供应商回执，即视为合同成立。
第11条 签订后的合同由财务部保管。</td></tr>
<tr><td>第4章
采购合同
的执行与
控制</td><td colspan="5">第12条 合同签订后即具有了法律约束力，采购部应及时向供应商发送订货单，使供应商及时准备公司所需的物品。
第13条 采购部应配合质量管理部做好采购物料的进厂验收工作，当所采购的物料不符合合同所约定的质量要求时，采购部应积极联系供应商进行处理。
第14条 采购部应建立合同履约的管理台账，对双方的履约进程逐次、详细地进行书面登记，并保存好能够证明合同履约的原始凭证。
第15条 采购合同进度控制的具体内容如下。
1. 采购部应本着经济性的原则做好物料的采购进度控制工作，既保证仓库中的采购物料库存最低，同时还能保证采购物料满足生产的需求。
2. 对于供应商需要按照样品或图纸加工的物料，如果存在加工过程周期长、变数多、监控过程比较复杂的现象，应要求供应商提供进度安排，采购部根据进度安排与供应商进行联络和协商，确保物料能够及时运送到公司。
3. 如果供应商提供的物料将延缓公司的生产，采购部应减少在供应商处的采购数量并与其他供应商联系，增加采购数量。
第16条 在合同的执行过程中采购部要处理好与供应商的关系，将供应商视为公司的战略发展伙伴，以便于在生产旺季加大物料采购时能够得到及时供应、在生产淡季时能够缩减或取消物料采购。</td></tr>
<tr><td>第5章
采购合同
的修改与
终止</td><td colspan="5">第17条 在合同执行过程中，因供应商的原因造成无法按量供应采购物料，采购部经调查核实，可与供应商签订新的采购物料的数量协议，作为采购合同的附件执行。
第18条 在合同执行过程中，若外部市场环境发生重大变化，采购部可与供应商进行协商，签订新的供货价格的条款，作为采购合同的附件执行。
第19条 在合同执行过程中，若因不可抗力导致供应商无法按时交货，采购部经过核实后，可与供应商进行协商，签订双方的延期交货协议，作为采购合同的附件执行。
第20条 有下列情形之一者，视为合同终止。
1. 因不可抗力导致合同无法继续执行，双方同意取消合同。
2. 因市场环境或需求的变化，一方提出取消合同，由双方协商解决赔偿事宜。
3. 一方出现违背合同条款的状况。
4. 出现逾期没有履行合同约定的状况。
5. 发生符合合同条款中合约解除的事项。</td></tr>
<tr><td>第6章
合同纠纷
的处理与
合同管理</td><td colspan="5">第21条 当公司与供应商所签订的合同出现纠纷时，一般可采用如下四种处理方法。
1. 与供应商协商解决。
2. 请第三方协调解决。
3. 由仲裁机构进行仲裁。</td></tr>
</table>

续表

制度名称	采购合同管理制度				
制度版本		受控状态	□ 受控　□ 非受控	制度编号	
第6章 合同纠纷的处理与合同管理	4．通过法律途径解决。 **第22条**　采购合同的签订人员与资料管理人员要遵守合同的管理纪律，有下列情形之一者，公司将根据情节的轻重进行相应的处理。 1．泄露合同内容。 2．私自更改合同内容。 3．丢失合同。 4．在合同签订或资料保管过程中损害公司利益。 **第23条**　参与采购合同履行与监督的人员要严格遵守公司的相关规定，若违反规定给公司造成经济损失或其他损失的，公司将根据性质与情节轻重对责任人进行行政和经济处罚，情节严重者将依法追究其法律责任。				
第7章 附则	**第24条**　本制度未尽事宜，依照国家相关的法律、法规和政策执行。 **第25条**　本制度由采购部制定，并保留对其的解释和修订权。 **第26条**　本制度经总经理或分管副总办公会议审议通过后执行。				
编制部门		审批人员		审批日期	

8.6　采购到货验收制度设计

8.6.1　采购到货验收制度体系

为了进一步规范企业的物资采购到货验收工作，提高物资采购质量，规避采购风险，降低采购成本，降低公司生产经营成本，企业应将采购到货验收的管理作为一项重点工作，并建立合理、完善的采购到货验收制度体系，体系中应包含如图 8-11 所示的四项基本内容。

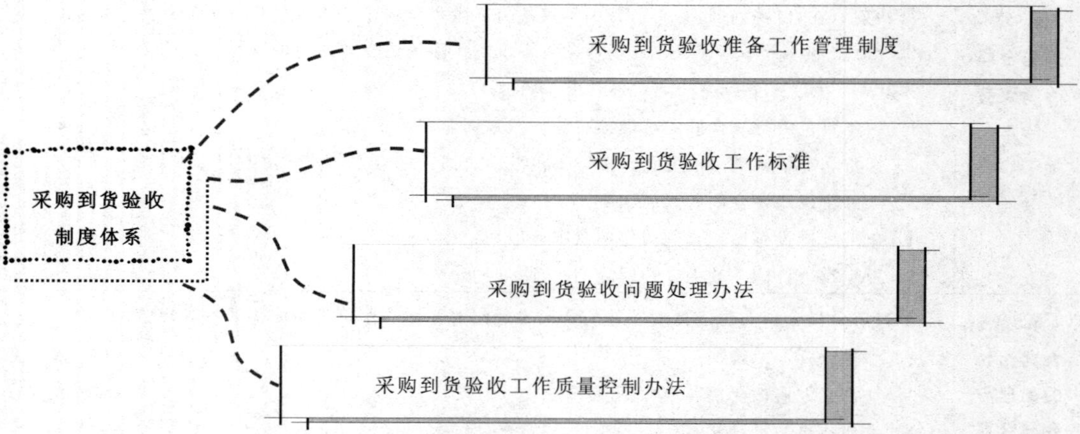

图 8-11　采购到货验收制度体系图

8.6.2 采购到货验收制度关键点

企业物资采购质量直接影响其生产、安全和经济效益，在企业物资采购过程中，采购部门要树立质量意识，严格按照标准工作，对采购到货验收过程进行重点监控，严抓到货验收的关键点，其具体内容如图 8-12 所示。

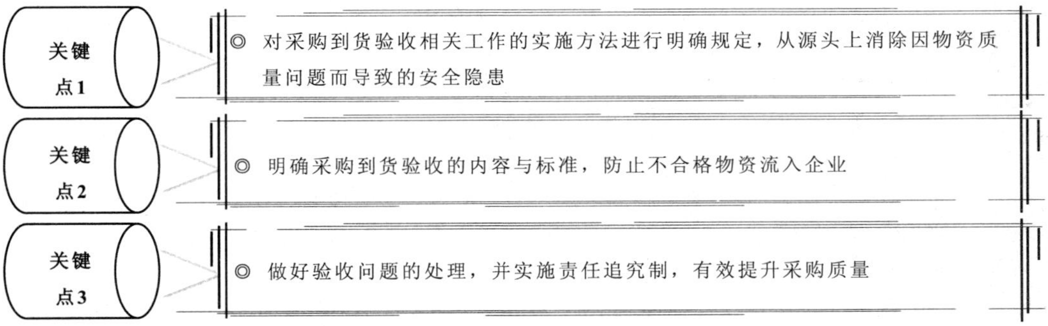

图 8-12 采购到货验收制度的三个关键点

8.6.3 采购到货验收制度设计范例

<table>
<tr><td>制度名称</td><td colspan="5">采购到货验收制度</td></tr>
<tr><td>制度版本</td><td></td><td>受控状态</td><td>□ 受控 □ 非受控</td><td>制度编号</td><td></td></tr>
<tr><td>总则
第1章</td><td colspan="5">第1条 目的
为了统一采购到货验收方法，明确物资交接双方的责任，确保为公司提供保证质量的各种物资，特定本制度。
第2条 适用范围
所有进入本公司仓库的物资均需遵循本制度进行严格验收。
第3条 验收原则
物资的采购到货验收应该符合及时、准确、严格、经济原则。</td></tr>
<tr><td>细则
第2章
验收准备</td><td colspan="5">第4条 验收准备规定
在采购到货验收前，仓库管理人员应做好验收的准备工作，一般情况下，需至少提前一天进行准备工作。
第5条 准备工作内容
具体准备工作包括五个方面，如下表所示。
物资验收准备内容一览表
<table>
<tr><th>准备事项</th><th>准备内容</th></tr>
<tr><td>人员准备</td><td>安排负责质量验收的技术人员、用料单位专业技术人员、配合质量验收的装卸搬运人员</td></tr>
<tr><td>资料准备</td><td>收集、整理并熟悉待验物资的验收凭证、资料、验收标准、订货合同、记录资料等</td></tr>
<tr><td>器具准备</td><td>准备验收用的计量器具、检测仪器、仪表等，并提前做好器具检查</td></tr>
<tr><td>货位准备</td><td>落实物资存放货位、堆垛方式、保管方法等</td></tr>
<tr><td>设备准备</td><td>确定大批量物资验收所需机械设备，准备所需装卸搬运机械的申调</td></tr>
</table></td></tr>
</table>

续表

<table>
<tr><td>制度名称</td><td colspan="5">采购到货验收制度</td></tr>
<tr><td>制度版本</td><td></td><td>受控状态</td><td>□ 受控　□ 非受控</td><td>制度编号</td><td></td></tr>
<tr><td>第3章
核对凭证</td><td colspan="5">第6条　凭证核对要求
1．仓库管理人员需对物资相关凭证加以核对，凡供应商提供的质量证明书、合格证、发货明细表等均需与到货物资相符。
2．当送货方拒绝提供相关单据时，应拒绝检验接收物资。
第7条　核对内容
需要核对的凭证包括以下三个方面，不得漏检。
1．审核验收依据，包括物资的到货通知单、订货合同、协议书等内容。
2．供应商提供的验收凭证，包括质量合格证、装箱单、磅码单、发货明细表等。
3．送货方（承运单位）提供的运输单证，包括运输商务记录、提货通知单、物资残损记录、公路运输交接单等。
第8条　凭证问题处理
当供应商提供的证件、单据不齐全，或者与实际物资不符时，应和供应商、承运单位及有关业务部门联系，尽快解决问题。</td></tr>
<tr><td>第4章
实施验收</td><td colspan="5">第9条　外观验收
当核对资料、证件等都符合条件后，对实物进行外观验收，一般情况下采用感官检验方法。具体检验内容包括如下两个方面。
1．检查物资的包装是否完好，是否受污、受潮、霉变、受锈蚀和破裂等。
2．采购合同对包装有具体要求的，要严格按照规定验收，包装验收内容包括：箱板厚度，纸箱、包袋的质量，打包铁腰的匝数，包装干燥程度等。
第10条　大数验收
仓库管理人员需严格进行数量验收，对于物资的大件包装，可采用逐件点数、集中堆码点数等大数点收方式进行点收，大数点收合格后方可进行细数检收。
第11条　细数验收
大数点收完成后，仓库管理人员应当遵循如下规则进行细数验收。
1．开箱、开包，核点物资细数。
2．称重物资按照净重计数。
3．定尺和按件表明数量的物资，需要拆内包装进行抽查。抽验无差错或者其他问题时，可不再拆验内包装。
4．不能换算或者抽查的物资一律全部过磅计量。
第12条　质量检验
1．通过感官检验就能确定物资质量的，由仓储部门自检，并做好物资检验记录；而一些特殊的物资验收交由技术部门进行化验和技术测定。
2．对于外来商品物资，检验人员根据合同规定确定抽验比例，当合同没有明确规定时，应按照下列原则来确定抽验比例，如下表所示。

抽验比例确定原则表
<table>
<tr><th>影响因素</th><th>评判标准或原则</th></tr>
<tr><td>物资价值</td><td>物资价值高的，抽验比例大；物资价值特别高的，全检</td></tr>
<tr><td>物资性质</td><td>物资性质不稳定、质量易变化的，抽验比例大</td></tr>
<tr><td>气候条件</td><td>雨季怕潮物资、冬季怕冻物资、夏季易变质物资抽检比例大</td></tr>
<tr><td>运输方式</td><td>采用容易影响物资质量的运输方式运送的物资，抽验比例大</td></tr>
</table></td></tr>
</table>

续表

<table>
<tr><td>制度名称</td><td colspan="5">采购到货验收制度</td></tr>
<tr><td>制度版本</td><td></td><td>受控状态</td><td>□ 受控　□ 非受控</td><td>制度编号</td><td></td></tr>
<tr><td>第4章
实施验收</td><td colspan="5">续表<table><tr><th>影响因素</th><th>评判标准或原则</th></tr><tr><td>供应商信誉</td><td>信誉好的供应商物资，抽验比例小，特殊情况可以免检</td></tr><tr><td>生产技术</td><td>生产技术水平高的公司供应的产品，质量稳定，抽验比例小</td></tr><tr><td>储存时间</td><td>入库前已储存较长时间的物资，应当提高抽验比例</td></tr></table></td></tr>
<tr><td>第5章
验收问题
处理</td><td colspan="5">第13条　数量不符
数量多余或短缺的情况，经复核确认后，立即在送货单各联上批注清楚，由仓库管理人员和送货方共同签章后，按实数签收，并通知供应商。
第14条　包装问题处理
包装有异状时，仓库管理人员和送货方一同开箱、拆包进行检查，查明情况后由送货方出具到货验收异状记录，并通知仓库管理人员另行存放，等待处理。
第15条　质量问题处理
1. 物资有质量问题时，仓库管理人员应将残损物资另列，好坏分开，并立刻通知供应商，以备检查处理。
2. 物资入库单据上将完好物资和问题物资分开签收。</td></tr>
<tr><td>第6章
附则</td><td colspan="5">第16条　本制度由仓储部制定，仓储部保留对该制度的解释权。
第17条　本制度自颁布之日起实施。</td></tr>
<tr><td>编制部门</td><td></td><td>审批人员</td><td></td><td>审批日期</td><td></td></tr>
</table>

8.7　采购验收退货制度设计

8.7.1　采购验收退货制度体系

采购验收退货制度体系如图 8-13 所示。

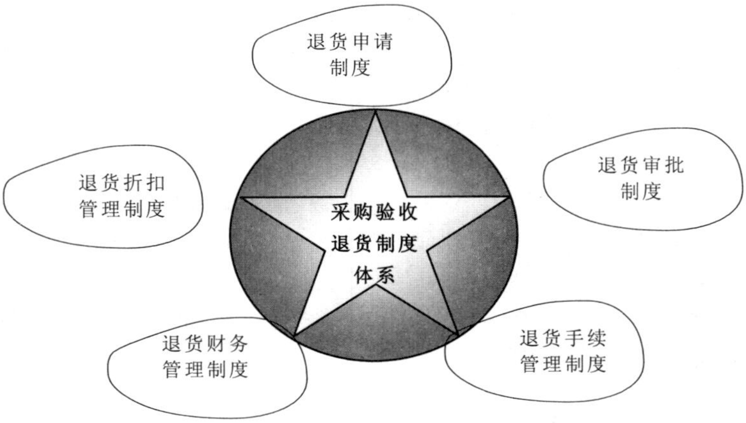

图 8-13　采购验收退货制度体系

8.7.2　采购验收退货制度关键点

采购验收退货制度主要有如图 8-14 所示的两个关键点。

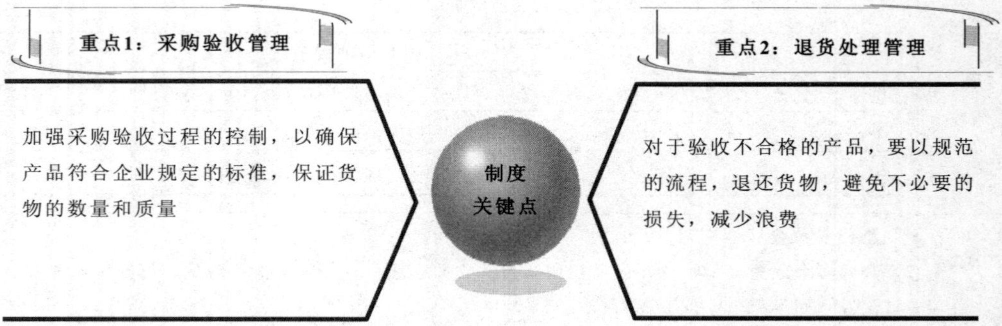

图 8-14　采购验收退货制度关键点

8.7.3　采购验收退货制度设计范例

制度名称	采购验收退货制度				
制度版本		受控状态	□ 受控　□ 非受控	制度编号	

第1条　目的

为了明确退货条件、退货手续、货物出库、退货回收等规定，及时收回退货款项，特制定本制度。

第2条　适用范围

本制度适用于采购到货物品验收的退货管理工作。

第3条　职责分工

1．采购部负责货物的验收、退货、出库、货款回收的工作

2．财务部负责退货款项的结算入账工作。

3．总经理负责退货事宜的审批工作。

第4条　退货条件

验收人员应该严格按照公司的验收标准进行验收，不符合公司验收标准的货物视为不合格货物，应及时办理退货，具体操作办法如下。

1．对于数量上的短缺，采购员应该与供应商联系，要求供应商予以补足，或价款上予以扣减。

2．对于质量上的问题，采购员应该首先通知使用部门不能使用该批货物，然后与使用部门、质量管理部及相关部门联系，决定是退货还是要求供应商给予适当的折扣。

3．经采购部经理审阅、分管副总审核、总经理审批后与供应商联系退货事宜。

第5条　退货手续

检验人员应在检验不合格的货物上贴“不合格”标签，并在“货物验收报告”上注明不合格的原因，经负责人审核后转给采购部门处理，同时通知请购单位。

第6条　货物退回

当决定退货时，采购员编制退货通知单，并联系运输部门将货物退回，同时，将退货通知单副本寄给供应商。运输部门应于货物退回后，通知采购部和财务部。

第7条　退货款项回收

1．采购员应在货物退回后编制“借项凭单”，其内容包括退货的数量、价格、日期、供应商名称及货款金额等。

续表

<table>
<tr><td>制度名称</td><td colspan="5">采购验收退货制度</td></tr>
<tr><td>制度版本</td><td></td><td>受控状态</td><td>□ 受控　□ 非受控</td><td>制度编号</td><td></td></tr>
<tr><td colspan="6">2．采购部经理审核“借项凭单”后，交由分管副总或总经理按权限审批。
3．财务部应根据“借项凭单”调整应付账款，并办理退货货款的回收手续。
第8条　折扣事宜
1．采购员因对购货质量不满意而向供应商提出的折扣，需要同供应商谈判来最终确定。
2．折扣金额必须由财务部审核，分管副总审核后交总经理批准。
3．折扣金额审批后，采购部应编制“借项凭单”。
4．财务部门根据借项凭证来调整应付账款。
第9条　本制度由采购部负责制定，其最终修改权、解释权归采购部所有。
第10条　本制度自经总经理审批通过之日起生效。</td></tr>
</table>

编制部门		审批人员		审批日期	

第 9 章

仓储物流管理制度设计

9.1　仓储物流制度体系结构

9.1.1　仓储物流制度体系架构图

仓储物流制度体系架构如图 9-1 所示。

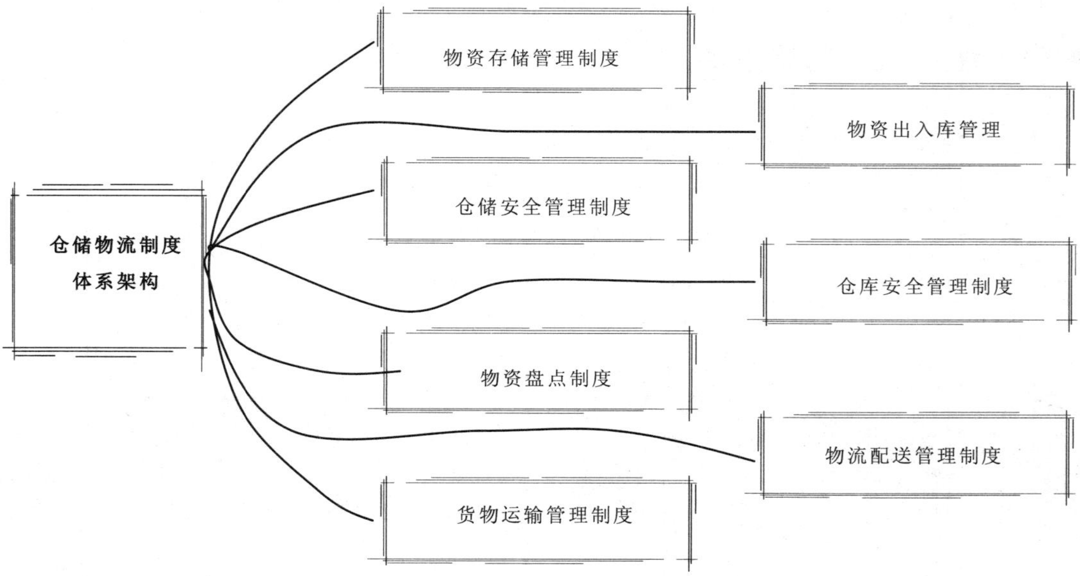

图 9-1　仓储物流制度体系架构

9.1.2　仓储物流制度体系关注点

仓储物流制度体系关注点主要有四个方面，如图 9-2 所示。

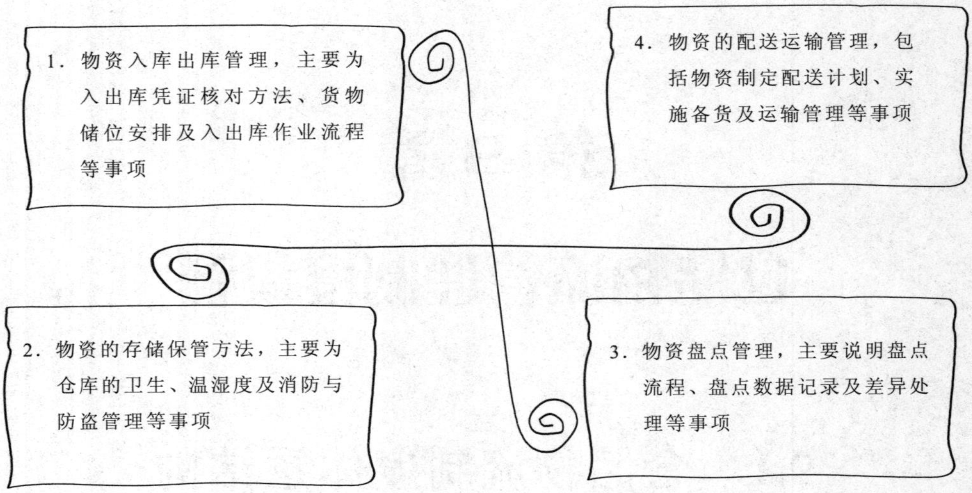

图 9-2　仓储物流制度体系关注点

9.2　物资入出库制度设计

9.2.1　物资入出库制度体系

物资入出库制度体系如图 9-3 所示。

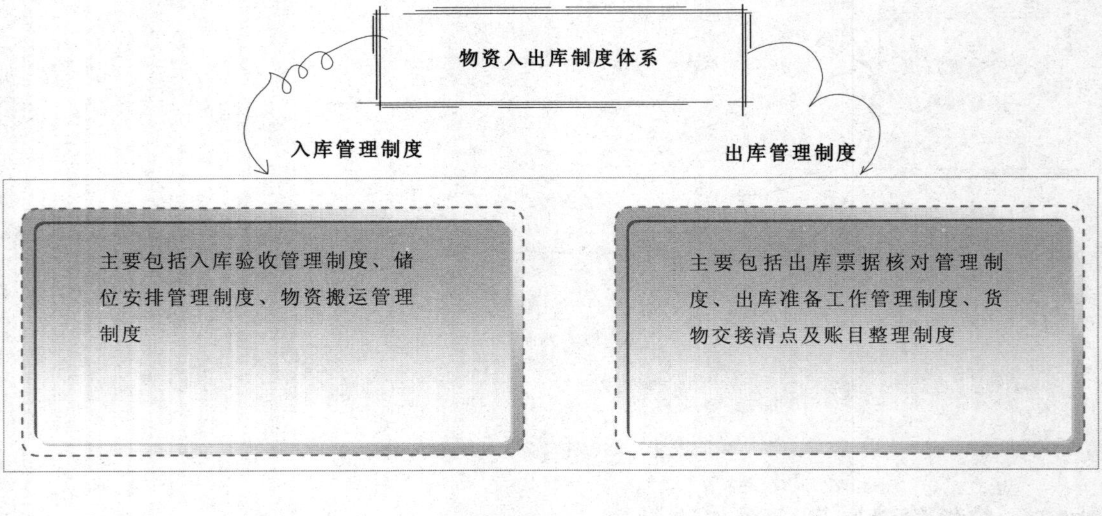

图 9-3　物资入出库制度体系

9.2.2　物资入出库制度关键点

物资入出库制度关键点主要有三个方面，如图 9-4 所示。

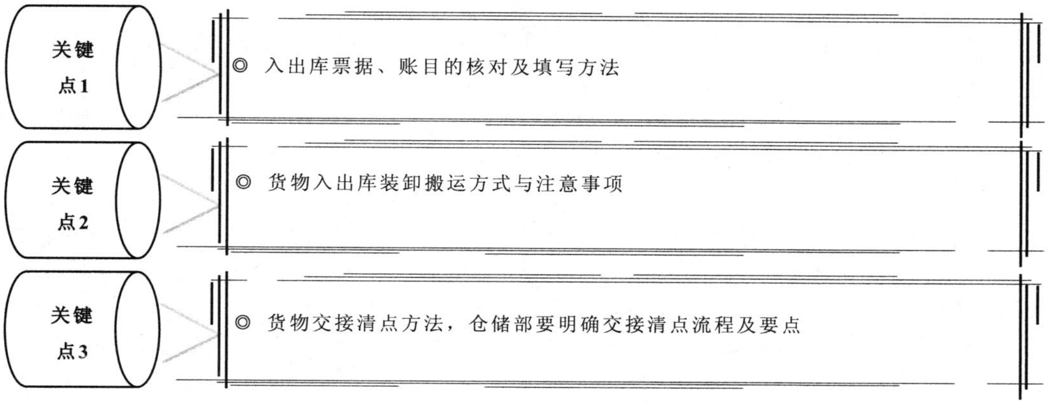

图 9-4　物资入出库制度关键点

9.2.3　物资入出库制度设计范例

<table>
<tr><td>制度名称</td><td colspan="5">物资入出库制度</td></tr>
<tr><td>制度版本</td><td></td><td>受控状态</td><td>□ 受控　□ 非受控</td><td>制度编号</td><td></td></tr>
<tr><td>总则
第1章</td><td colspan="5">第1条　目的
为规范货物入库出库管理，保证入库货物质量及货物快速、准确地出库，特制定本制度。
第2条　适用范围
本制度适用于货物入出库时的搬运、堆垛等事项的管理。
第3条　职责分工
1．仓储经理全面负责仓储的运营管理，包括货物入库流程的制定及货物储位的划分。
2．仓库主管负责组织仓库搬运员做好货物入库前的准备工作，并在验收合格后办理入库手续，同时组织相关人员进行入库搬运、堆垛工作。
3．仓库管理员负责对货物相关资料及单据进行核对。</td></tr>
<tr><td>细则
第2章
入库管理</td><td colspan="5">第4条　入库验收
1．仓库管理员应协助相关人员对货物进行验收，待确定货物合格后，方可为其办理入库手续。
2．若货物已经过验收，仓库管理员应对“货物入库通知单”及“验收合格报告”进行核实，确认与实际货物相符后，为其办理货物入库手续。
3．在下列情况不得为货物办理入库手续。
（1）单货不符，单据与实际货物不相符。
（2）单据字迹模糊、有涂改痕迹。
（3）错发，即发运单上所列收货仓库非本仓库。
（4）货物有严重残损。
（5）货物包装不符合规定。
第5条　储位安排
1．仓储经理应对仓库进行规划，根据货物的不同类别及特点划分储位。
2．仓储主管应会同质量管理人员依据货物形态及质量要求设定货物堆放方式及堆积层数，计算货物占用仓储空间，在充分利用仓储空间的前提下，避免因受压而影响货物质量。</td></tr>
</table>

续表

制度名称	物资入出库制度				
制度版本		受控状态	□ 受控 □ 非受控	制度编号	

细则 第2章 入库管理

3．仓库管理员根据货物应占用的空间大小，组织有关人员对货物储位所在地进行整理，以容纳新货物，并方便搬运工作。

第6条 搬运入库

1．仓储主管应将搬运要求及具体注意事项与装卸搬运人员进行沟通，并组织进行搬运入库。

2．仓储主管应监督搬运人员将相同的货物集中，然后分批送至预先安排的储位，做到进一批、清一批，防止因货物互相混合而造成数量上的缺失。

3．仓储主管应对搬运过程进行监督，尽量做到一次性搬运到位，避免货物在搬运过程中的停顿产生耗损和劳动上的重复。

第7条 入库确认

仓库管理员在货物入库后，根据“货物入库通知单”制作“货物入库单”，经仓储主管签字后备案归档。

第3章 出库管理

第8条 出库凭证的准备

1．仓库内货物的发货凭证是盖有财务专用章和有关人员签章的“发货单”。“发货单”一式三联，其中一联交业务部，一联交财务部，一联交仓库作为出库依据。

2．仓库管理员在发货时，应根据“发货单”注明由发货业务的承办人填写货物的“出库单”。

第9条 核对出库凭证

1．货物出库必须有正式的出库凭证，此类凭证均应由主管分配的业务部门签章。

2．仓库管理员接到出库凭证后，要认真核对货物的编号、规格、品名、数量等内容有无差错和涂改，有关部门的签章是否齐全。

3．审核无误后，仓库管理员按照“出库单”上所列的货物品名、规格、数量与仓库账目进行核对。

4．确认无误后，仓库管理员在仓库账目上填写发货数量，做货物出库的准备工作。

5．凡在证件核对中，有货物名称、规格、型号错误，签章不齐全，数量有涂改，手续不符合要求的，均不能办理出库发货手续。

第10条 备货

仓库管理员对出库凭证复核无误后，按其所列的项目内容和凭证上的批注与编号货位进行对货，核实后核销“货物明细卡”上的存量，按规定的批次备货。备货具体流程如下表所示。

备货流程说明表

备货流程	具体说明
销卡	在货物出库时，应先销卡、后付货
理单	根据“出货单”的货位，按“出库单”顺序排列，以便迅速找对货位
核对	按照货位找到应付的货物后，要“以单对卡，以卡对货”，进行单、卡、货三方核对
点数	要仔细点清应付的数量，防止出错
批注地区代号	在多批货物同时发货、需要理货时，为方便下一道作业环节，仓库管理员应在货物的外包装上批注地区代号
签单	应付货物按单付讫后，仓库管理员逐笔在出库凭证上签字和批注结存数，前者用来明确责任，后者用于账务员记账时进行账目实数的核对

续表

制度名称	物资入出库制度				
制度版本		受控状态	□ 受控 □ 非受控	制度编号	
第3章 出库管理	**第11条** 理货 理货是指将出库的货物按地区代号，分别搬运到备货的区号，再进行核对、置唛和待运装车等工作。 **第12条** 复核查对 1．出库复核人员按照出库凭证，对出库货物的品名、规格、数量进行复核，以保证商品出库的准确性。 2．复核查对的具体内容包括以下五项。 （1）怕震、怕潮货物的衬垫是否稳妥、密封是否严密。 （2）每件包装是否有装箱单。装箱单上所列各项是否和实物、凭证等相符。 （3）收货人、到站、箱号、危险品或防震潮等标志是否正确、明显。 （4）包装是否便于装卸、搬运作业。 （5）包装能否承受装载物的重量，能否保证货物在运输、装卸中不致破损，以保证货物的完整性。 3．复核查对的形式有以下四种。 （1）仓库管理员自行复核。 （2）仓库管理员之间的相互复核。 （3）设专职的出库货物复核员进行复核。 （4）其他人员复核。 4．处理复核查对的结果。 （1）如经反复核对、确实不符时，应立即调换货物，并将错备货物上所刷的标志除掉，退回原库房。 （2）退回后，再次复核结余货物的数量或重量是否与保管账目、货物保管卡片的结余数目相符，若发现不符应立即查明原因，及时更正。 **第13条** 货物的包装整理 仓库管理员必须视具体情况，事先对货物组织进行整理，必要时应加固或改换包装。 **第14条** 待运货物的仓容及装卸机具的安排调配 仓库管理员应组织有关人员整理出必要的理货场地，并准备必要的装卸搬运设备，以便运输人员及时装载货物，加快发运速度。 **第15条** 记账 仓库管理员应根据出库凭证，按规定的手续记账、核销存量。 **第16条** 交接清点 1．出库货物复核无误后，出库复核人员把货物交给提货人清点，办理交接手续。 2．如是客户自提方式，则将货物和证件向提货人当面点清，办理交接。 3．如是代运方式，则应办理内部交接手续。 （1）由仓库管理员向运输人员或包装人员点清交接，并由接收人签章，以便划清责任。 （2）运输人员根据货物的性质、重量、收货人地址和其他情况选择合理运输方式，然后将箱件清点，做好标记，整理好发货凭证、“装箱单”等运输资料，向承运单位办理委托代运手续。对于超高、超长、超宽和超重的货物，必须在委托前进行说明，以便承运部门计划安排。				

续表

制度名称	物资入出库制度				
制度版本		受控状态	□ 受控 □ 非受控	制度编号	
第3章 出库管理	（3）承运单位同意承运后，运输人员应及时组织力量，将货物从仓库安全、无误地转交给承运单位，并办理结算手续。同时，运输人员应向承运部门提供发货凭证样本、“装箱单”，以便与“运单”一起交给收货人。 （4）运单应由运输人员交财务部，作为货物结算资料。 （5）如果是专用线装车，运输人员应于装车后检查装车质量，并与车站监装人员办理交接手续。 **第17条** 出库后清理 货物出运后，仓库管理员应做好清理工作，及时注销账目、核销货物明细卡，调整货位上的吊牌，以保持货物的账、卡、物一致，准确地反映货物的进出、存取动态。 **第18条** 货物出库时，仓库管理员应注意以下事项。 1. 货物出库，必须按规定出库凭证办理，不得以白条出库。 2. 货物出库时，必须经复核人员复核，由复核人员根据“出库单”仔细检验库别、签单、品名、产地、规格、数量是否清楚。发现问题时，复核人员应及时与有关部门联系，妥善解决。 3. 验单合格后，先销账后出库。 4. 货物出库时必须以单对账、以账对卡、以卡对货，付货时必须执行“先盖章、销账、销卡，后付货”的操作规程。注意防止漏盖“货已付讫”章造成财产损失，复核人员并于货票上签字盖章，以明确责任。 5. 货物出库时，仓库管理员要仔细清点出库数量，做到“人不离垛、件件过目、动碰复核、监搬监运”，对搬运不符合要求的动作要及时纠正，防止货物损坏。 6. 货物出库时，要严把“货票审核关”“动碰制度关”“加盖‘货已付讫’章关”。 7. 在下列情况下，仓库管理员可以拒付货物。 （1）白条出库。任何人开的白条都不能视同付货凭证。 （2）凭证上字迹不清，单货型号不符或被涂改。 （3）提货人与付货凭证抬头所列单位名称不符。 （4）“发货单”未盖公司的出库章及储运出库章。				
第4章 附则	**第19条** 本制度由仓储部制定，仓储部对其保留一切修订权和解释权。 **第20条** 本制度经总经理审议通过后生效。 **第21条** 本制度未尽事宜，按照企业其他相关规定执行。				
编制部门		审批人员		审批日期	

9.3 仓库存储保管制度设计

9.3.1 仓库存储保管制度体系

仓库存储保管制度体系设计如图 9-5 所示。

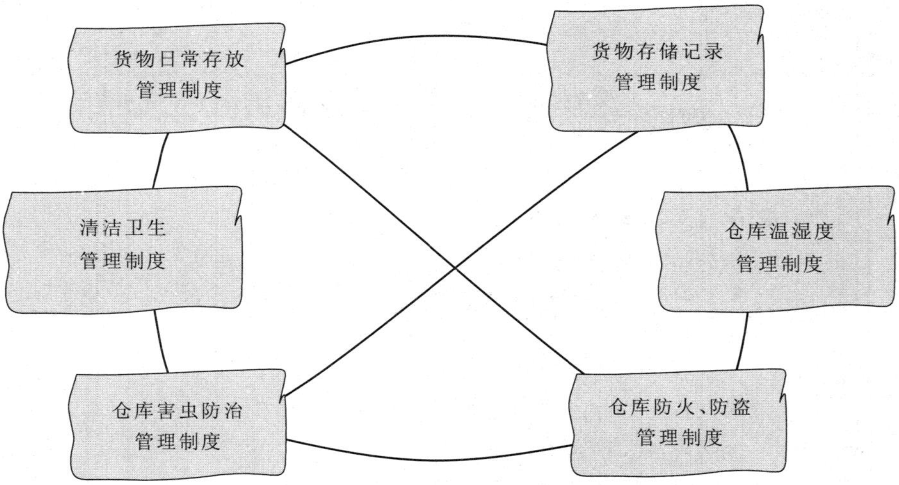

图 9-5　仓库存储保管制度体系

9.3.2　仓库存储保管制度关键点

仓库存储保管制度关键点主要有四个方面，如图 9-6 所示。

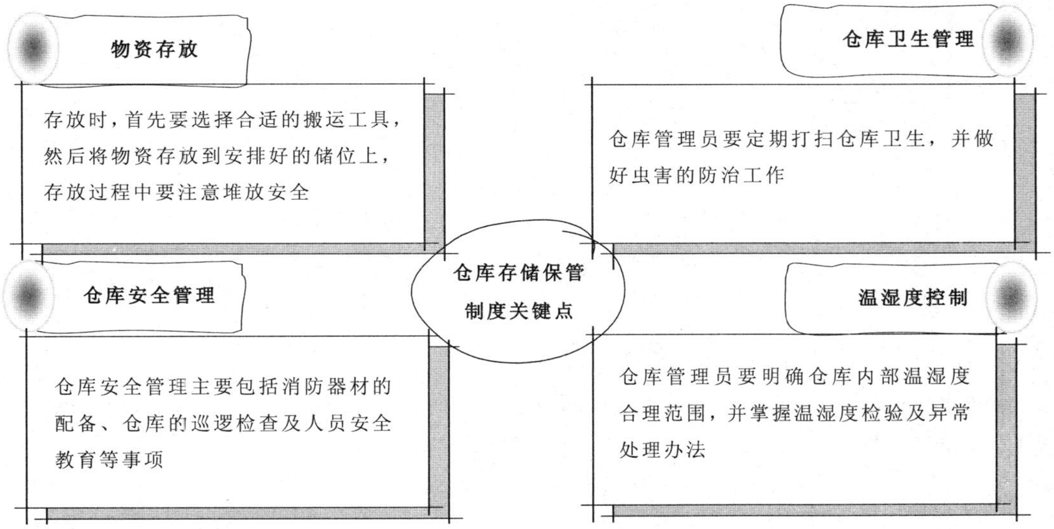

图 9-6　仓库存储保管制度关键点

9.3.3　仓库存储保管制度设计范例

制度名称	仓库存储保管制度				
制度版本		受控状态	□ 受控　□ 非受控	制度编号	
第1章 总则	**第1条**　目的 为了确保货物存储保管工作科学化、合理化、规范化，实现货物合理存储，提高货物保管质量，特制定本制度。				

续表

<table>
<tr><td>制度名称</td><td colspan="5">仓库存储保管制度</td></tr>
<tr><td>制度版本</td><td></td><td>受控状态</td><td>□ 受控　□ 非受控</td><td>制度编号</td><td></td></tr>
<tr><td>总则
第1章</td><td colspan="5">第2条　适用范围
本制度适用于公司各类仓库货物的储存、卫生清洁、养护管理工作。
第3条　职责分工
1．仓储主管负责制定货物储存保管方案、确定有关工作进度安排等组织管理工作。
2．仓库管理员负责具体实施货物的堆垛、卫生清洁、温湿度控制、病虫害防治等工作。</td></tr>
<tr><td>细则
第2章
货物日常存放管理</td><td colspan="5">第4条　货物的存放原则
1．合理、有效地使用仓库面积原则。
仓储主管根据货物的属性、特点和用途规划设计仓库布局，结合仓库的条件考虑划区分工，合理、有效地使用仓库面积。
2．先进先出原则。
（1）仓库管理员应以有利于先进先出的作业原则分别决定存放方式及位置。
（2）仓库管理员建立码放位置图、标记、货物卡，并置于明显位置。货物卡上载明货物名称、编号、规格、型号、产地或厂商、有效期限、储备定额等相关信息。
第5条　货物堆放的方式选择及编号定位
1．凡吞吐量大的用落地堆放方式，周转量小的用货架存放方式。
2．落地堆放以分类和规格的次序排列编号，上架的以分类号定位编号。
第6条　货物堆放要求
货物堆放的基本要求如下。
1．仓库管理员要本着“安全可靠、作业方便、通风良好”的原则合理安排垛位和规定地距、墙距、垛距、顶距。
2．货物品种、规格、型号等结合仓库条件分门别类进行堆放（在可能的情况下推行五五堆放），要做到过目见数，作业和盘点方便，货号明显，成行成列，文明整齐。
3．货物存放时应考虑其忌光、忌热、防潮等因素，妥为存放，仓库内部应严禁烟火，库管人员定期实施安全检查。</td></tr>
<tr><td>第3章
货物存储记录管理</td><td colspan="5">第7条　记账与对账
仓库管理员整理仓储保管货物的出货、储存、保管、检验及账务报表的登录等业务，每日根据出入库凭单及时登记核算，月终结账和实盘完毕后与财会部门对账并实施盘点。
第8条　每年年终，仓储主管应会同财务部共同处理总盘存，实地查点产品的规格、数量是否与账面的记载相符。</td></tr>
<tr><td>第4章
仓库清洁管理</td><td colspan="5">第9条　每日清扫内容
仓库管理员每日都要清扫仓库地面，清除仓库内的垃圾、杂物等。
第10条　每周清扫内容
1．仓库管理员需用扫把清扫地面和地台板，尤其要注意清理地台板下的杂物。
2．对产品包装上的灰尘进行清除，仓库管理员应尽量以除去灰尘为主，可用布或鸡毛掸子进行清洁。
3．仓库管理员应对仓库管道进行清扫，清除墙角和天花板上的蜘蛛网。
第11条　每月清扫内容
1．仓库管理员应擦洗仓库的门窗及周边管道，对天花板进行清扫。
2．仓库管理员应对仓库四周的水渍进行清洗，防积水和垃圾。</td></tr>
</table>

续表

制度名称	仓库存储保管制度				
制度版本		受控状态	□ 受控 □ 非受控	制度编号	
第4章 仓库清洁 管理	3．每月应及时清除灯罩上的灰尘。 **第12条** 工具摆放管理 仓库管理员应将小拖车和清洁工具摆放在规定的地方。 **第13条** 卫生检查 仓储主管和仓库管理员一起定期对仓库清洁工作进行检查。				
第5章 仓库温湿 度管理	**第14条** 温湿度检查 仓库管理员每天对仓库内的温度和湿度进行检查和记录，确保仓库温湿度控制在标准范围之内。 **第15条** 温湿度异常处理 当仓库温湿度高过允许的上限或者等于/低于允许的下限时，仓库管理员应在1个小时内通知仓储主管，仓储主管应在24小时内将问题解决，采取有效措施，及时调整仓库温湿度。				
第6章 仓库害虫 防治管理	**第16条** 害虫防治措施 仓库管理员应采取以下害虫防治措施防仓库内产生害虫。 1．仓库所有门窗应该是密封的，门窗若必须长时间打开，门空应安装防虫窗纱。 2．仓库墙壁和地面不应有洞或裂缝，若出现洞或裂缝，应在两天内修好。 3．在仓库周围的树木、沟渠、角落极有可能滋生害虫的地方，每月要喷洒一次杀虫剂。 4．为了切断害虫的食物源，不能在仓库内和仓库外1米以内进食。 **第17条** 虫蚁防治工作 1．仓库地面每星期检查白蚁一次，每年在白蚁繁殖期（春季），应对仓库建筑物和四周围环境全面进行普查，防止蚁患滋生。 2．在检查过程中发现白蚁或其他虫害时，仓库管理员应根据具体情况采取诱杀、挖剿、毒土处理、熏蒸灭虫等防治措施，防治措施应该是安全而有效的。 **第18条** 鼠害防治工作 1．仓库管理员应在仓库各个地点放上捕鼠胶，每天对仓库内的捕鼠器和老鼠胶进行检查，看是否有老鼠粘在老鼠胶上，如果有，应马上清理。 2．仓库管理员对失去黏性的老鼠胶应立即进行处理或更换，应保证老鼠胶保持黏性。				
第7章 仓库防火、 防盗管理	**第19条** 仓库消防管理 1．仓库存放保管的各类物资，应符合防火安全要求，易燃材料必须专库储存。 2．仓库必须配备符合规定数量且质量良好的灭火器材，并定期检修，保证灵敏有效。 3．库房用电必须做到防火要求。 4．库管员出库或下班前须认真检查库内情况，确认无问题，断电锁门，方可离开。 5．仓储主管要不断加强员工的防火安全教育，提高防火意识。 **第20条** 仓库防盗管理 1．仓库要设专人昼夜轮流值班，白天对外来人和进出车辆及所有物资进行登记，夜间值班巡逻护场。 2．仓储主管要加强对人员的管理，掌握每人的思想动态，及时进行教育，防止监守自盗事件发生。 3．对现场发生的各类案件和灾害事故，仓库管理员要立即报告并保护好现场，并配合公安机关侦破。				

续表

制度名称	仓库存储保管制度				
制度版本		受控状态	□ 受控 □ 非受控	制度编号	
第8章 附则	**第21条** 本制度由仓储部制定，仓储部对其保留一切修订权和解释权。 **第22条** 本制度经总经理审批通过后生效。 **第23条** 本制度未尽事宜，按照公司其他相关规定执行。				
编制部门		审批人员		审批日期	

9.4 库存盘点核算制度设计

9.4.1 库存盘点核算制度体系

库存盘点核算制度体系如图 9-7 所示。

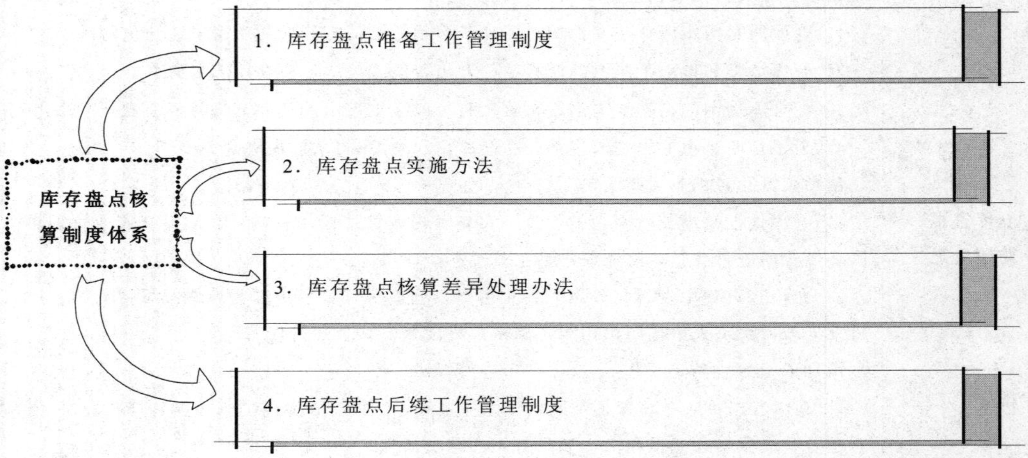

图 9-7 库存盘点核算制度体系图

9.4.2 库存盘点核算制度关键点

库存盘点核算制度主要有三个关键点，如图 9-8 所示。

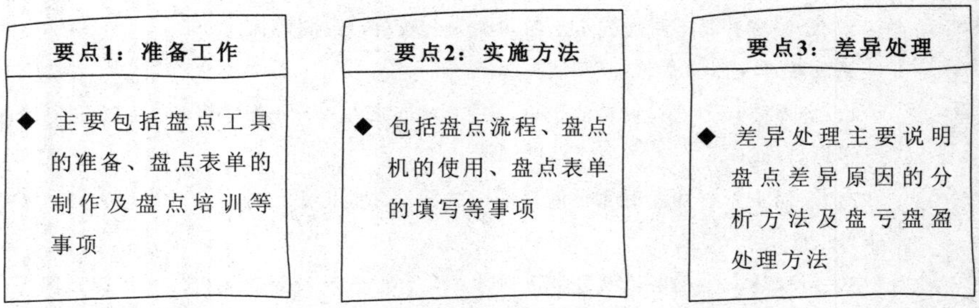

图 9-8 库存盘点核算制度关键点

9.4.3 库存盘点核算制度设计范例

<table>
<tr><td>制度名称</td><td colspan="5">库存盘点核算制度</td></tr>
<tr><td>制度版本</td><td></td><td>受控状态</td><td>□ 受控　□ 非受控</td><td>制度编号</td><td></td></tr>
<tr><td>第1章
总则</td><td colspan="5">第1条　目的
为明确库存盘点方法，及时核算公司各项原料、存货等仓储物料的准确数量，保证公司各项资产的安全、完整，规范盘点工作，特制定本制度。
第2条　适用范围
本制度适用于公司仓储物料的盘点准备、盘点实施、盘点数据核算处理等工作。
第3条　职责分工
1．仓储部负责组织公司库存物料的盘点工作，各相关部门配合其工作。
2．仓储经理负责盘点工作的统一领导和督查，做好盘点异常事项的处理，确保盘点工作的有效进行。
3．仓储主管负责盘点工作的推动、实施及监督。
4．仓储盘点员负责做好盘点的具体实施工作，并详细记录盘点数据，及时发现盘点差异，上报仓储主管。
第4条　盘点核算的原则
盘点核算工作应遵循以下四项原则进行。
1．实事求是，不弄虚作假。
2．分工明确，各司其职。
3．科学准确，注重细节。
4．团队协作，提高效率。
第5条　各类盘点区分方法
仓储物料盘点工作分为每日盘点、月度盘点和年度盘点。
1．每日盘点。
指每日工作结束时，仓库管理员对当日的账簿及实物进行确认，达到账实相符的要求。
2．月度盘点。
指每月月末进行账务检查核对。月度盘点的重点是当月收发的物资，盘点发现问题应及时纠正。
3．年度盘点。
指每年工作结束时进行的账、卡、物全面检查和确认，其目的是对年度工作结果进行全面的检讨，发现问题及时纠正。年度盘点工作由仓储部经理负责组织，检查当年库存总数和状态。</td></tr>
<tr><td>第2章
细则
盘点准备</td><td colspan="5">第6条　仓储主管要做好相关的人力配置与任务分工，组织盘点小组，由盘点人员、复盘人员、监盘人员构成。
第7条　仓储主管负责明确盘点的流程与方法，确定盘点日期，制订盘点计划。
第8条　盘点小组负责整理仓库，物资排列整齐。
第9条　盘点小组准备盘点所需的相关库存资料、档案及工具仪器。并打印盘点所需的表单等。
第10条　仓储主管组织盘点小组培训（物资知识培训、盘点方法培训等），使之熟悉盘点各项工作，培训内容如下。</td></tr>
</table>

续表

<table>
<tr><td>制度名称</td><td colspan="5">库存盘点核算制度</td></tr>
<tr><td>制度版本</td><td></td><td>受控状态</td><td>□ 受控 □ 非受控</td><td>制度编号</td><td></td></tr>
<tr><td>细则
第2章
盘点准备</td><td colspan="5">盘点工作培训内容
<table>
<tr><th>培训项目</th><th>培训具体内容</th></tr>
<tr><td>盘点物资相关知识</td><td>1. 盘点现场的基本情况
2. 盘点商品的基本知识</td></tr>
<tr><td>盘点表的使用</td><td>1. 盘点表的使用
2. 盘点表的领取与收回
3. 盘点表的记录与书写规范
4. 签字确认</td></tr>
<tr><td>盘点操作</td><td>1. 盘点过程中的注意事项
2. 盘点的范围
3. 盘点点数的原则
4. 初盘、复盘、抽盘的相关规定</td></tr>
</table></td></tr>
<tr><td>第3章
实施盘点</td><td colspan="5">第11条　盘点作业分工
仓储主管首先将仓库分成几个区域，使盘点人员各自负责不同区域，提高工作效率。
第12条　数量清点
盘点人员按顺序对物资进行盘点，对计件、计重、计尺物资按照相对应的办法进行清点。
第13条　填写盘点表
1. 盘点人员根据清点结果，填写盘点表，盘点表填写错误时不得撕毁，更改涂写时，用红笔在更改处签名。
2. 初盘结束后，初盘人员将盘点表交予复盘人员。
3. 盘点表的内容包括仓位区域号、仓位编号、包装单位、数量、账上存量、实际存量及待整理、不良品、废品、包装破损等记录。
第14条　复盘
复盘人员不应受初盘人员的影响，应独立清点成品。若复盘与初盘有差异的，复盘人员应与初盘人员共同找出原因，确认后在盘点表上注明。
第15条　盘点数据统计
盘点结束后，盘点人员根据盘点表汇总统计物资的库存数等，将统计结果填入相应的表单，如呆滞品统计表、废品统计表、待整理成品统计表、差异表等。</td></tr>
<tr><td>第4章
盘点差异分析与处理</td><td colspan="5">第16条　盘点核算差异原因分析
盘点结束后，发现所得数据与账簿资料不符时，应追查差异产生的原因。一般差异产生的原因主要有以下四点。
1. 记账能力不足，致使物料数目与账簿存在差异。
2. 成品账务处理制度存在缺点，致使成品数目与账簿存在差异。
3. 盘点制度存在缺点，导致账物不符。
4. 盘点人员未尽职尽责，盘点有误。
第17条　盘亏盘盈处理
追查差异原因后，应进行针对性调整与处理。
1. 呆废品、不良品视作盘亏。</td></tr>
</table>

续表

<table>
<tr><td>制度名称</td><td colspan="6">库存盘点核算制度</td></tr>
<tr><td>制度版本</td><td></td><td>受控状态</td><td colspan="2">□ 受控　□ 非受控</td><td>制度编号</td><td></td></tr>
<tr><td></td><td colspan="6">2．成品除了盘点时产生数量的盈亏外，有些在价格上会产生增减，在经主管审核后，填制库存物资盘点盈亏及价格增减更正表。</td></tr>
<tr><td>第5章
盘点后续工作</td><td colspan="6">第18条　资料整理
盘点结束后，相关人员应及时收回盘点表，汇总并存档，财务部做好相关账务处理工作，仓储部人员对账簿进行调整，使账、卡、物相统一。
第19条　实施奖惩
在盘点中，盘点人员应耐心负责，切实进行盘点各项工作，对表现优秀者进行奖励。如有玩忽职守、隐瞒事实者，将参照公司相关奖惩制度和听取公司领导的意见予以惩罚。</td></tr>
<tr><td>第6章
附则</td><td colspan="6">第20条　本制度由仓储部制定，仓储部对其保留一切修订权和解释权。
第21条　本制度经总经理审批通过后生效。
第22条　本制度未尽事宜，按照公司其他相关规定执行。</td></tr>
<tr><td>编制部门</td><td colspan="2"></td><td>审批人员</td><td></td><td>审批日期</td><td></td></tr>
</table>

9.5　物流配送管理制度设计

9.5.1　物流配送管理制度体系

物流配送管理制度体系如图9-9所示。

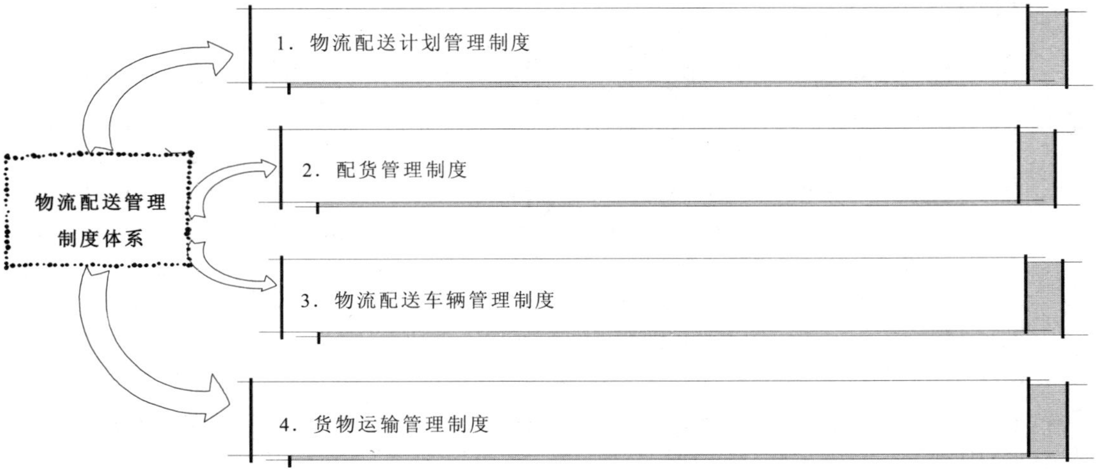

图9-9　物流配送管理制度体系

9.5.2　物流配送管理制度关键点

物流配送管理制度主要有四个关键点，如图9-10所示。

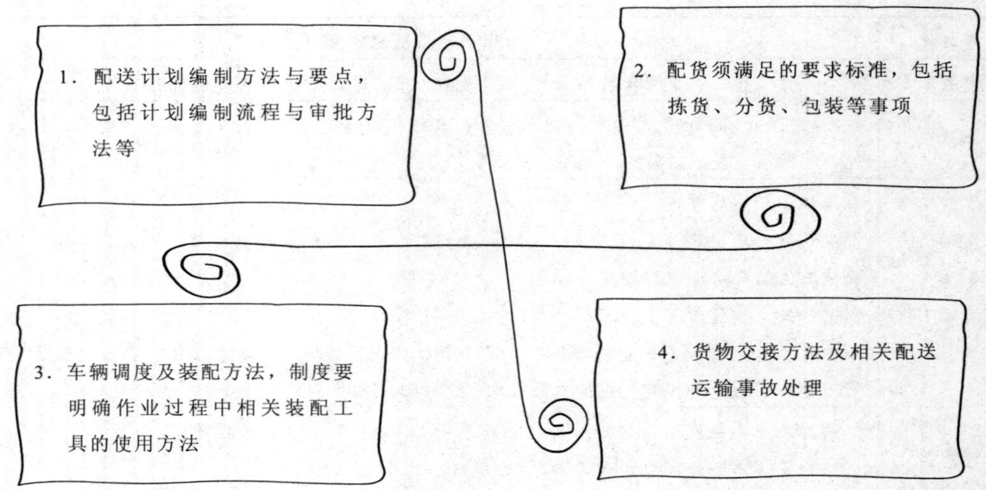

图 9-10　物流配送管理制度关键点

9.5.3　物流配送管理制度设计范例

<table>
<tr><td>制度名称</td><td colspan="5">物流配送管理制度</td></tr>
<tr><td>制度版本</td><td></td><td>受控状态</td><td>□ 受控　□ 非受控</td><td>制度编号</td><td></td></tr>
<tr><td>第1章
总则</td><td colspan="5">第1条　目的
为规范货物的配送作业，保证货物按时、按质、按量地送到目的地，提高货物配送工作效率，节约货物配送成本，特制定本制度。
第2条　适用范围
本制度适用于公司货物配备及运输各环节的相关管理工作。
第3条　职责分工
仓储部负责货物的物流配送管理工作，主要包括设计物流配送路线、监督和控制配送过程等。</td></tr>
<tr><td>第2章
细则
编制配送计划</td><td colspan="5">第4条　编制配送计划
1．物流配送计划是对配送货物、配送地点、配送车辆、配送路线的综合匹配过程。仓储部配送主管负责根据客户订单编制配送计划，并报仓储经理审批。
2．编制配送计划的原则是在保证生产的前提下确保配送成本最低。
第5条　配送计划编制要点
配送主管编制配送计划时主要确定内容如下。
1．安排配送车辆。
按照配送货物的体积、重量、数量多少选择配送车辆的种类，安排配送车辆的数量。
2．确定配送路线。
按照配送地点安排最优的配送线路，同时考虑送达的时间能够满足生产的要求。
3．形成配送计划。
配送计划编制结束后，生成“配送计划书”作为配送指令，“配送计划书”中应包括配送指令、分类的配送货物清单、配送线路图、装车次序、签收回单等。</td></tr>
</table>

续表

<table>
<tr><td>制度名称</td><td colspan="5">物流配送管理制度</td></tr>
<tr><td>制度版本</td><td></td><td>受控状态</td><td>□ 受控 □ 非受控</td><td>制度编号</td><td></td></tr>
<tr><td>第3章
配货管理</td><td colspan="5">第6条 拣货
货物分拣人员根据配送订单，明确所需配送货物的具体信息，到货物储存区确认将要发送的货物。
第7条 分货
理货员将完成拣货的货物按照客户或配送路线进行分类，具体分类方法如下。
1．人工分货。
人工分货是指所有分货作业过程全部由人工根据配送订单或其他传递过来的信息进行，而不借助任何计算机或自动化辅助设备。
2．自动分类机分货。
自动分类机分货是指利用计算机和自动分辨系统完成分货工作，这种方式不仅快速省力，而且准确，尤其适应于多品种的货物。
第8条 配货检查
1．分货后相关人员需要进行配货检查，以保证发运前货物名称、型号、数量、质量等与客户要求无误。
2．配货检查的方法主要有货物条形码检查法、声音输入检查法和重量计算检查法。
第9条 包装
配送包装作业人员根据订单要求对配送货物进行重新包装、打捆，以保护货物的配送安全，提高运输效率，且便于识别。
第10条 紧急配送
有下列情形之一的，可采用紧急配送而不考虑配送的成本。
1．要求紧急配送的货物。
2．因公司自身失误导致漏送货物的。</td></tr>
<tr><td>第4章
车辆安排管理</td><td colspan="5">第11条 车辆调度
配送主管根据配送计划制定车辆配载方案，分配配送任务，指派车辆和运送人员，下达运送作业指示，安排具体的装车与送货任务，并将“发货明细单”交给送货人员或司机进行配送使用。
第12条 车辆配装
1．配送人员应按订单标明到达地点、用户名称、运送时间、商品明细等，最后统筹流向、流量、距离等各类因素进行车辆配载。
2．配送货物有轻重缓急之分，配送人员应做好车辆的初步配装工作。
3．装车应遵循“先进后出”原则，按照装车次序清单执行，便于送达后的卸货作业的操作。
4．在货物装车过程中，配送人员应按照有关规定使用起重工具，避免因人工搬运带来的安全隐患，并保证在运输过程货品不会散落。</td></tr>
<tr><td>第5章
货物配送
运输管理</td><td colspan="5">第13条 货物配送运输
1．配送车辆司机根据配送计划所确定的最优路线，保证在规定的时间内及时准确地将货物运送到最终收货方所要求的目的地。
2．在运送过程中仓储部要加强对运输车辆的考核与管理。</td></tr>
</table>

续表

制度名称	物流配送管理制度				
制度版本		受控状态	□ 受控 □ 非受控	制度编号	
第5章 货物配送 运输管理	**第14条** 配送运输事故处理 1. 在运输过程中如发生耽搁情况，如堵车、事故等，配送人员应通知部门相关领导，并及时与收货方沟通，以获得谅解。 2. 运输过程发生严重事故，按照有关规定处理。 **第15条** 货物送达与交接 配送人员将货物配送至目的地后，将货物交接给收货方时应当面清点货物，并由收货方在回单上签收确认，以此作为依据。 **第16条** 退换货处理 遇退换货问题，配送员应将退调货物随车带回，并及时办理退货登记手续。				
第6章 附则	**第17条** 本制度由仓储部制定，仓储部对其保留一切修订权和解释权。 **第18条** 本制度经总经理审批通过后生效。 **第19条** 本制度未尽事宜，按照公司其他相关规定执行。				
编制部门		审批人员		审批日期	

第 10 章

财务会计管理制度设计

10.1 财务会计制度体系结构

10.1.1 财务会计制度体系架构图

财务会计管理制度是财务管理和会计处理工作中用到的规范。财务会计内容包括财务预算管理、成本管理、会计核算处理、财务收支管理、财务审计监督等，一个完整的财务会计制度体系应包括如图 10-1 所示的几项基本内容。

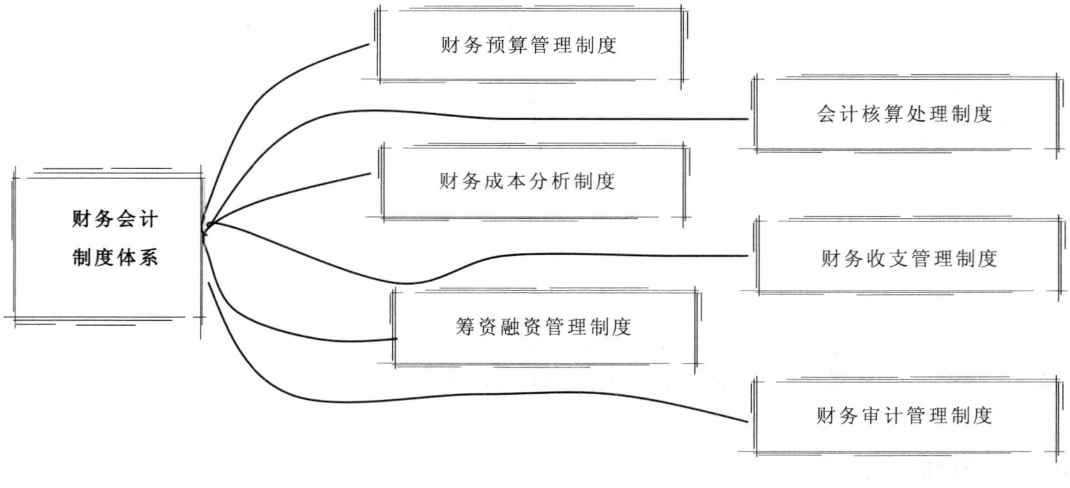

图 10-1 财务成本制度体系架构图

10.1.2 财务成本制度体系关注点

为加强对财务会计的管控，中小微企业在构建财务会计管理制度体系时，应注意如图 10-2 所示的内容。

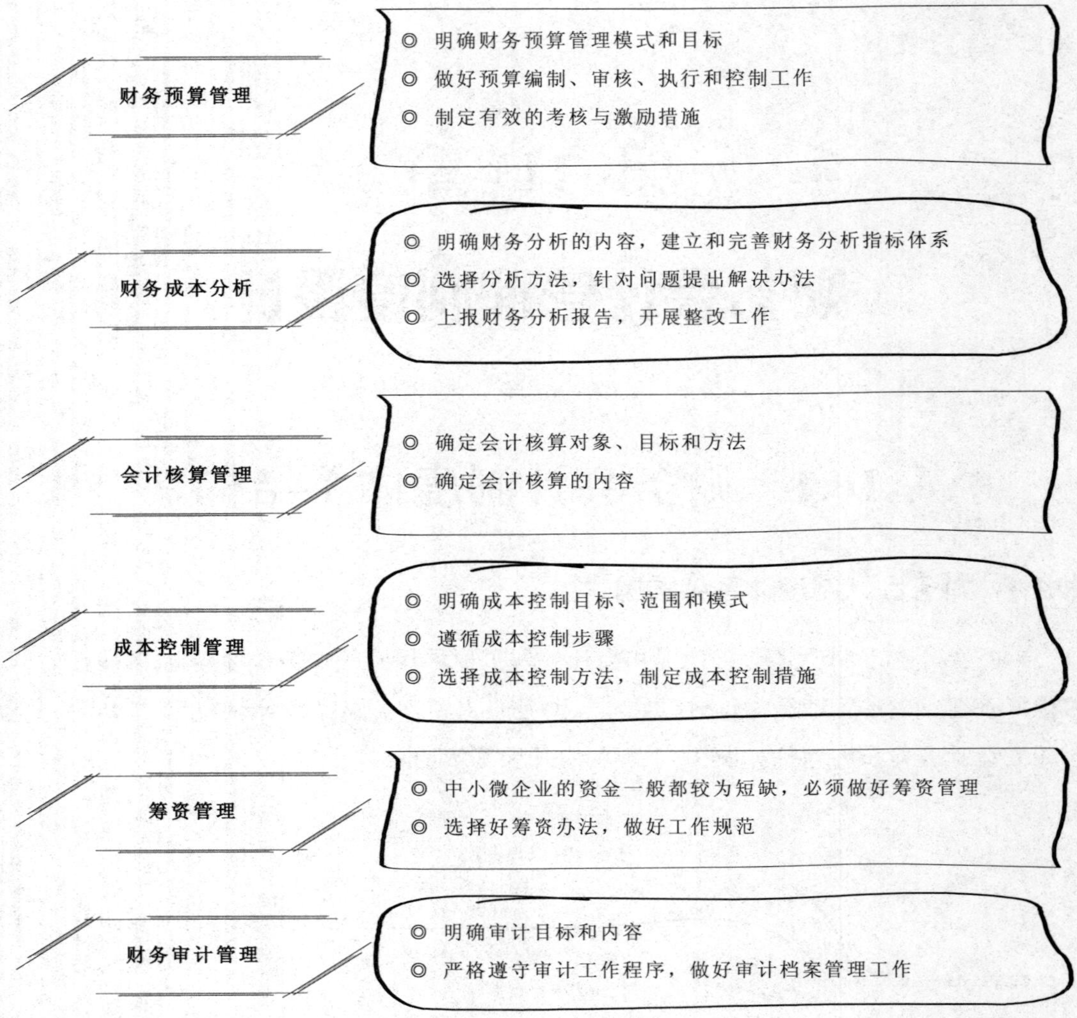

图 10-2　财务成本制度体系关注点

10.2　财务预算管理制度设计

10.2.1　财务预算管理制度体系

财务预算管理是企业为实现既定的经济目标，通过编制预算、内部控制、考核业绩所进行的一系列财务管理活动，它贯穿于财务预算的编制和执行全过程。

1. 财务预算管理制度体系的内容

财务预算管理制度体系建设是企业财务预算管理工作的基础，它以一定的标准和规范来调整企业财务预算工作，该体系所包含的内容如图 10-3 所示。

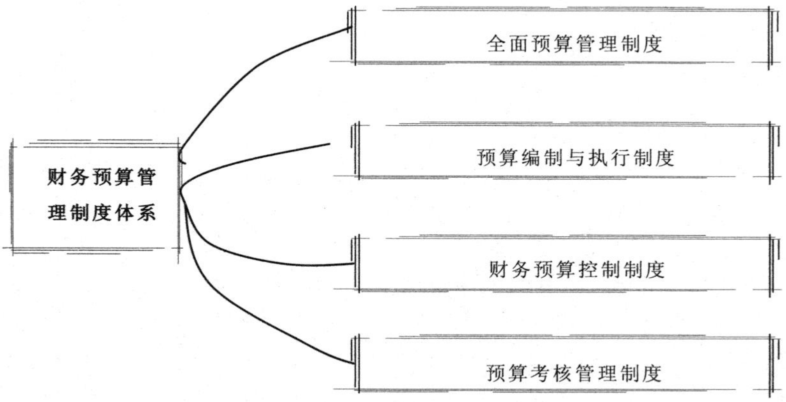

图 10-3　财务预算管理制度体系内容

2. 解决的问题

企业建立财务预算管理制度，主要目的是使企业编制合理的预算、严格控制预算的执行，有效达成工作目标等，其可以解决如图 10-4 所示的六个问题。

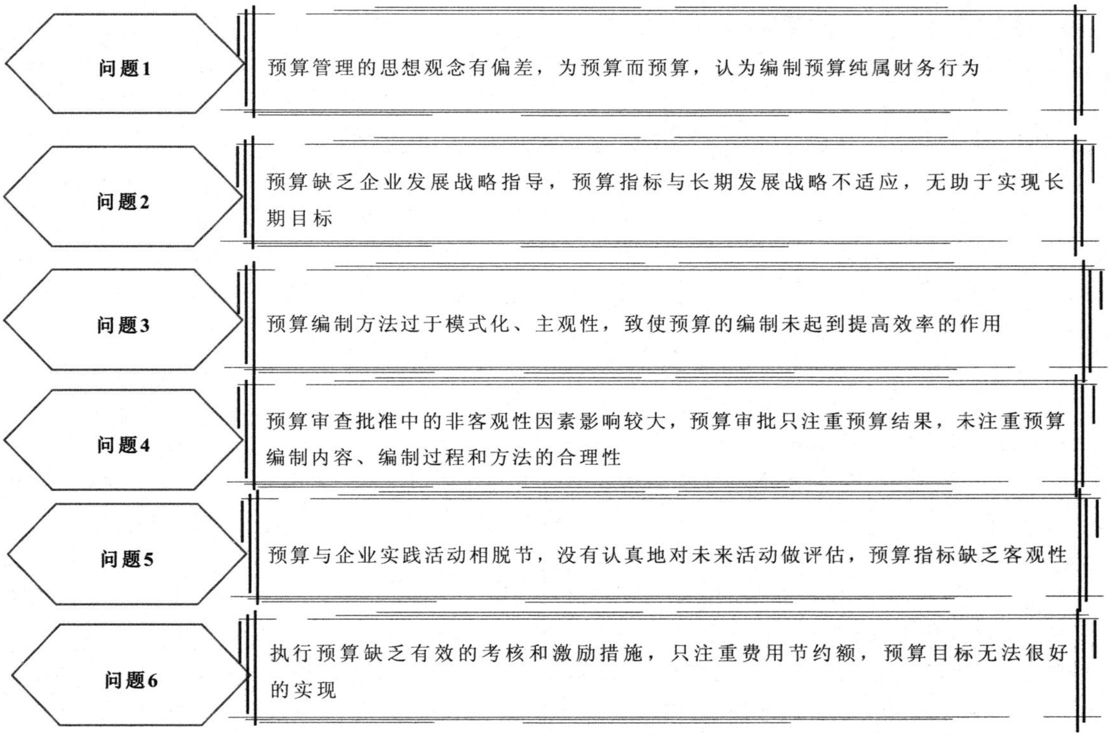

图 10-4　财务预算管理制度体系解决的问题

10.2.2　财务预算管理制度关键点

财务预算管理制度主要适用于企业财务预算的编制、审核、执行、控制、调整及考核等事项，该制度的主要关键点如图 10-5 所示。

图 10-5　财务预算管理制度关键点

10.2.3　财务预算管理制度设计范例

<table>
<tr><td>制度名称</td><td colspan="5">财务预算管理制度</td></tr>
<tr><td>制度版本</td><td></td><td>受控状态</td><td>□ 受控　□ 非受控</td><td>制度编号</td><td></td></tr>
<tr><td>总则
第1章</td><td colspan="5">第1条　为规范公司预算管理行为，推动公司加强预算管理，根据国家相关法律规定及公司实施全面预算管理的要求，制定本制度。
第2条　本制度适用于公司财务预算各相关工作事项。
第3条　公司进行财务预算管理的原则包括如下三项内容。
1．实事求是，客观真实。
预算要积极可靠，同时要留有余地，要充分估计预算目标实现的可能性，以应付实际情况的变化。
2．趋势预测配合使用。
公司制定财务预算时，应充分考虑公司业务的扩张及外部环境变化情况，避免将趋势估计过高，同时极力避免与业务量趋势不相称的费用提高。
3．预算目标落实到人。
各部门必须将经批复的预算指标分解落实到人，并监督执行情况，同时将预算执行结果纳入员工业绩考核体系。</td></tr>
<tr><td>细则
第2章
职责分工</td><td colspan="5">第4条　公司总经理对财务预算的管理工作负总责，同时成立预算管理委员会（由财务副总、财务部经理及其他相关部门负责人组成）负责财务预算管理事宜，并对总经理负责。
第5条　预算管理委员会主要职责如下。
1．拟定财务预算的目标、政策，制定财务预算管理的具体措施和办法。
2．审议、平衡财务预算方案，组织下达财务预算。
3．协调解决财务预算编制和执行中的问题。
4．组织审计、考核财务预算的执行情况，督促完成财务预算目标。
第6条　财务部在财务预算委员会的领导下，开展各项预算活动，具体职责如下。</td></tr>
</table>

续表

<table>
<tr><td>制度名称</td><td colspan="5">财务预算管理制度</td></tr>
<tr><td>制度版本</td><td></td><td>受控状态</td><td>□ 受控 □ 非受控</td><td>制度编号</td><td></td></tr>
<tr><td>细则
第2章
职责分工</td><td colspan="5">1．负责组织编制、审查、汇总、上报、下达。
2．负责预算执行和日常流程控制。
3．负责预算执行情况的分析和报告。
4．负责预算执行情况考核等。
第7条　职能部门主要职责如下。
1．具体负责本部门业务涉及的财务预算的编制、执行、分析、控制等工作。
2．配合财务预算委员会做好总预算的综合平衡、协调、分析、控制、考核等工作。
3．各部门主要负责人参与公司财务预算委员会的工作，并对本部门财务预算执行结果承担责任。</td></tr>
<tr><td>第3章
财务预算
的编制</td><td colspan="5">第8条　财务预算的编制须在公司预算管理委员会制定的编制方针的指引下进行。
第9条　公司编制财务预算应按照内部经济活动的责任权限进行，并遵循以下原则。
1．坚持效益优先原则，实行总量平衡，进行全面预算管理。
2．坚持积极稳健原则，确保以收定支，加强财务风险控制。
3．坚持权责对等原则，确保切实可行，围绕经营战略实施。
第10条　公司要按照先业务预算、资本预算、筹资预算，后财务预算的流程进行，并按照各预算执行部门所承担经济业务的类型及其责任权限，编制不同形式的财务预算。
第11条　业务预算、资本预算、筹资预算编制说明如下。

业务预算、资本预算、筹资预算编制说明
<table>
<tr><th>预算组成</th><th>定义</th><th>编制方法</th></tr>
<tr><td>业务预算</td><td>反映预算期内可能形成现金收付的生产经营活动的预算</td><td>包括销售或营业预算、生产预算、制造费用预算、产品成本预算、采购预算、期间费用预算等，可根据实际情况并参照公司具体要求编制</td></tr>
<tr><td>资本预算</td><td>公司在预算期内进行资本性投资活动的预算</td><td>包括固定资产投资预算、权益性资本投资预算和债券投资预算</td></tr>
<tr><td>筹资预算</td><td>公司在预算期内需要新借入的长短期借款、经批准发行的债券及对原有借款、债券还本付息的预算</td><td>1．主要依据有关资金需求决策资料、发行债券审批文件、期初借款余额及利率等编制预算
2．对于经批准发行的股票、配股和增发股票，应当根据股票发行计划、配股计划和增发股票计划等资料单独编制预算
3．对于股票发行费用，也应在筹资预算中分项做出安排</td></tr>
</table>
第12条　财务预算主要以现金预算、预计资产负债表和预计损益表等形式反映，按公司统一的财务预算编制基础表格和财务预算指标计算口径进行编制。
第13条　公司财务预算根据不同的预算项目，分别采用固定预算、弹性预算、滚动预算、零基预算、概率预算等方法进行编制。
第14条　公司编制财务预算，应按照下达目标、编制上报、审查平衡、审议、批准、下达执行等程序进行编制，为确保预算的可执行性，可设立一定的预备费作为预算外支出。
第15条　公司年度预算需在预算年度上一年的___月___日开始至___月___日全部编制完成，并在次年___月底前分解落实财务预算指标。</td></tr>
</table>

续表

制度名称	财务预算管理制度				
制度版本		受控状态	□ 受控　□ 非受控	制度编号	
第4章 财务预算的 执行与控制	**第16条**　公司财务预算一经批复下达，各预算执行部门必须认真组织实施，并将财务预算指标层层分解，落实到各岗位、各环节，形成全方位的财务预算执行责任体系。 **第17条**　公司应将财务预算作为预算期内组织、协调各项经营活动的基本依据，将年度预算细分为季度和月份预算，以分期预算控制确保年度财务预算目标的实现。 **第18条**　公司应强化现金流量的财务预算管理，按时组织预算资金的收入，严格控制预算资金的支付，调节资金收付平衡，控制支付风险。 1．对于预算内的资金拨付，按照授权审批程序执行。 2．对于预算外的项目支出，应当按财务预算管理制度规范支付。 3．对于无合同、无凭证、无手续的项目支出，不予支付。 **第19条**　财务部应建立预算管理登记簿，按预算的项目详细记录预算额、实际发生额、差异额、累计预算额、累计实际发生额、累计差异额等。 **第20条**　纳入预算范围的项目由预算执行部门负责人进行控制，由财务部负责监督，预算外的支出由公司预算管理委员会直接控制。				
第5章 财务预算 分析与调整	**第21条**　各预算执行部门应定期报告财务预算的执行情况。 **第22条**　财务部利用财务报表监控财务预算的执行情况，及时向预算执行部门、预算管理委员会及总经办提供财务预算的执行进度、执行差异及其对企业财务预算目标的影响等信息，促进财务预算目标的实现。 **第23条**　对于财务预算执行中发生的新情况、新问题及出现偏差较大的重大项目，预算管理委员会应责成有关预算执行部门查找原因，提出改进经营管理的措施和建议。 **第24条**　由于市场环境、经营条件、政策法规等发生重大变化，致使财务预算的编制基础不成立，或将导致财务预算执行结果产生重大偏差的，财务预算执行部门可以申请调整财务预算。 **第25条**　财务预算调整申请应当由预算执行部门逐级向公司预算管理委员会提出书面报告，阐述财务预算执行的具体情况、客观因素变化情况及其对财务预算执行造成的影响程度，提出财务预算的调整幅度。 **第26条**　财务部应对预算执行部门的财务预算调整报告进行审核分析，集中编制年度财务预算调整方案，经领导审批后方可下达执行。 **第27条**　公司年初下达执行的年度财务预算，一般不予调整。				
第6章 财务预算 考核与激励	**第28条**　预算年度终了，预算管理委员会应当向董事会报告财务预算执行情况，并依据财务预算完成情况和财务预算审计情况对预算执行部门进行考核。 **第29条**　预算考核是一个对预算执行效果进行认可、评价的过程，公司要结合工作责任制考核要求，制定考评细则。 **第30条**　预算考核遵循的原则如下。 1．目标原则，以预算目标为基准，按预算完成情况评价预算执行者的业绩。 2．激励原则，预算目标是对预算执行者业绩进行评价的主要依据，考核必须与激励制度相配合。 3．时效原则，预算考核是动态考核，每期预算执行完毕后应及时进行。 4．例外原则，对一些影响预算执行的重大因素，如产业环境的变化、市场的变化、重大意外灾害等，考核时应作为特殊情况处理。				

续表

制度名称	财务预算管理制度				
制度版本		受控状态	□ 受控　□ 非受控	制度编号	
第6章 财务预算 考核与激励	5．分级考评原则，预算考核要根据组织结构层次或预算目标的分解层次进行。 **第31条**　财务预算考核内容如下。 1．对整个财务预算管理系统进行考核评价，对经营业绩进行评价。 2．对预算执行者进行考核。财务预算考核是发挥预算约束与激励作用的必要措施。 **第32条**　为调动预算执行者的积极性，公司应制定激励政策，设立效益奖、节约奖、改善提案奖等奖项，具体请参照公司的奖金激励制度。				
第7章 附则	**第33条**　本制度由公司财务部负责解释和修改。 **第34条**　本制度自发布之日起执行。				
编制部门		审批人员		审批日期	

10.3　财务收支管理制度设计

10.3.1　财务收支管理制度体系

财务收支是指国有的金融机构、企业事业单位及国家规定应当接受审计监督的其他有关单位，按照国家有关财务会计制度的规定，办理会计事务、进行会计核算、实行会计监督的各种资金的收入和支出。

财务收支管理制度体系主要内容如图 10-6 所示。

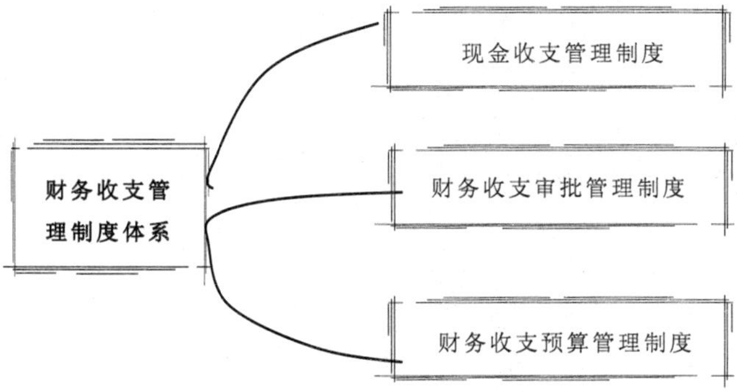

图 10-6　财务收支管理制度体系的内容

10.3.2　财务收支管理制度关键点

企业制定财务收支管理制度是为了加强公司的内部管理，准确核算公司的成本费用支出，规范公司的财务收支行为，有效地控制公司成本费用和资金风险。

建设财务收支管理制度的关键点如图 10-7 所示。

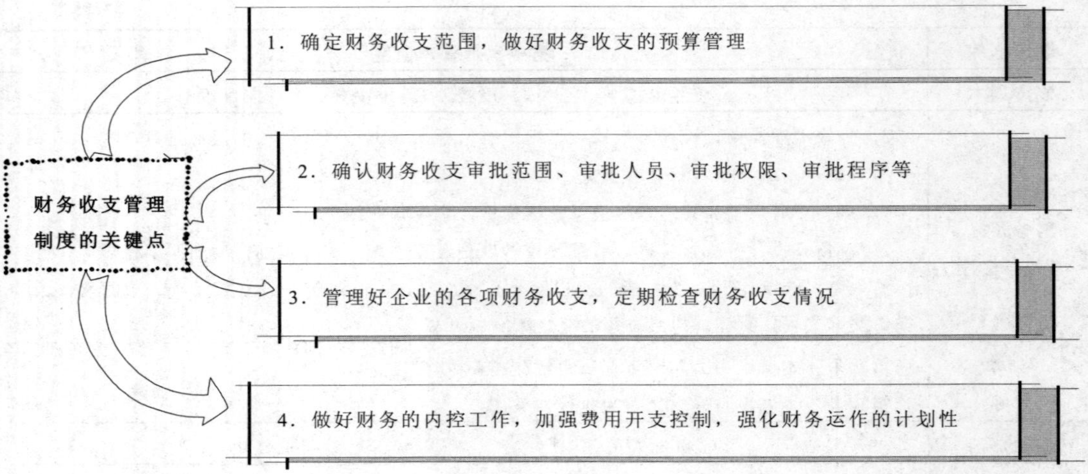

图 10-7 财务收支管理制度关键点

10.3.3 财务收支管理制度设计范例

制度名称	财务收支管理制度				
制度版本		受控状态	□ 受控 □ 非受控	制度编号	
总则 第1章	**第1条** 目的 为加强财务收支管理，严肃财经纪律，规范财务收支审批制度，明确各项资金支付审批权限及审批程序，强化资金收支的内部控制，特制定本制度。 **第2条** 适用范围 本制度适用于公司财务收支管理工作。 **第3条** 归口管理 财务部是财务收支管理的归口部门。				
细则 第2章 财务收支 审批	**第4条** 审批原则 1. 全面控制和重点控制相结合的原则。 2. 事前审批和事后审批相结合的原则。 3. 不相容职务分离原则。 4. 科学性和实用性相结合的原则。 **第5条** 审批人员和审批权限 1. 财务收支审批人员及其权限由企业根据其组织结构、规模大小等实际情况确定。 2. 企业可以确定一个审批人员（单位负责人或其授权人员），也可以确定两个或多个审批人员，他们各自在其授权范围内行使审批权力。 3. 在确定审批人员和审批权限时，必须坚持可控性原则，即审批人员必须能够对其审批权限内的经济业务具有管理（控制）权。 **第6条** 审批人员的责任 财务收支审批制度需坚持权利和责任对等原则。在审批制度中，审批人员需承担以下义务和责任。 1. 审批人员应该定期向企业领导或企业职工汇报其审批情况。 2. 审批人员失职应该承担的责任等。				

续表

制度名称	财务收支管理制度				
制度版本		受控状态	□ 受控 □ 非受控	制度编号	
细则 第2章 财务收支审批	**第7条** 审批内容 财务收支审批的内容主要是财务收支的真实性、合法性和合理性，具体内容如下。 1．财务收支是否符合财务计划或合同规定。 2．财务收支是否符合《会计法》、有关法规和企业内部会计管理制度。 3．财务收支的内容和数据是否真实。 4．财务收支是否符合效益性原则。 5．财务收支的原始凭证是否符合国家统一会计制度规定等。 **第8条** 审批程序 按照审批权限原则，现将财务收支审批程序规范如下。 1．财务资金计划，报总经理审批。 2．各种设备、大型材料采购、工农关系、基本建设、技术改造项目等不计入成本、费用项目的，按照：经办人→部门负责人→财务审核→主管副总签批的程序进行。 3．涉及成本、费用的款项支出，也按照上述第二种方法进行。 4．个人业务借支的，按照：部门负责人→财务审核→主管副总签批程序进行。				
第3章 现金收支管理	**第9条** 现金的收入、支出范围 1．现金收入包括公司经济业务范围内的一切现金收入及支用款项的退回现金等。 2． 现金支出范围包括以下内容。 （1）职工工资、各种工资性津贴。 （2）个人劳务报酬，包括稿费和讲课费及其他专门工作的报酬。 （3）支付给个人的奖金，包括根据国家规定颁发给个人的科学技术、文化艺术、体育等各种奖金。 （4）各种劳保、福利费及国家规定的对个人的其他支出，如转业、复员、退伍、退职、退休费和其他按规定发给个人的费用。 （5）出差人员必须随身携带的差旅费。 （6）支付各单位间在转账结算起点以下的零星支出。 **第10条** 库存现金管理 1．库存现金实行限额管理，公司按国家规定保留一定数额的库存现金。库存现金限额一般为天的日常零星开支需要。 2．库存现金不得超过规定限额，超过部分必须于当日存入银行，每日下班前结余现金必须放入保险箱。库存限额不足时从银行存款账户提取。 3．严格执行现金盘点制度，做到日清日结，保证现金的安全。现金遇有短款，应及时查明原因，报告单位领导，并要追究责任者的责任。 **第11条** 现金收付管理 1．公司现金收付由出纳人员负责。现金收付必须根据合法的凭证由出纳人员认真核对后办理。 2．对于违反规定的收支，出纳人员有权拒绝办理。 3．收付完毕，出纳人员应在原始凭证上加盖“现金收讫”或“现金付讫”戳记。 4．现金收入当日送存开户银行，当日送存确有困难的，按开户银行确定的时间送存。 5．公司提取现金，应注明用途，经有效审批后，出纳人员方可提取。 6．不准用“白条”入账，不准私人挪用、占用和借用公款现金。 7．到公司以外金融机构提取或送存现金（限额1万元以上）时，需由两名人员乘坐公司汽车前往。 8．预算外或超预算支出，由经办部门提出书面申请，按全面预算管理办法执行。				

续表

制度名称	财务收支管理制度				
制度版本		受控状态	□ 受控 □ 非受控	制度编号	
第4章 银行存款 管理	**第12条** 公司必须遵守中国人民银行的规定，办理银行基本账户和辅助账户的开户和公司各种银行结算业务。 **第13条** 银行存款的收付业务应由银行存款专管员和出纳员专职办理。对一切违反国家政策、法规和财经纪律的收付业务，都应拒绝办理。 **第14条** 公司营销部门在接到外单位划转汇来的银行转账时，应通知财务部门认真查对，财务在查实无误后，应及时开具收据，报告相关部门登记，并办理相应手续。 **第15条** 银行存款专管员应严格按照已审核的单据，经核对无误后，根据各种结算方式规定，填制银行结算凭证，办理银行业务。 **第16条** 银行存款专管人员要随时掌握企业在银行存款的收、付、结余情况，不准超过银行存款的余额签发空头支票，不准出租、出借银行账户、支票或将支票转让给别的单位和个人使用。 **第17条** 严格控制签发空白支票，不准将空白支票加盖印鉴章带离财务部。 **第18条** 对于空白收据、空白支票和销售发票，必须严格专人管理，设立登记簿登记，认真办理领用注销手续。 **第19条** 银行印鉴章要专人分开保管，签发支票和付款要由两人分别盖章，同时予以登记备查簿。 **第20条** 银行与和现金管理，实行“日报表”报送制。				
第5章 往来账 款管理	**第21条** 应收账款的管理 公司各销售部门根据形成收入的确定标准及时开具发货票后，由财务部做好账务处理，编制会计记账凭证，登记有关收入和与客户应收账款往来的会计账簿，同时要定期与销售部门进行核对，保证双方账目核对一致。 **第22条** 其他应收款的管理 公司各部门形成的出差借款、采购借款、各部门备用金应于业务发生后及时报销，每年12月中旬进行清理。各部门备用金于每年12月份中旬清理，进行还旧借新。 **第23条** 应付账款的管理 公司各部门因采购形成的应付票据应及时进行账务处理，登入相应的账簿，定期与相关部门对账账，保证双方账目核对一致。				
第6章 附则	**第24条** 本制度由公司财务部负责解释和修改。 **第25条** 本制度自颁布之日起实施。				
编制部门		审批人员		审批日期	

10.4 成本核算管理制度设计

10.4.1 成本核算管理制度体系

成本核算是指将企业在生产经营过程中发生的各种耗费按照一定的对象进行分配和归集，以计算总成本和单位成本。

1. 成本核算管理制度体系的内容

成本核算管理制度体系是由一系列成本核算相关制度构成的，用来指导成本核算工作，提高成本管理水平。该体系主要内容如图 10-8 所示。

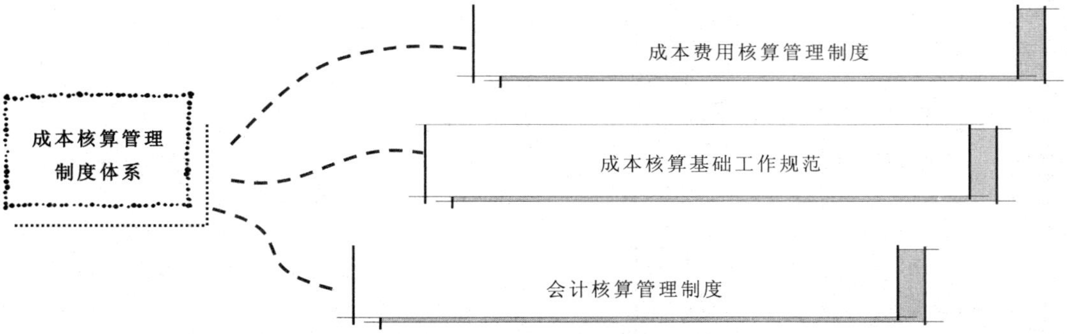

图 10-8　成本核算管理制度提的内容

2. 解决的问题

成本核算管理制度体系主要用于规范和指导企业单位的成本计算、归集、分配等工作，加强企业内部成本控制，规范成本核算流程，有效降低成本。其可解决以下 4 个问题，具体如图 10-9 所示。

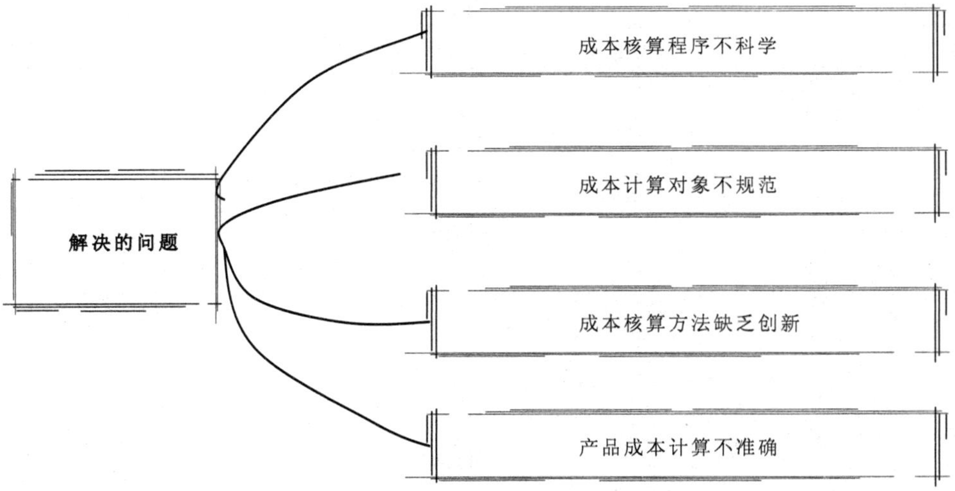

图 10-9　成本核算管理制度体系解决的问题

10.4.2　成本核算管理制度关键点

成本核算管理制度主要是对一定时期内企业生产经营过程中所发生的费用，按其性质和发生地点，分类归集、汇总、核算的管理。

成本核算管理制度的关键点如图 10-10 所示。

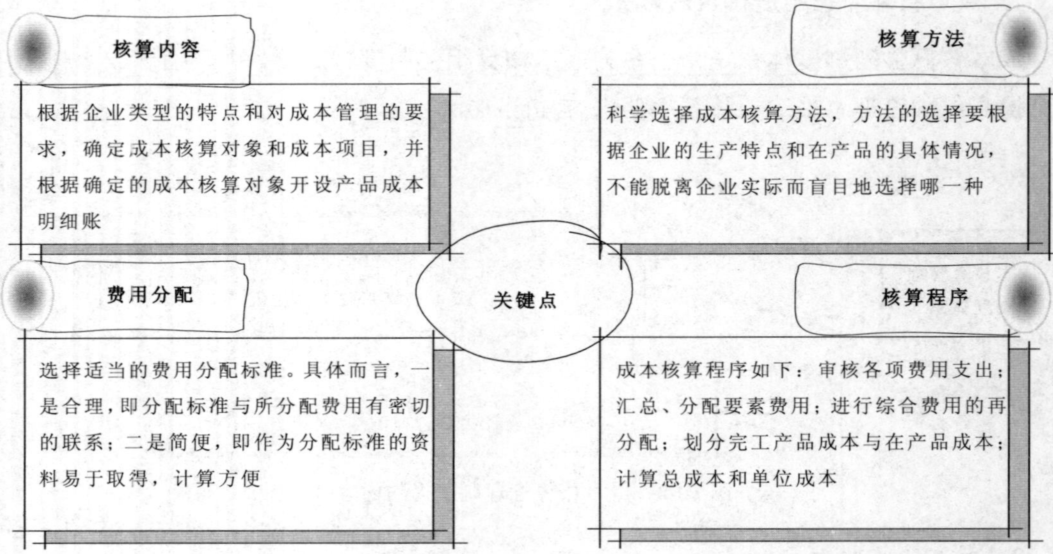

图 10-10　成本核算管理制度关键点

10.4.3　成本核算管理制度设计范例

<table>
<tr><td>制度名称</td><td colspan="5">成本核算管理制度</td></tr>
<tr><td>制度版本</td><td></td><td>受控状态</td><td>□ 受控　□ 非受控</td><td>制度编号</td><td></td></tr>
<tr><td>总则
第1章</td><td colspan="5">第1条　目的
为达到以下两个目的，特制定本制度。
1．规范公司成本费用核算工作，保证成本信息真实、完整。
2．加强公司成本管理，降低成本费用，提高公司经济效益。
第2条　适用范围
本制度适用于公司成本费用相关核算管理工作。
第3条　成本核算依据
1．国家颁布的《企业会计准则》，公司制定的相关财务制度。
2．有关的消耗定额、开支标准和开支范围的政策文件。
3．充分考虑公司内部的经营特点，经营的内外部环境的要求。</td></tr>
<tr><td>细则
第2章
成本核算对象
方法和项目</td><td colspan="5">第4条　成本核算对象
1．产成品：是指已经完成生产过程，并已经验收合格入库可供出售的产品。
2．在制品：是指月终尚未完工或虽已完工但尚需等待检验等原因，不具备入库条件的各种形态在制品。
3．对耗用同一种原料生产出两种以上分类产品应分别列为成本核算对象。
第5条　成本核算方法
1．对能直接归属某个成本核算对象的成本费用直接列入相应成本对象的成本中。
2．对涉及两个及以上成本核算对象的成本费用采用分配办法归集，分别根据具体情况按人员比例、工作量比例分摊。</td></tr>
</table>

续表

制度名称	成本核算管理制度				
制度版本		受控状态	□ 受控 □ 非受控	制度编号	
细则 第2章 成本核算对象方法和项目	**第6条** 成本核算项目 1．原材料，是指经过加工构成产品实体的各种原材料及主要材料。 2．动力，是指生产耗用的水、电、气、风等。 3．燃料，是指产品生产过程中直接耗用的各种固体、液体、气体燃料。 4．辅助材料，是指生产过程中投入的有助于产品形成的材料，如各种助剂、添加剂、生产过程中使用的包装物等。 5．制造费用，包括公司下属生产车间、部门为组织和管理生产所发生的各项间接生产费用。 6．直接职工薪酬，包括公司直接从事产品生产人员的职工薪酬，具体包括工资（含奖金、津贴、补贴）、社会保险费、住房公积金、非货币福利费及工会经费和职工教育经费等。				
第3章 成本费用分析	**第7条** 分析内容 1．根据成本费用目标检查和评估实际执行情况，分析成本费用差异的原因。 2．找出影响成本费用的因素和降低途径，提出改进建议挖掘潜力，提高经济效益。 **第8条** 分析方法 对成本费用进行分析时，财务人员可采用以下方法。 1．通过分析收入利润率、成本费用利润率等指标，评估成本费用的现实情况。 2．根据工资、材料、燃料、电力、折旧及其他各要素费用的变化情况，通过同主要消耗定额和开支标准进行对比，计算各因素的影响程度。 3．通过将实际成本与计划成本比较，检查计划执行程度。 4．通过将本年成本主要指标与去年同期和历史最好水平比较，观察成本变动趋势。 **第9条** 分析实施 进行成本费用分析时，财务人员可采取日常的、定期的、专项的、动态的等多种形式。 1．日常分析主要用于控制支出进度。 2．定期分析主要用于较全面的分析，为下一步改进管理提供信息资料。 3．专题分析主要用于针对成本费用某项突出问题进行调查，分析研究，及时扭转偏差。 4．动态分析主要用于分析任务等因素变化对成本的影响及变动趋势。				
第4章 成本核算程序	**第10条** 成本核算通用程序 1．财务部应按成本费用发生项目进行归集，归集过程中保持成本核算与实际生产经营进程的一致性。 2．财务部应正确划分生产经营费用、非生产费用，按权责发生制进行核算。凡应由本期负担的支出，均应全部计入本期成本费用；凡应由分摊负担的支出，通过“长期待摊费用”等科目进行核算。 **第11条** 生产成本核算 1．财务部应根据各部门统计资料和原始记录，收集、确定各种产品的生产量、入库量、自制半成品、在产品盘存量及材料、工时、动力消耗等数据，应确保数据的准确性、规范性和有效性。 2．财务部应根据基本生产车间、辅助生产车间和规定的成本费用项目对发生的一切生产费用进行归集。				

续表

制度名称	成本核算管理制度				
制度版本		受控状态	□ 受控　□ 非受控	制度编号	
第4章 成本核算程序	3．财务部应将归集的费用予以结算和分配，能够确定由某一成本核算对象负担的，直接计入该成本核算对象；由几个成本核算对象共同负担的，按照产量等合理的分配标准，在有关成本核算对象之间进行分配。 4．期末有在制品产品，财务部应将归集起来的生产成本按产值在完工产品和在制品之间分配，从而计算出完工产品的总成本和单位成本。 **第12条**　材料成本核算 1．材料成本主要包括材料购买价格、运杂费、装卸费、定额内的合理损耗、入库前的加工、整理及挑选费用等。 2．财务部应采用实际成本核算材料，并按加权平均法计算出库成本。 3．凡直接用于产品生产的材料和自制半成品，直接计入各产品成本；不能直接认定的，按产值进行分配。 **第13条**　燃料和动力成本核算 燃料及动力按实际成本计入产品成本，能直接认定用于产品生产的燃料及动力的，直接计入各产品成本；不能直接认定的，按产值分配。 **第14条**　直接职工薪酬成本核算 直接从事产品生产人员的职工薪酬，核算人员直接计入各产品成本；不能直接认定的，核算人员按产值进行合理分配。 **第15条**　制造费用核算 公司为生产产品和提供劳务而发生的各项间接生产费用，通过“制造费用”科目归集，凡能直接认定用于产品生产的制造费用，直接计入各产品成本；不能直接认定的，按产值进行合理分配。 **第16条**　辅助生产成本的核算 1．核算原则：公司的辅助生产车间（部门，下同）应单独核算成本并进行分配。 2．核算办法：辅助生产车间（部门）生产的水、电、气及提供的劳务等发生的各项间接费用（包括材料、燃料及动力、直接职工薪酬、制造费用），通过相对应的成本要素或成本中心归集。 **第17条**　在制品成本的核算 1．对于各月之间变动不大、在制品数量较少、生产周期较短的情况，不计算在制品成本。 2．对于各月之间变动较大、在制品数量较多、生产周期较长的情况，计算在制品的成本。				
第5章 附则	**第18条**　本制度由财务部负责解释和修改。 **第19条**　本制度自发布之日起实施。				
编制部门		审批人员		审批日期	

10.5　财务审计监督制度设计

10.5.1　财务审计监督制度体系

企业财务审计，是指审计机关按照《中华人民共和国审计法》及其实施条例和国家企业财务审计准则规定的程序和方法，对国有企业（包括国有控股企业）资产、负债、损益的真实、合法、效益进行审计监督，对被审计企业会计报表反映的会计信息依法做出客观、公正的评价，形成审计报告，出具审计意见和决定。

1. 财务审计监督制度体系的内容

为加强公司内部管理和审计监督，完善公司内部控制制度，改善经营管理，维护公司的合法权益，提高经济效益，特构建财务审计监督制度体系。该体系主要包括的内容如图 10-11 所示。

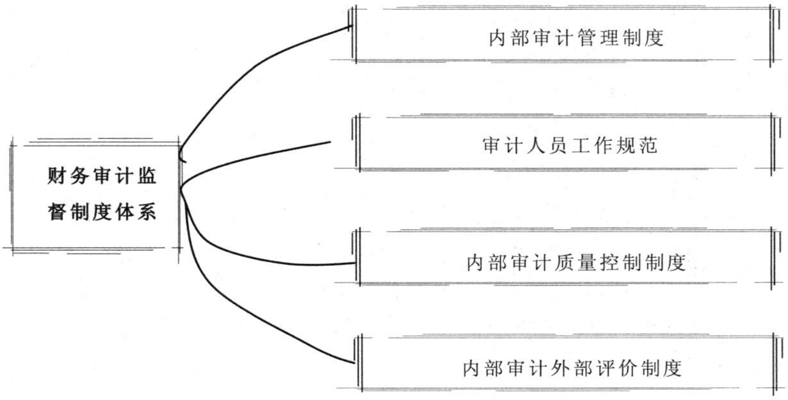

图 10-11　财务审计监督制度体系的内容

2. 解决的问题

企业建立审计监督制度体系，主要是能够保证企业内部各项财产物资的完全、完整及有序、有效流动和使用，确保真实、可靠地反映企业财务状况和经营成果，其可以解决五大问题，具体如图 10-12 所示。

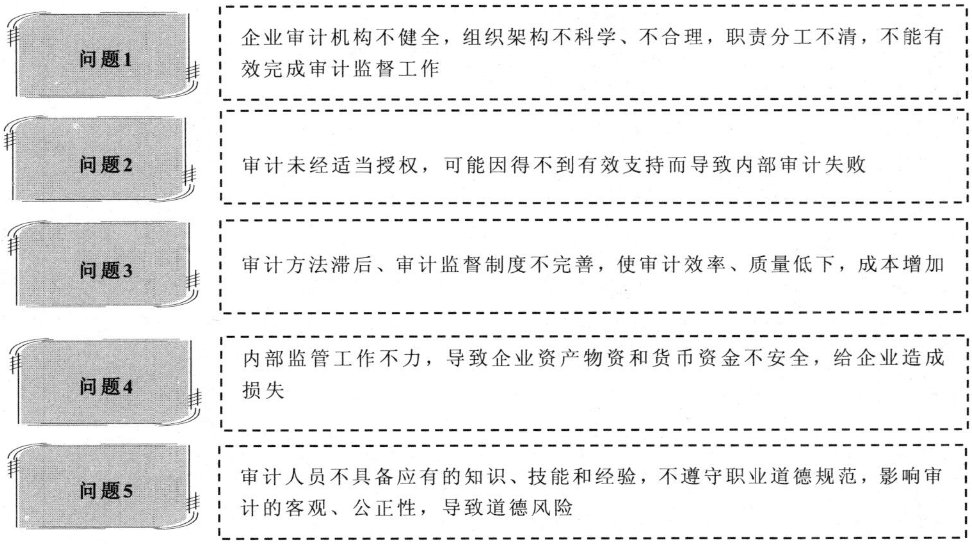

图 10-12　财务预算管理制度体系解决的问题

10.5.2 财务审计监督制度关键点

企业建设财务审计监督制度时，应加强对关键环节的控制。需关注的关键环节如图 10-13 所示。

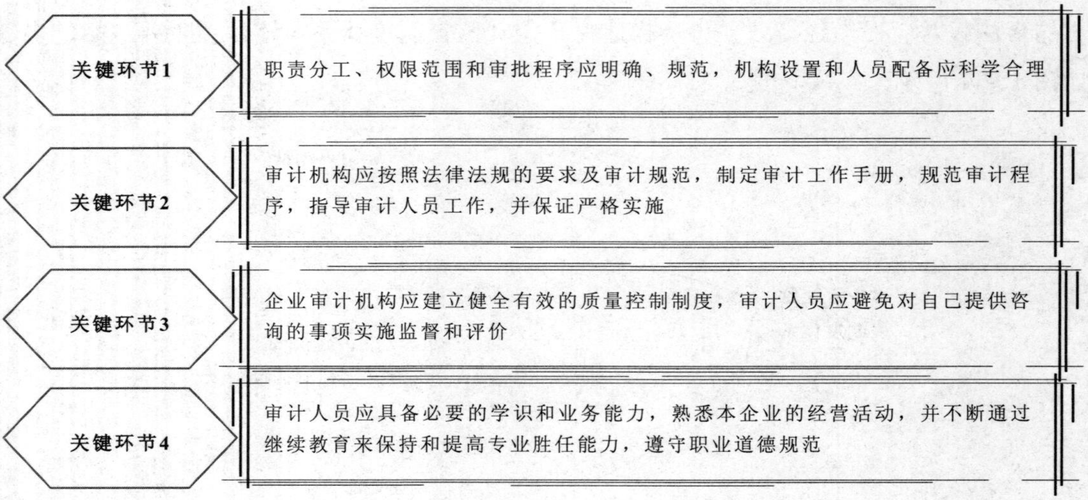

图 10-13 财务审计监督制度关键点

10.5.3 财务审计监督制度设计范例

制度名称	内部审计监督制度				
制度版本		受控状态	□ 受控 □ 非受控	制度编号	
第1章 总则	**第1条** 为达到以下两个目的，特制定本制度。 1．规范审计行为，提高审计质量，使审计工作制度化、规范化。 2．加强公司审计监督，完善内部控制制度，优化公司业务流程，改善经营管理。 **第2条** 本制度适用于公司财务审计管理相关事宜。 **第3条** 公司设立审计部，由审计经理和审计人员组成，并负责公司的各项审计工作。 1．负责制定并完善内部审计规章制度，制订年度审计计划和具体审计计划。 2．定期或不定期地对公司经济核算和会计报表的真实性、准确性进行综合审计。 3．配合外部审计机构对公司及有关部门的审计。				
第2章 审计内容 与范围	**第4条** 公司内部审计包括以下内容。 1．财务收支审计，对被审部门财务收入的合法性、真实性进行监督检查。 2．专案审计，对违反公司经济纪律问题的部门及人员进行审计查处。 3．专项审计，具体内容如下。 （1）管理审计，对被审部门管理活动的效率性进行审计。 （2）效益审计，在财务收支审计基础上，对其经济活动的效益性、合理性进行审计。 （3）任期审计，对被审单位负责人在任职期间履行职责情况进行审计。 （4）审计调查，对公司普遍存在的问题进行专题调查。 **第5条** 内部审计的对象如下。 1．公司各职能部门、员工。				

续表

<table>
<tr><td>制度名称</td><td colspan="5">内部审计监督制度</td></tr>
<tr><td>制度版本</td><td></td><td>受控状态</td><td>□ 受控 □ 非受控</td><td>制度编号</td><td></td></tr>
<tr><td>细则
第2章
审计内容
与范围</td><td colspan="5">2．总经理认为需要检查的其他事项和人员。
第6条 内部审计范围如下。
1．与财务收支有关的经济活动。
2．财务计划的执行和决算。
3．公司资产的使用、管理及保值增值情况。
4．公司业务运行、发展情况。
5．国家财经法律、法规执行情况。
6．公司领导离任的经济责任。
7．管理活动、行政活动。
8．公司其他认定事项。
第7条 公司内部审计依据如下。
1．国家法律、法规、政策。
2．公司规章制度。
3．公司经营方针、计划、目标。
4．其他有关标准。</td></tr>
<tr><td>第3章
审计工作
程序</td><td colspan="5">第8条 编制审计工作计划。
根据公司的经营管理的要求和具体情况，在调查研究的基础上，审计部拟订年度审计工作计划和分季度审计工作计划，经领导批准后执行并实施。
第9条 通知被审计单位。
审计项目实施方案由该审计项目的审计组长制定，审批通过后实施。审计部应提前3日向被审计单位下达“审计通知书”。自审计之日起，一般应在1个月内完成审计检查工作。被审计单位接到通知后，应按有关要求作好各项准备工作，积极配合，并为开展审计工作提供必要的工作条件。
第10条 组织实施审计项目。
1．依据被审计单位实际情况，可采取就地审计与送达审计、定期审计与不定期审计、抽查审计与全面审计、专项审计、专案审计等多种审计方式。在审计过程中，审计人员应做好审计记录，收集必要的审计证据。
2．重大、复杂的审计项目，审计组进驻被审计单位正式开展审计工作前，可要求被审计单位召集有关经营管理人员参加与审计组的见面会，介绍有关情况，明确审计要求，以取得被审计单位及其有关人员的理解与配合。
第11条 归集审计工作底稿。
审计人员在审计查证工作结束后，要对审计记录、证明材料、审计结果进行分析、整理、复核，然后编制审计工作底稿。必要的材料需经被审计单位负责人签字确认。
第12条 撰写审计报告。
1．审计人员根据审计结果，依据审计制度对被审计单位的被审事项做出客观公正的评价。审计报告要做到主要事实清楚，证据确凿、相关、充分、合法，评价客观，结论恰当，处理意见正确。
2．审计报告报送审计经理审定前，应征求被审计单位的意见。被审计单位对审计报告有异议的，审计组应当进一步核实、研究和确认。如报告经确认确有不实之处，应当修改审计报告。</td></tr>
</table>

续表

<table>
<tr><td>制度名称</td><td colspan="5">内部审计监督制度</td></tr>
<tr><td>制度版本</td><td></td><td>受控状态</td><td>□ 受控 □ 非受控</td><td>制度编号</td><td></td></tr>
<tr><td>第3章
审计工作
程序</td><td colspan="5">3．审计报告及审计处理处罚建议书报经审计经理批复后，正式下达被审计单位和有关部门。被审计单位对审计意见书和审计决定必须严格遵照执行（需有关部门配合执行的，有关部门应予以配合），并于收到之日起15日内将执行结果反馈审计室。
第13条 审计处理、处罚建议。
1．对被审计单位或部门违反国家、公司规定的财务收支行为，审计部应当根据审计结果，依据国家法律、法规和集团有关规章制度的规定，做出审计处理、处罚建议和意见。
2．处罚的审计建议种类。
（1）警告、通报批评。
（2）罚款（指对有严重违纪行为的单位和个人处以一定金额的罚款）。
（3）没收违法所得。
（4）依法采取的其他处罚。
第14条 被审计单位的申诉。
1．被审计单位在收到经领导批复后的审计处理、处罚决定后，如有异议，可在10日内向审计部提出申诉。申诉期间，原审计决定照常执行。
2．对被审计单位提出的申诉。审计部在接到申诉后10日内做出处理，对不适当的决定予以纠正。
第15条 审计回访和后续审计。
1．审计工作结束后，审计部应对被审计单位进行回访，对被审计单位采纳审计意见和执行审计决定的情况进行后续检查。
2．被审计单位基于成本或其他考虑，决定对内部审计中发现的问题不采取纠正措施，应当做出书面解释。
3．审计机构负责人应将审计结果及被审计单位书面解释向管理层报告。
第16条 审计资料归档。
项目审计结束后，审计部应按照审计档案管理的规定，做好审计资料的整理、立卷和归档工作。</td></tr>
<tr><td>第4章
审计督导
管理</td><td colspan="5">**第17条** 在督导工作中，应遵循重要性、谨慎性和客观性原则。
1．各级督导人员应根据内部审计人员的知识与技能，以及审计项目的复杂性，有重点地进行督导工作。
2．实施督导时，应当保持应有的职业谨慎，进行合理的专业判断，减少审计风险。
3．实施督导时，必须以事实为依据，做到客观公正。
第18条 督导应当贯穿于审计项目的全过程，包括审计准备、审计实施和审计终结三个阶段。
第19条 各级督导人员应确保审计人员明确审计目标和审计责任，并具有完成审计项目所必需的知识和技能。
第20条 各级督导人员应确保审计人员了解被审计单位的业务性质和需要特别关注的重大经营问题，制定可行的审计方案。
第21条 各级督导人员应确认审计人员按批准后的审计方案实施必要的审计程序，并针对新发现的重要问题修订审计方案。
第22条 各级督导人员应复核审计人员所编工作底稿的质量。
第23条 各级督导人员应确认审计证据的充分性、相关性、可靠性及审计报告的可靠性和审计建议的可行性。</td></tr>
</table>

续表

<table>
<tr><td>制度名称</td><td colspan="5">内部审计监督制度</td></tr>
<tr><td>制度版本</td><td></td><td>受控状态</td><td>□ 受控 □ 非受控</td><td>制度编号</td><td></td></tr>
<tr><td>第4章
审计督导
管理</td><td colspan="5">第24条 各级督导人员对被审计单位提出的异议应进行核实、复查，并及时给予答复。
第25条 各级督导人员确认审计目标的完成情况，确定是否存在尚未解决的重要问题。
第26条 各级督导人员应确认审计人员遵循内部审计工作程序和规范的情况。</td></tr>
<tr><td>第5章
审计质量
控制</td><td colspan="5">第27条 审计部要确保审计人员达到并保持履行其职责所需要的专业能力，为审计人员提供适当的专业培训机会。
第28条 根据岗位分工和审计工作需要建立分级汇报制度，审计人员在审计过程中发现重大事项和重要问题应及时向审计项目组长、审计部负责人汇报，由审计部负责人根据事项的情节轻重作出处理。
第29条 审计部应当加强对委托审计业务的监督和管理，合理确定委托审计事项，选择信用好、专业能力强、认真负责的社会中介机构实施审计，确保审计质量。
第30条 审计部在接受审计业务时，应当考虑自身能力和独立性，充分考虑被审计单位的有关情况，分析审计风险，必要时可向有关专家咨询。
第31条 审计部应定期召开部门会议，进行政策和业务学习，同时对质量控制的执行情况进行检查和分析，对审计事项进行总结和评价，以便及时发现问题，不断完善质量控制制度，尽可能降低审计风险。</td></tr>
<tr><td>第6章
审计外部
评价</td><td colspan="5">第32条 选择外部评价机构和人员应当遵循独立、客观、保密的原则，外部评价机构和人员应具有评价工作所需要的专业胜任能力。
第33条 审计部须从以下途径选择外部评价机构和人员。
1. 会计师事务所。
2. 内部审计协会。
3. 其他组织的内部审计机构。
第34条 外部评价原则上每4年实施一次，在下述情况下，可以适当延长外部评价的时间间隔。
1. 自上次外部评价后，审计部的组织结构、规章制度、人员素质及审计质量控制具有较大的稳定性。
2. 公司在近期组织过对内部审计质量的相关内容的考核与评价。
第35条 外部评价内容包括以下五个方面。
1. 内部审计机构组织结构的合理程度。
2. 内部审计人员履行内部审计准则的情况。
3. 内部审计人员的专业胜任能力。
4. 内部审计目标的实现程度。
5. 内部自我质量控制的适当性及有效性。
第36条 外部评价人员在对内部审计质量做出评价后，应当出具外部评价报告，该报告应包括以下内容。
1. 对内部审计活动是否遵循内部审计准则发表意见。
2. 内部审计工作存在的主要问题。
3. 对提高内部审计质量的建议。
4. 集团审计委员会和审计部的反馈意见。
第37条 对外部评价报告所提出的重大问题，审计部应拟定改进方案或措施，以改善内部审计质量。</td></tr>
</table>

续表

<table>
<tr><td>制度名称</td><td colspan="5">内部审计监督制度</td></tr>
<tr><td>制度版本</td><td></td><td>受控状态</td><td>□ 受控　□ 非受控</td><td>制度编号</td><td></td></tr>
<tr><td>第7章
审计人员队伍建设</td><td colspan="5">第38条　审计部应根据企业发展的规模、审计的范围和审计工作的经常化、专业化的要求及需要配备适当数量的专职或兼职会计师、经济师、工程师等业务骨干组成集团内部审计队伍。
第39条　审计人员应依法审计、忠于职守、客观公正、廉洁奉公、保守秘密，不得滥用职权、玩忽职守、徇私舞弊、泄露秘密。
第40条　审计人员在审计工作中取得的财务收支资料不得用于与审计无关的目的。
第41条　当遇有重大、复杂审计项目任务时，要求计划、财务、技术等部门的有关人员与审计人员共同参与并组成专项审计组。必要时，经有关领导批准可聘请外部人员或借助社会审计机构进行专题审计或专案审计。
第42条　审计人员按本制度规定行使审计职权，被审计单位和个人不得进行刁难或打击报复。对审计人员进行刁难或打击报复的人员，视情节轻重和造成的后果，给予相应的处罚、处分。
第43条　审计人员与被审计单位或审计事项有利害关系的，应在确定审计方案前提出声明并予以回避。审计调查时，审计人员不得少于两人。
第44条　审计人员工作成绩显著、对集团贡献突出的，应按集团有关规定给予表彰或奖励。
第45条　对弄虚作假、营私舞弊、严重失职渎职、泄露公司重要经济秘密的审计人员，视情节轻重和给公司造成的后果，给予相应的处分。</td></tr>
<tr><td>第8章
附则</td><td colspan="5">第46条　本制度由审计部负责解释、修订。
第47条　本制度自发布之日起执行。</td></tr>
<tr><td>编制部门</td><td></td><td>审批人员</td><td></td><td>审批日期</td><td></td></tr>
</table>

第 11 章

行政后勤管理制度设计

11.1 行政后勤管理制度体系结构

11.1.1 行政后勤管理制度体系架构图

行政后勤管理制度体系主要包括行政事项和后勤事项，具体如图 11-1 所示。

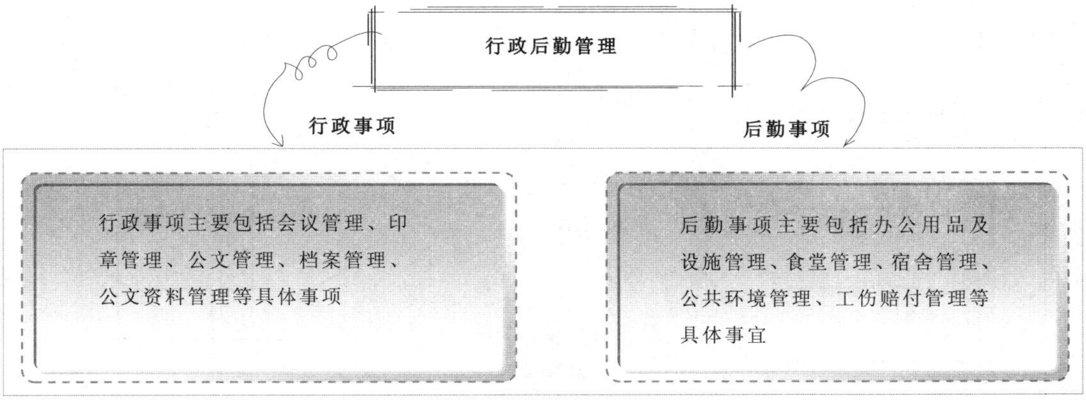

图 11-1　行政后勤管理具体事项

11.1.2 行政后勤管理制度体系关注点

行政后勤管理制度体系需关注如图 11-2 所示的内容。

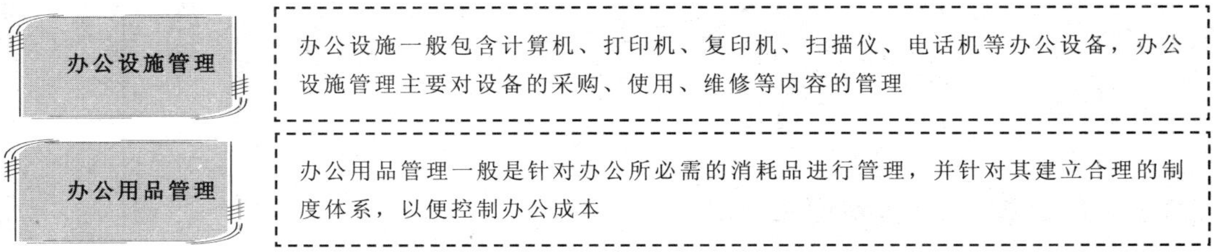

图 11-2　行政后勤管理制度关注点

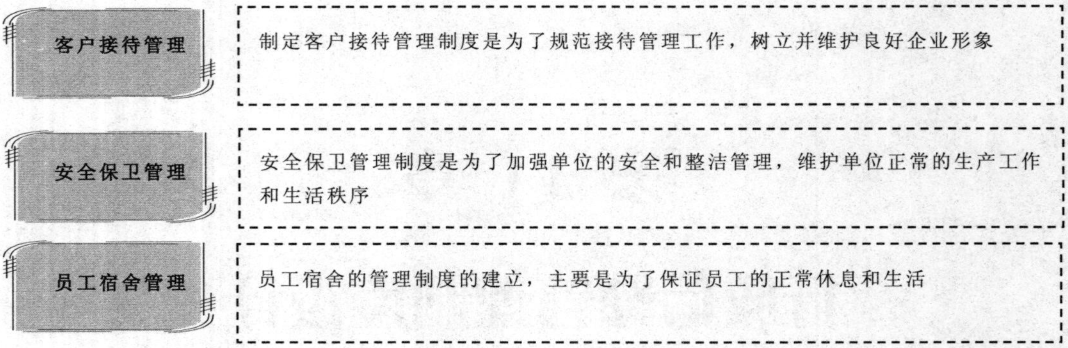

图 11-2　行政后勤管理制度关注点（续）

11.2　办公设施管理制度设计

11.2.1　办公设施管理制度体系

办公设施管理制度体系主要包括以下制度，具体如图 11-3 所示。

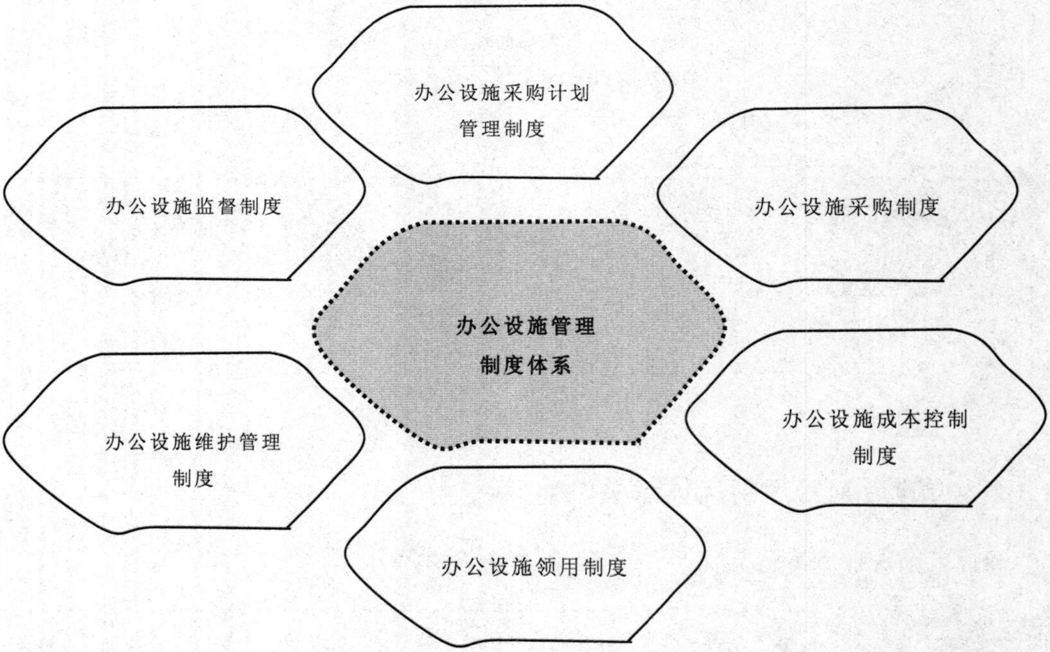

图 11-3　办公设施管理制度体系

11.2.2　办公设施管理制度关键点

办公设施管理制度关键点如图 11-4 所示。

设施采购管理

- 采购办公设施前应进行使用需求调查，了解各类物品器材的基本形态、样式和功能，比较各厂商的价格、质量及信誉
- 做好财务预算，控制和节约采购成本，保证在价格合理的基础上采购最优的办公设施

办公设施保管

- 采购部门在采购器材以后，应妥善保管。办公用品一般要设专门的库房和专人进行管理
- 保管员对采购部门购入的办公用品，按照规格、数量、质量，认真检收、登记、入账、入库，并精心保管
- 在保管工作中，要及时登记保管账卡，定期（季度或半年）清理库存，做到账物相符

图 11-4　办公设施日常使用维护关键点

11.2.3　办公设施管理制度设计范例

<table>
<tr><td>制度名称</td><td colspan="5">办公设施管理制度</td></tr>
<tr><td>制度版本</td><td></td><td>受控状态</td><td>□ 受控　□ 非受控</td><td>制度编号</td><td></td></tr>
<tr><td>总则
第1章</td><td colspan="5">第1条　目的。
为了加强公司办公设施的管理，有效控制办公设施成本，制定本制度。
第2条　适用范围。
本制度适用于公司关于办公设施管理工作。
第3条　职责分工。
1．行政部门负责办公设施的需求统计、维护保养、监督管理等工作。
2．财务部门负责采购办公设施的财务结算工作。
3．采购部门负责办公设施的采购及成本控制工作。</td></tr>
<tr><td>细则
第2章
制订采购计划</td><td colspan="5">第4条　行政部于每年年末组织对各部门的办公实施使用需求进行汇总统计，并制订下一年度的办公设施采购计划。
采购计划，一般包括办公设施名称、数量、用途、单位等基本信息。
第5条　行政部将制定后的采购计划以书面形式交由总经理审核，并在审核通过后，交采购部进行采购。</td></tr>
<tr><td>第3章
办公设施采购</td><td colspan="5">第6条　采购部对照采购计划单进行采购。采购时应注意以下事项。
1．计划外的办公设施采购，除办理以上手续外，还需标明采购的原因，同时交由总经理审批后方与实行。
2．对于采购设施单项超过10万元或总价值在20万元以上的办公设施时，必须交由总经理审批并备案。
第7条　采购部在采购过程中要以最优原则进行采购，填写采购清单，标明设施名称、价格、品牌、和生产厂家。
第8条　采购设施到达后，由行政专员负责对设施进行验收，确定无误后，办理入库登记手续。</td></tr>
</table>

续表

制度名称	办公设施管理制度				
制度版本		受控状态	□ 受控　□ 非受控	制度编号	
第4章 办公设施领用	**第9条**　行政专员根据各部门提出的办公设施需求申请，对照入库清单，通知各部门人员进行认领。 **第10条**　行政专员负责对申领人员进行物品分发，同时在领用登记册上做好登记，并办理出库手续。 **第11条**　对于领用单项超过10万元或总价值在20万元以上的办公设施时，必须经由总经理签字并确认。				
第五章 办公设施使用 监督和维护	**第12条**　办公设施使用监督。 1．办公设施实行编号管理，在办公设施交付使用时，统一粘贴编号并登记，由行政专员进行定期性检查，编号要求采用“部门拼音缩写+编号”的形式。 2．行政专员负责在办公设施领取后，对验收说明及设施说明书、保修卡等进行管理。 3．办公设施的转移时，办公设施使用部门或使用人需向行政专员或主管提出书面报告申请，经同意后方可移动，同时行政专员将办公设施转移时间进行登记。 **第13条**　办公设施的维护。 1．行政部门负责办公设施的日常维护管理工作。 2．由于不正当使用办公设施而造成损毁的，由使用人负责承担赔偿责任。 3．行政部门在进行日常维护时，要系统全面的检查设施的使用情况，发现有违规操作的程序，要及时制止并予以工作人员警告。				
第6章 附则	**第14条**　本制度有行政部制定，其解释权、修改权归行政部所有。 **第15条**　本制度经总经理办公会议审议通过后，自颁布之日起实施。				
编制部门		审批人员		审批日期	

11.3　办公用品管理制度设计

11.3.1　办公用品管理制度体系

办公用品管理制度体系主要包括如图 11-5 所示的内容。

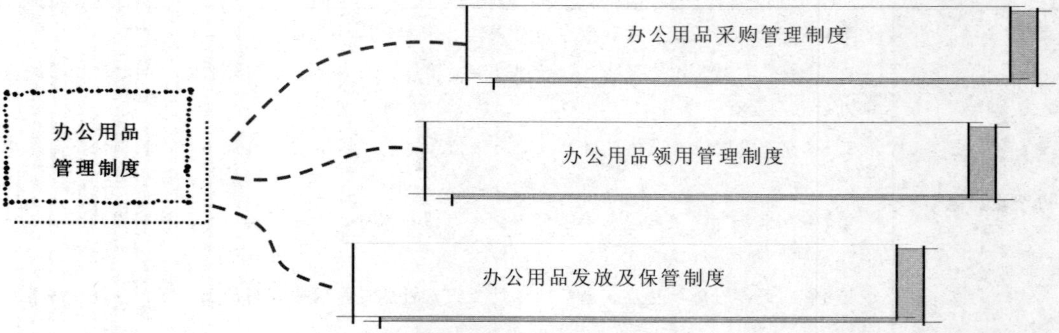

图 11-5　办公用品管理制度体系

11.3.2 办公用品管理制度关键点

办公用品管理制度关键点主要有七个方面，具体如图 11-6 所示。

采购合理性	分析各类物品器材在本企业的用途，确定办公用品的适用性
供应及时性	供应商是否能按时间、数量等要求及时供应采购物品
经济性	采用方便、经济的采购方式，选择合理的采购价格
办公用品发放	严格控制办公用品的发放范围，根据实际需要进行
办公用品领用	办公用品领用要严格按照规定进行，不能多领、冒领，做到公平公正，且满足每一个员工的需要
办公用品使用	办公用品的使用要以经济化、有效化、标准化、制度化为原则，严格执行物品使用的管理制度
办公用品保管	主要做好办公用品的登记、保管、分配、使用责任的签认及盘点、交换和养护等工作，以有效保持办公用品效能

图 11-6 办公用品管理制度关键点

11.3.3 办公用品管理制度设计范例

<table>
<tr><td>制度名称</td><td colspan="5">办公用品管理制度</td></tr>
<tr><td>制度版本</td><td></td><td>受控状态</td><td>□ 受控 □ 非受控</td><td>制度编号</td><td></td></tr>
<tr><td>总则
第1章</td><td colspan="5">第1条 目的。
为了保证办公用品的合理利用和有效管理，提高办公用品的利用效率，节约企业消耗成本，特制定本制度。
第2条 适用范围。
本制度适用于公司办公用品的管理。
第3条 职责分工。
1．行政部门负责办公用品的需求统计、计划制定、分发、检查等工作。
2．采购部负责办公用品的采购工作。
3．财务部负责对办公用品的成本控制和采购后的核算工作。</td></tr>
<tr><td>细则
第2章
制订采购计划</td><td colspan="5">第4条 统计办公用品需求。
1．每月28～29日由行政部组织统计各部门在下一个月份的办公用品需求，并进行登记，填写“申购单”。
2．行政专员统计企业下月办公用品需求总数，同时对办公用品库存进行清点，填写库存清单。
第5条 行政专员根据各部门的办公用品需求和库存量制订下一月份的采购计划，交由行政主管进行审核。</td></tr>
</table>

续表

制度名称	办公用品管理制度				
制度版本		受控状态	□ 受控 □ 非受控	制度编号	
细则 第2章 制订采购计划	**第6条** 行政主管将审核通过的下月办公用品采购计划送达财务部，由财务部专门人员或会计进行成本核算。 **第7条** 对于单位价值在1 000元以上或总量在5 000元以上的办公用品要交由总经理进行审批，特殊情况可直接由行政部主管审核。				
第3章 办公用品采购	**第8条** 行政部将采购计划交由采购部门，由采购部进行采购。 **第9条** 采购部在采购过程中要以最优原则进行采购，填写采购清单，标明设施名称、价格、品牌、和生产厂家。 **第10条** 采购部门需及时将采购后的办公用品交由行政部进行验收，并反映办公用品市场变化情况。				
第4章 办公用品领用	**第11条** 行政部专员对照“申购单”对物品进行验收。 1．多于“申购单”登记的物品，应询问采购部，标明原因。 2．少于“申购单”登记的物品，标明原因，并要求采购部补齐所缺办公用品。 **第12条** 行政专员根据各部门提出的办公用品需求申请，对照入库清单，通知各部门人员进行领用。 **第13条** 行政专员负责对申领人员进行物品发放工作，同时在领用登记册上做好登记，并办理出库手续。 **第14条** 办公用品发放人员要把好领用关，不得超标发放物品，确实因为工作的需要，须由发放人员申请，总经理批准。 **第15条** 对于领用单项超过1 000元或总价值在5 000元以上的办公用品时，必须经由总经理签字并确认。				
第5章 费用核定	**第16条** 财政部对办公用品进行核算入账，对多于“申购单”的办公用品不予报销。 **第17条** 各部门需要增加费用的，应以书面形式上报总经理，由总经理进行审批。				
第6章 办公用品管理	**第18条** 行政部门派出专员负责对办公用品的日常使用进行监督检查工作。 **第19条** 办公用品的使用要按照产品说明书的规定标准使用，避免不合理使用造成危险或浪费。 **第20条** 由于不正当使用办公用品而造成损毁的，由办公用品的使用人负责相应的赔偿责任。 **第21条** 离职人员应将所使用的办公用品如数归还，如有损失或缺失，应照价赔偿。				
第7章 附则	**第22条** 本制度有行政部制定，其最终解释权、修改权归行政部所有。 **第23条** 本制度经总经理办公会议审议通过后，自颁布之日起实施。				
编制部门		审批人员		审批日期	

11.4 客户接待管理制度设计

11.4.1 客户接待管理制度体系

客户接待管理制度体系主要包括六项制度，具体如图 11-7 所示。

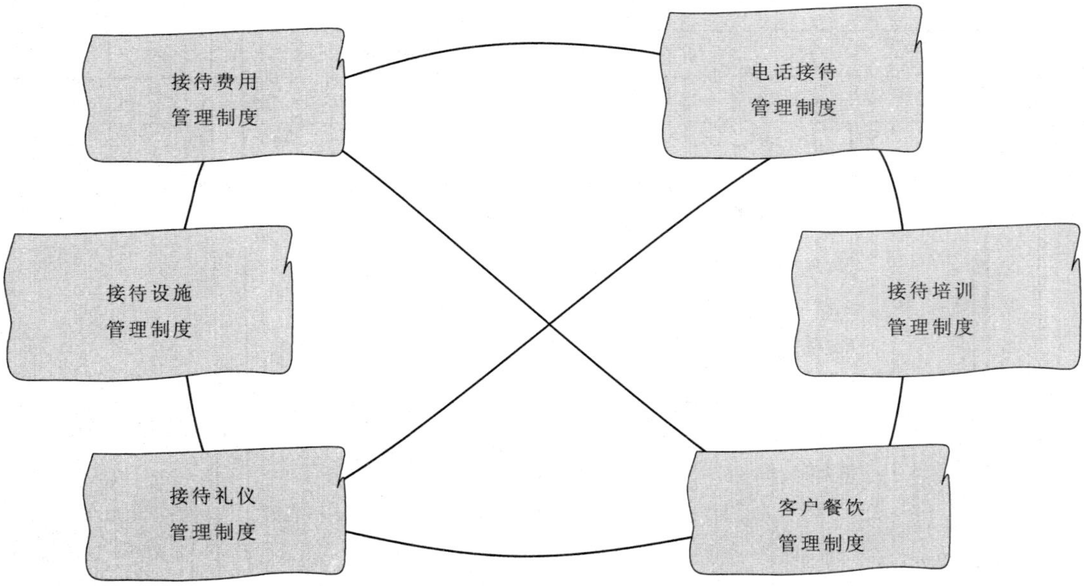

图 11-7　客户接待管理制度体系

11.4.2　客户接待管理制度关键点

客户接待管理制度关键点主要有五个方面，具体如图 11-8 所示。

电话接听礼仪	电话接听是客户对企业服务的第一印象，必须严格按照电话接听礼仪规范，留给客户一个满意的印象
客户接待管理	做好客户的接待管理工作，增加来客对企业的印象分值，提高客户的满意度，树立企业良好的形象
接待费用管理	在接待客户的过程中，既要满足接待的基本需求，又要做好企业接待的成本控制和成本预算，避免铺张浪费
接待培训管理	加大对接待人员的接待管理培训工作，以满足企业接待的需要，更好地提高服务的质量
接待设施管理	提高接待设施的质量和环境，保持接待设施的清洁卫生，从细节做好来客接待管理工作

图 11-8　客户接待管理制度关键点

11.4.3 客户接待管理制度设计范例

<table>
<tr><td>制度名称</td><td colspan="5">客户接待管理制度</td></tr>
<tr><td>制度版本</td><td></td><td>受控状态</td><td>□ 受控 □ 非受控</td><td>制度编号</td><td></td></tr>
<tr><td>总则
第1章</td><td colspan="5">第1条 目的。
为规范接待工作，提高接待水平，本着“热情、周到、规范、节约”的原则，特制定本制度。
第2条 适用范围。
本制度适用于公司客户接待管理工作。
第3条 职责分工。
1．行政管理部是公司接待客户的主管部门，负责协调公司的客户接待活动。
2．公司其他职能部门的客户接待活动，由所在部门自行承办，行政部予以必要的协助。</td></tr>
<tr><td>细则
第2章
接待服务规范</td><td colspan="5">第4条 前台仪容规范。
1．要求员工头发梳理整齐，面部保持清洁；男员工不留长发，女员工不化浓妆；保持空气清新，以适合近距离交谈；手部干净，指甲修剪整齐，男员工不留长指甲，女员工不涂抹鲜艳的指甲油；宜使用清新、淡雅的香水。
2．员工服饰礼仪要求参照公司《员工着装管理规定》。
第5条 电话接听礼仪规范
1．电话接听。
（1）接电话中，要勤说“请问”“对不起”“请稍等”之类的词。
（2）在电话铃响后的第二、第三声的时候接起电话。接起电话首先要说“您好，×××（公司名称，如果公司名称较长，应用简称)”，如果因故迟接，要向来电者说“对不起，让您久等了”。对知道分机号码或者转至具体人员的电话，可以礼貌地说“请稍等”，并马上转接过去。
2．做好电话记录。前台工作人员在接电话时，要随时记录电话内容，这些记录应简洁完整，最好具备以下六点内容：何时、何人、何地、何事、为什么、如何进行。
3．礼貌挂断电话。通话完毕后，可以询问对方：“还有什么事吗？”或者“还有什么要吩咐吗？”既表示尊重对方，也是提醒对方。谈话结束时，要表示感谢，并让对方先挂断电话。</td></tr>
<tr><td>第3章
来访接待要求</td><td colspan="5">第6条 接待预约来访人员时应礼貌大方、热情周到。
第7条 客人到来进行来访登记后，要立即通知被访者，如需前台接待人员引导，则应使用正确的引导方法和引导姿势。
第8条 为来访人员安排接待地点时，应遵循以下原则。
1．对于普通来宾，一般安排在公司会议室内接待。
2．对于贵宾来访，根据接见对象级别安排接待地点。
3．对于面试人员，在会议室允许的条件下，尽量安排在会议室内接待。
4．对于来公司学习培训的人员，由行政部协助相关部门进行接待。
第9条 预约人员到达后，若公司已预约人员由于种种原因不能马上接见时，一定要说明理由与等待时间，若来访人员愿意等待，则应向其提供饮料和杂志，如果可能，还应该不时为来访人员更换饮料。</td></tr>
</table>

续表

制度名称	客户接待管理制度				
制度版本		受控状态	□ 受控 □ 非受控	制度编号	
第3章 来访接待要求	**第10条** 如果预约来访人员要寻找的负责人不在，要明确告知预约人员的去向及回公司的时间。请来访人员留下电话、地址，并明确是来访人员再次来公司，还是由本公司人员到来访者单位。 **第11条** 未进行预约人员来访时，应首先明确对方姓名，婉转询问对方来意。前台人员经过初步判断后，并不能直接回答“在”或“不在”，而应使用“让我看看他是否在”等言辞，及时与相关人员进行沟通，最后决定是否安排被访者进行接待。				
第4章 接待设施要求	**第12条** 接待人员要求。 接待人员需真诚热情，注重文明用语，做到规范化服务。前台人员应配合部门业务人员提供周到的服务，原则上根据具体业务事项由相关业务负责人接待。 **第13条** 接待场地环境标准。 1．物品摆放整齐，且表面无灰尘。 2．地面干净无污物，空气流通清新。 3．室温适宜，灯光合适。 **第14条** 接待用品管理。 1．接待用品由部门经理负责把关。 2．接待用品采购依照公司的物资管理制度进行，由行政部具体实施。				
第5章 接待费用管理	**第15条** 接待规格：根据客户的分类，安排相应的接待方式。详情如下表所示。 （见下表“客户接待费用标准表”） **第16条** 接待费的使用遵循勤俭节约，效能优先的原则。 **第17条** 接待人员在完成招待任务之后须及时（____小时之内）凭“请款单”和接待费用的正式发票到财务部办理报销手续。				
第6章 附则	**第18条** 本制度由行政部制定，其最终解释权、修改权归行政部所有。 **第19条** 本制度经总经理办公会议审议通过后，自颁布之日起实施。				
编制部门		审批人员		审批日期	

客户接待费用标准表

客户类型	接待人员	接待费用标准
A类客户	公司高层	____元/人
B类客户	部门总监	____元/人
C类客户	部门经理	____元/人
D类客户	部门主管或业务负责人	____元/人
注：销售部门客户接待费用由本部门负责；企业客户接待需填写“业务接待申请单”		

11.5 安全保卫管理制度设计

11.5.1 安全保卫管理制度体系

安全保卫管理制度体系主要包括以下制度，具体如图11-9所示。

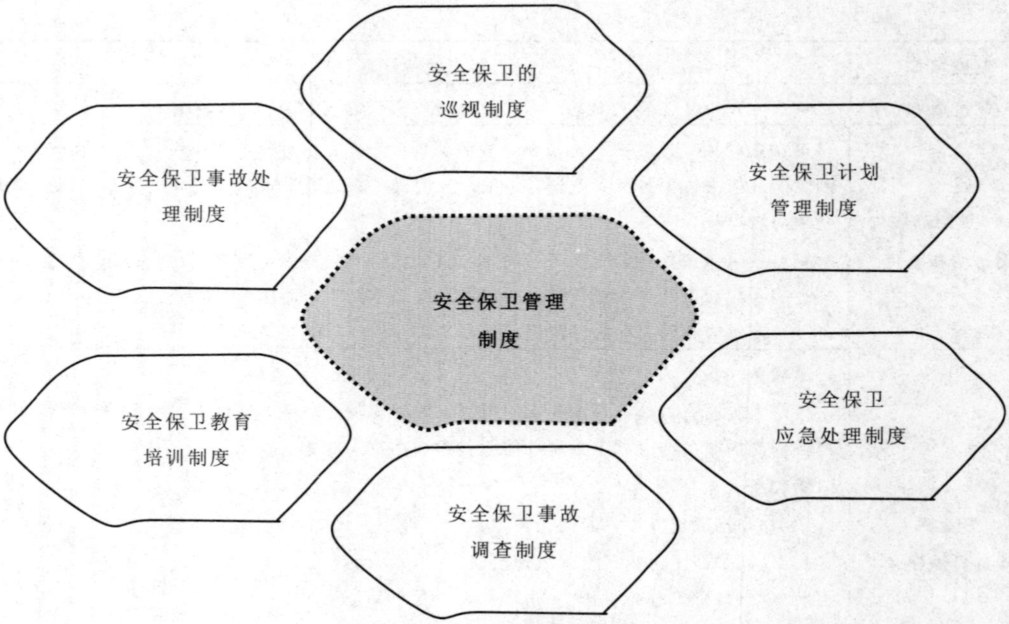

图 11-9　安全保卫管理制度体系

11.5.2　安全保卫管理制度关键点

安全保卫管理制度关键点主要有五个方面，具体如图 11-10 所示。

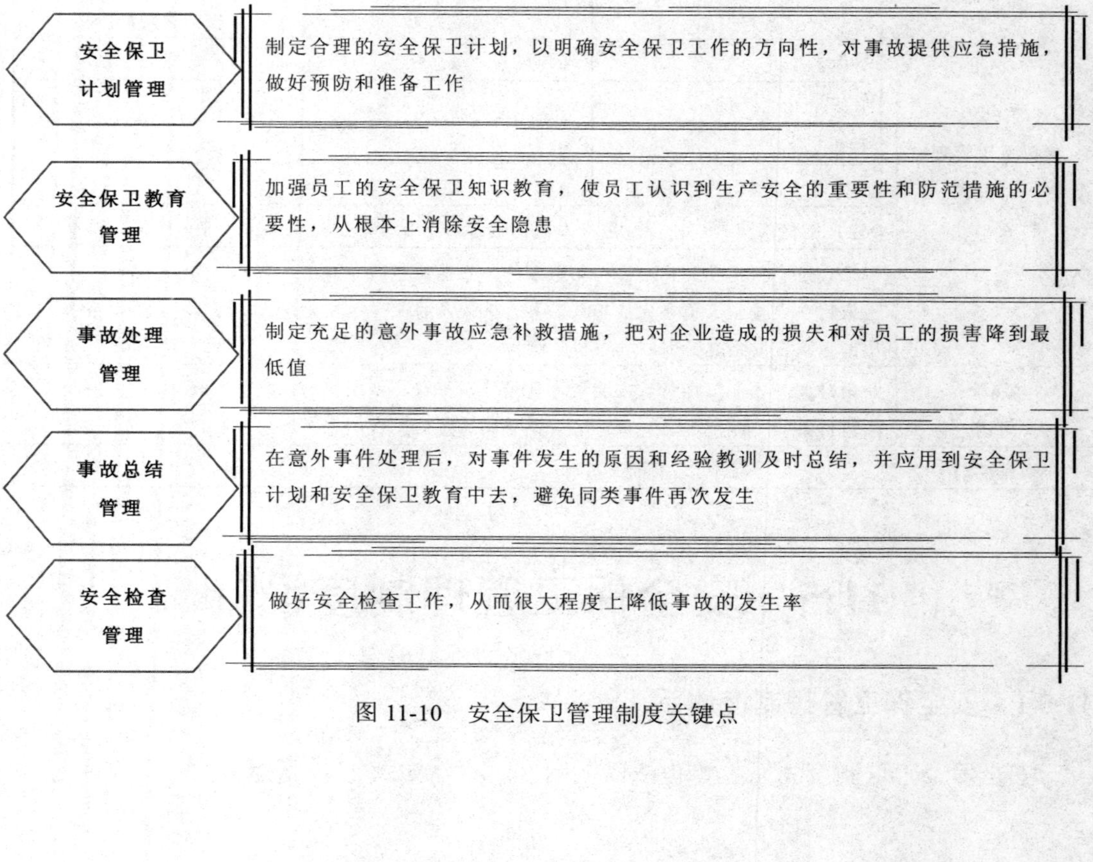

图 11-10　安全保卫管理制度关键点

11.5.3 安全保卫管理制度设计范例

制度名称	安全保卫管理制度				
制度版本		受控状态	□ 受控 □ 非受控	制度编号	
总则 第1章	**第1条** 目的 为了加强本公司的安全保卫工作，保护企业财产和员工人身安全，保障各项工作顺利进行，特制定本制度。 **第2条** 适用范围 本制度适用于公司内部安全保卫工作。 **第3条** 职责分工 1. 行政部负责安全保卫工作的计划制订、安全教育、事故处理等工作。 2. 各部门负责协助行政部做好单位的安全保卫工作。				
细则 第2章 影响环境因素	**第4条** 生产过程中的客观原因 1. 生产设备、仪器的防护、保险及信号等装置缺乏或处于不良状态。 2. 设备、仪器、工具及附件或材料等存在缺陷；车间或班组无总电源、总气阀。 3. 生产工艺本身缺乏充分的安全保障，工艺规格存在缺陷。 4. 生产组织或劳动组织不合理。 5. 个人劳动保护用品缺乏或用品质量不合格。 6. 事故隐患未暴露或未被发现等。 **第5条** 工作环境的不安全因素 1. 工作地点通道不畅，材料、半成品、成品混堆，工作场所过分拥挤或物品布置不当，地面不平坦，存在障碍物或地面过于光滑。 2. 厂房车间平面或立体布置不合理，未提供紧急出口，或出口太少。 3. 工作地点光线不足或光线太强，影响视觉从而引起操作失误。 4. 工作地点存在超标准噪声，影响工作情绪，导致无法安心工作；温度、湿度、空气清洁度不符合标准。 5. 有毒、有害物品在工作地点超定额存放或保管不当，无急救或保险措施。 6. 厂房年久失修，厂区污染严重等。 **第6条** 个人的责任 1. 未能很好地学习操作方法、技巧和规程，未按规程操作或工作技术不成熟。 2. 工作时注意力不集中或工作情绪不稳定。 3. 劳动保护用品未使用或使用不当。 4. 工作责任心不强，自由散漫，工作时闲谈或不认真。 5. 不遵守劳动纪律，工作时打闹、嬉戏。 6. 没有注意劳逸结合，长期加班，过度疲劳，注意力不集中。 7. 工作中互相配合不佳。 8. 不执行岗位责任制，串岗、漏岗。				
第3章 安全教育	**第7条** 安全生产教育的内容 1. 思想教育，主要是正面宣传安全生产的重要性，选取典型故事进行分析，从事故的政治影响、经济损失、个人受害后果等几个方面进行教育。 2. 法规教育，主要是学习上级有关文件、条例、本企业已有的具体规定、制度和纪律条文。				

续表

<table>
<tr><td>制度名称</td><td colspan="5">安全保卫管理制度</td></tr>
<tr><td>制度版本</td><td></td><td>受控状态</td><td>□ 受控　□ 非受控</td><td>制度编号</td><td></td></tr>
<tr><td>第3章
安全教育</td><td colspan="5">3．安全技术教育，包括生产技术、一般安全技术的教育和专业安全技术的训练。其主要内容包括：本厂安全技术知识、工业卫生知识和消防知识；本班组危险地点和设备安全防护注意事项；电器安全技术和触电预防；运输安全知识；急救知识；高温、粉尘、有毒、有害作业的防护；职业病原因和预防知识；保健仪器、防护用品的发放、管理和正确使用知识等。
第8条　安全生产教育的主要形式和方法
安全生产教育的主要形式有“三级教育”“特殊工种教育”和“经常性的安全宣传教育”等形式。
1．三级教育。在工业企业中的所有伤亡事故中，由于新人缺乏安全知识而产生的事故发生率一般为50%左右，所以对新人、来厂实习人员和调动工作的工人，要实行厂级、车间、班组三级教育。其中，班组安全教育包括介绍本班组安全生产情况、生产工作性质和职责范围、各种防护及保险装置的作用，容易发生设备和操作注意事项。
2．特殊工种教育。针对工种工作的特殊性及容易设计的安全问题，进行有针对性、预防性教育。
3．经常性的宣传教育。可以结合本企业本班组的具体情况，采取各种形式。如安全活动日、班前班后会、安全交底会、事故现场会、班组园地等方式进行宣传。</td></tr>
<tr><td>第4章
安全技术知识</td><td colspan="5">第9条　防爆的知识
1．防止爆炸性混合物爆炸。加强管理，消灭跑、冒、滴、漏的现象，避免可燃物泄露至空气中而达到的爆炸限度。
2．尽量避免产生火花。防爆区的电机、照明设备应采用防爆型；避免因接触不良、绝缘不良、超负荷或过热而产生火花或着火；正确铺设避雷装置。
3．防止产生静电。工作人员穿棉布工作服，不得穿易产生静电的化纤衣物和塑料底鞋。
4．严格遵守防火制度。严禁在生产区内吸烟，严禁明火取暖和焚烧可燃物。
5．配备安全装置。包括安装警报器、在压力容器上安装安全阀，有些设备和官道上可安装防爆板，安全装置要按规定维护，核定处于良好状态。
第10条　防火的知识
1．加强各种可燃物品的管理，大宗燃料应按品种堆放，不得混入硫化物或其他杂质；对酒精、丙酮、油类、甲醇、油漆等易燃物质要妥善保存，不得靠近火源。
2．采取防火技术措施，设计建筑物和选用设备应采用阻燃或不燃材料；油库和油缸周围应设置防火墙等。
3．配备消防措施，厂区要按规定配备消防栓、消防水源、消防车等。生产车间应配备必需消防用具，如沙箱、干粉、二氧化碳灭火器等。器材要经常检查、定期更换，使之处于良好状态。
4．开展群众性消防活动，既要组织专业消防队也要建立群众性防火灭火义务消防队伍，并通过学习和实地演习，提高灭火技能。
第11条　预防触电知识
防触电的主要措施是加强管理、严禁违章作业。
1．各类电器设备，包括电焊机、照明、家用电器等的选用和安装要符合安全技术规定，保证设备的保护性接地或保护性接零良好。
2．电气设备要定期检修，并做好检修记录，及时更换老化或裸露的电线；及时拆除临时或废弃线路等；待接线头要包扎绝缘胶带。</td></tr>
</table>

续表

<table>
<tr><td>制度名称</td><td colspan="5">安全保卫管理制度</td></tr>
<tr><td>制度版本</td><td></td><td>受控状态</td><td>□ 受控 □ 非受控</td><td>制度编号</td><td></td></tr>
<tr><td></td><td colspan="5">3．健全电气设备安全操作规章和责任制度，严禁违章作业，严禁非专业人员擅自操作或修理电气设备。
4．在对电气设备进行修理作业时，应切断电源和穿戴绝缘衣物。</td></tr>
<tr><td>第5章
事故处理</td><td colspan="5">第12条　事故的调查、分析和处理
对于伤亡事故进行调查分析和处理的基本目的是：找出原因，查明责任，采取措施，消除隐患，吸取教训，改进工作。
班组的责任是协助有关部门或人员搞好调查分析和处理工作。
1．调查有无进行安全教育。
2．调查在布置生产任务的同时有无进行安全教育工作。
3．调查安全防护、保险、报警、急救装置或器材是否完备。
4．调查事故隐患是否存在安全操作规程，是其否公开张贴或放置。
5．调查安全事故隐患是否存在。
6．调查个人劳动防护用品是否齐备及正确使用。
7．调查安全计划措施是否落实和实施。
第13条　安全检查的形式。
1．安全检查的方法有：常规性检查、专业性检查，还有节假日前的例行检查和安全月、安全日的群众性大检查。
2．教育班组成员养成时时重视安全、经常注意进行自我安全检查的习惯，是实现安全生产，防止事故发生的重要方式。
第14条　自我安全检查要点。
1．检查工作区域的安全性：注意周围环境卫生，工作通道是否畅通，梯架是否稳定，地面和工作台面是否平整。
2．检查使用材料的安全性：注意堆放或储藏方式，装卸地方太小，材料有无断裂痕、毛刺、毒性、污染或特殊要求，运输、起吊、搬运手段，信号装置是否清晰等情况。
3．检查工作的安全性：注意是否齐全、清洁、有无损坏、有无任何特殊使用规定、操作方法等。
4．检查设备的安全性：注意防护、保险、报警装置情况。</td></tr>
<tr><td>第6章
附则</td><td colspan="5">第15条　本制度由行政部负责制定，其最终解释权、修改权归行政部所有。
第16条　本制度经总经理审批，自颁布之日起生效。</td></tr>
<tr><td>编制部门</td><td></td><td>审批人员</td><td></td><td>审批日期</td><td></td></tr>
</table>

11.6　员工宿舍管理制度设计

11.6.1　员工宿舍管理制度体系

员工宿舍管理制度体系主要包括以下制度，具体如图 11-11 所示。

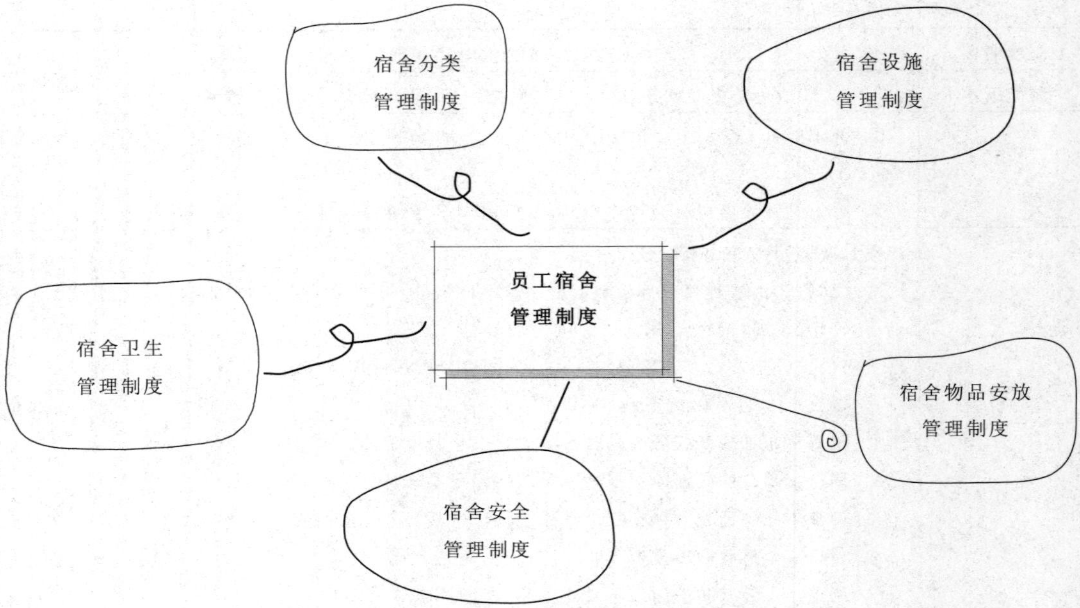

图 11-11　员工宿舍管理制度体系

11.6.2　员工宿舍管理制度关键点

员工宿舍管理制度关键点主要包括五个方面，具体如图 11-12 所示。

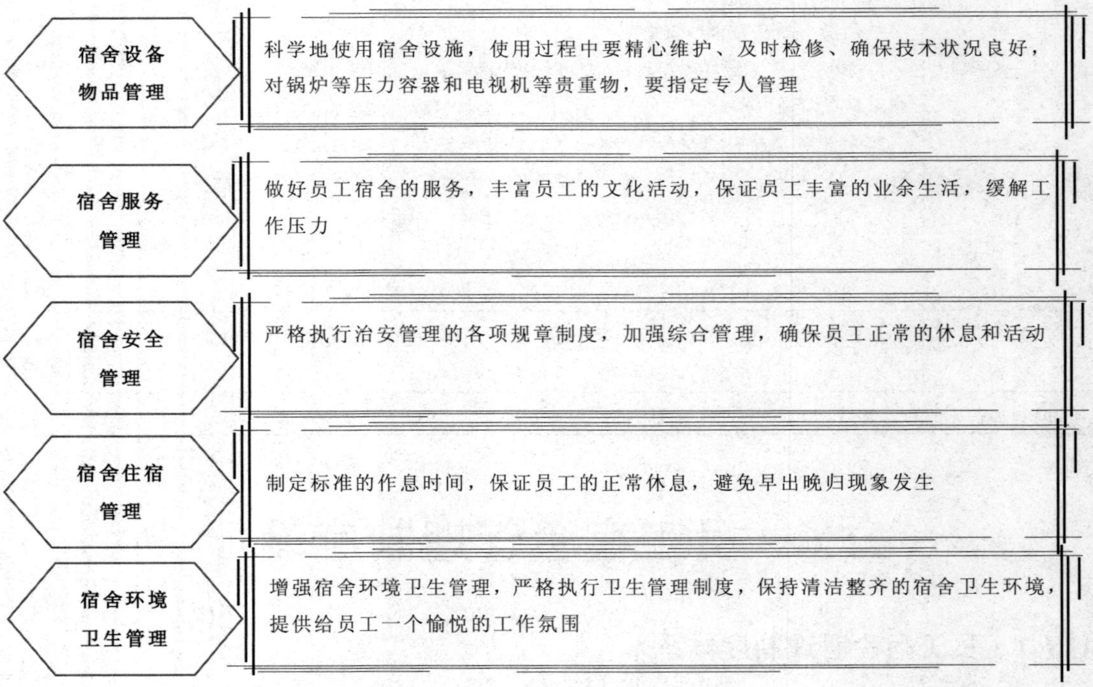

图 11-12　员工宿舍管理关键点

11.6.3 员工宿舍管理制度设计范例

制度名称	员工宿舍管理制度				
制度版本		受控状态	□ 受控　□ 非受控	制度编号	

第1条　目的。

为使员工宿舍保持良好、清洁、整齐的环境和秩序，保证员工得到充分的休息，以维护生产安全和提高工作效率，特制定本制度。

第2条　适用范围。

本制度适用于员工宿舍管理工作。

第3条　职责分工。

1．行政部门负责安排管理员，管理员工宿舍的安全、卫生等方面。

2．后勤部门负责员工宿舍的被褥、日常生活用品的提供和支持。

3．财务部负责宿舍用品的财务核算和入账。

第4条　住宿条件。

1．员工在市区内无适当住所或交通不便者可申请住宿。

2．凡有以下情形之一者，不得住宿。

（1）患有传染病者。

（2）有吸毒、赌博不良嗜好者。

3．不得携眷住宿。

4．保证遵守本制度。

第5条　员工离职（包括自动辞职、被免职、卸职、退休等），应于离职之日起3天内，迁离宿舍，不得借故拖延或要求任何补偿费或搬家费。

第6条　宿舍设立管理员，其任务如下。

1．监督管理一切内务，分配清扫任务，保持室内整洁，维持秩序，维护水电煤气的安全及人员的管理。

2．监督值班人员，维护环境清洁及门窗的安全。

3．掌握住宿者如血型、紧急联络人的方面的资料，以备不时之需。

4．有下列情形之一者，应通知主管及总经理。

（1）违反宿舍管理规则，情节严重。

（2）留宿亲友。

（3）宿舍内有不法行为。

（4）员工身体不适以致病重，通知主管及总经理的同时，应通知其亲友并及时送至医院。

第7条　员工对所居宿舍，不得随意改造和变更。

第8条　员工不得将宿舍之一或全部转租或出借于他人使用，一经发现，即终止其居住权利。

第9条　宿舍所有器具设备（如电视机、玻璃镜、卫浴设备、门窗、床铺等），住宿员工有责任维护其完好。如疏于管理或恶意破坏，酌情由现住人员承担修理费或赔偿费，并视情节轻重予以纪律处分。

第10条　住宿员工应遵守下列规则。

1．服从管理员管理、派遣与监督。

2．室内禁止烧煮、烹制食品或私自接配线及装接电器。

3．室内不得使用或存放危险、违禁物品。

4．起床后棉被叠放整齐。

续表

制度名称	员工宿舍管理制度				
制度版本		受控状态	□ 受控 □ 非受控	制度编号	

5．烟灰、烟蒂不得随意丢弃，室内不得存放易燃物品。

6．换洗衣物不得堆积室内，暂不用的衣、鞋必须放入柜内。

7．洗涤衣物放在指定位置晾晒。

8．使用洗衣机、收音机，应在适当时间使用，以免妨碍他人休息。

9．就寝后不得影响他人睡眠。

10．宿舍不得留宿亲友，外人拜访应登记姓名、关系及进出房间。

11．夜间最迟应于23:00前返回宿舍，否则应向管理员报告。

12．贵重物品应避免携带入内，违反规定放入室内而至丢失者，责任自负。

13．不得随意在墙壁、橱柜、门窗上张贴字画或悬挂物品。

14．废弃物、垃圾等应集中倾倒于指定场所。

15．房间清洁由住宿人员轮流负责。

16．节约用水，随手关掉水龙头。

17．不得在床上吸烟。

18．不得在宿舍内酗酒、赌博、打麻将或从事其他不健康活动。

第11条 住宿人员轮流值班，负责公共区域的清洁，公共设施的修缮，水电、门窗的安全巡视，发现问题及时报告并立即采取措施。

第12条 住宿员工发生下列行为之一，即应取消其住宿资格，并呈报其所在部门。

1．不服从管理员监督、管理。

2．在宿舍赌博、打麻将、斗殴、酗酒。

3．蓄意破坏公用物品或设施。

4．擅自在宿舍内接待异性客人或留宿他人。

5．经常破坏宿舍安宁、屡教不改。

6．严重违反宿舍安全规定。

7．无正当理由经常夜不归宿。

8．有偷窃行为。

第13条 住宿者应将床位、物品、抽屉等清理干净，带出物品应先交管理员或主管人员检查。

第14条 管理员应按规定及时向公安户籍管理部门为住宿者办理临时户口登记。

第15条 本制度由行政部制订，经总经理核对签注后公布实施，修改亦同。

编制部门		审批人员		审批日期	

11.7 员工出入管理制度设计

11.7.1 员工出入管理制度体系

为了维护公司财产及安全生产的需要，企业需严格控制员工出入管理。员工出入管理制度体系一般应包括如图 11-13 所示的内容。

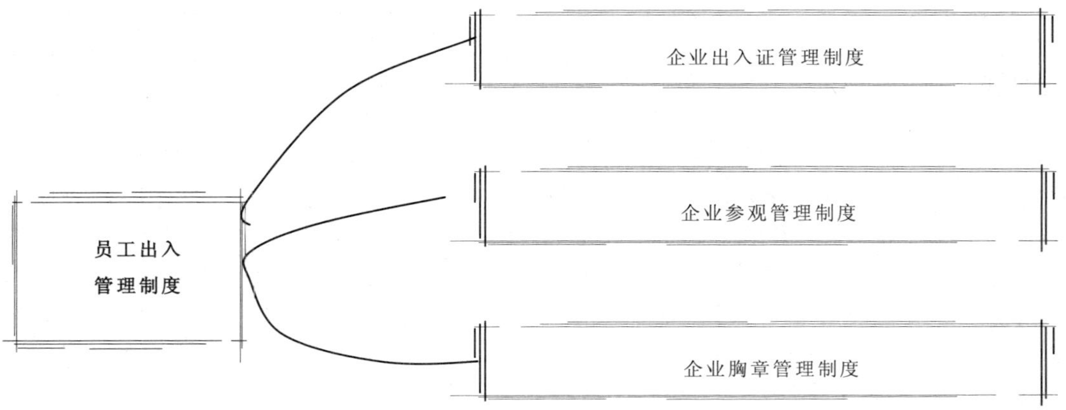

图 11-13 员工出入管理制度体系

11.7.2 员工出入管理制度关键点

企业在制度员工出入管理制度时，应注意如图 11-14 所示的关键点。

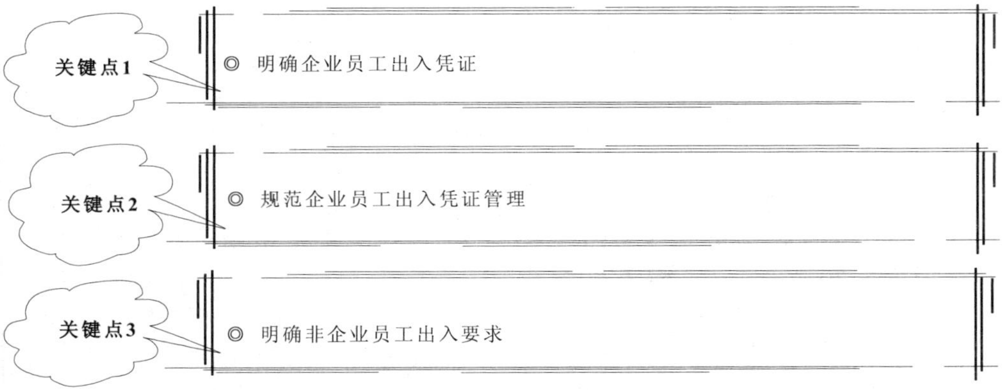

图 11-14 员工出入管理制度关键点

11.7.3 员工出入管理制度设计范例

制度名称	员工出入管理制度				
制度版本		受控状态	□ 受控 □ 非受控	制度编号	
总则 第1章	**第1条** 目的。 为维护公司财产安全，保证生产业务有序进行，特制定本制度。 **第2条** 适用范围。 本制度适用于所有出入本公司的人员、车辆和物品。				
细则 第2章 本公司 员工出入	**第3条** 本公司员工出入厂区均应穿工作服，佩戴胸章。 **第4条** 因公事需要经常出入本公司的员工，经理为其颁发特制胸章，作为自由出入厂区的凭证。 **第5条** 值班人员临时因公事需要出入公司时，应持“本公司员工出入证”出入。				

续表

制度名称	员工出入管理制度				
制度版本		受控状态	□ 受控　□ 非受控	制度编号	
细则 第2章 本公司 员工出入	1．“本公司员工出入证”一式三联，且经主管领导签字。 2．第一联存放于其所属部门，第二、三联交保安处签注出厂时间，第二联由员工本人携带，第三联暂存保安处。 3．员工返厂时，将第二联交由保安处对照检查，连同第三联一起暂存于保安处。员工于次日10:00前将第三联转送部门主管核查，将第二联转送考勤部门核对考勤记录。 **第6条**　非值班人员临时因公事需要出入公司时，应于保安处填写“本公司员工出入证”。 1．“本公司员工出入证”一式三联，经保安核对，签注出入厂时间。 2．第一联留存保安处，第二、三联由本人携带出入公司。 3．员工返厂时，将第二、三联交部门主管核对签注，交保安处检查对照，并连同第一联核对签注入公司时间。 **第7条**　本公司员工请假于工作时间离开公司时，应按规定办理请假手续，打卡出公司。				
第3章 工程承包人及其雇佣人员出入	**第8条**　工程承包人及其雇用人员如因施工进入厂区，先由工程承包人填具“出入厂申请书”，作为向保安主管部门换发“工程承包人出入凭证”的依据。 1．出入厂申请书一式两份，经工程主办部门负责人及保安处核对签注后，一份送相关业务部门审核，另一份送保安主管部门存查。 2．在本公司施工的时间在一日以内者，可免送相关业务部门审核。 **第9条**　入厂的规定如下。 1．施工人员将有效身份证件及“工程承包人出入凭证”交保安核对，确认无误后换发“工程承包人入厂证”并佩戴入厂。 2．因工程进度或原有工作人员未到而临时增加或更换人员，不能事先办理手续时，临时上岗人员持被更换者的出入证由保安核对，保安在收取相关身份证明文件后，发给其“工程承包人出入证”，但工程承包人应于当日内补办所需一切手续。 **第10条**　施工人员完成当日工作出厂时，应交还“工程承包人出入证”，换回有效身份证件及“工程承包人出入凭证”。午间出厂及工作中出入公司时亦同。				
第4章 外来公务及参观人员出入	**第11条**　厂商、客户前来洽谈业务时，保安或服务人员应先将其安排在会客室，并电话通知接待部门，接待部门应及时派人前来。 **第12条**　洽谈业务一般应在公司外或公司内会客室进行。对于不同的洽谈者，保安处应分别按下列规定办理。 1．接待部门同意入厂洽谈者。接待部门应开具“车辆/人员出入证”，经部门主管级以上人员核对签注后，送保安处作为放行依据。 2．临时需入厂洽谈者。保安或服务人员电话联络接待部门主管得到批准后，由保安处或服务人员代填“车辆/人员出入证”，经保安处负责人核对签注后，该洽谈者方可入厂。 3．经核对签注入厂的公务人员应由保安处电话联络接待部门，接待部门应派人直接引导其入厂，洽谈结束派人直接引导出厂。 **第13条**　“车辆/人员出入证”一式三联，第一联填单部门留存，第二、三联经保安处签注入厂时间后，第二联交外来人员暂存，并用身份证明文件换发胸章佩戴入厂，第三联暂存保安处。 **第14条**　洽谈结束后，外来人员持接待人员签字的“车辆/人员出入证”由保安处检出原存第三联，分别签注出厂时间并收回胸卡，发还身份证明文件后出厂，第二联由保安处留存，第三联于次日10:00前送洽谈主办部门留存。				

续表

制度名称	员工出入管理制度				
制度版本		受控状态	□ 受控　□ 非受控	制度编号	
第4章 外来公务及参观人员出入	**第15条**　外部团体或本公司人员亲友在必要情况下入厂参观时，由经办人或申请人按规定参观路线填写“参观申请登记表”，经总务部门主管核对签注后，由总务部门发给特别胸章（贵宾或五人以上团体免发），并派人（或要求有关部门派人）引导参观。 **第16条**　参观人员入厂时，保安处应在“参观申请登记表”上核对签注入厂时间，出厂时核对签注出厂时间并收回胸章，于次日将胸章及“登记表”送总务部存查。 **第17条**　参观人员若请求参观规定区域之外的区域，应呈总经理核对签注。 **第18条**　由公司部门经理以上人员陪同参观规定区域者，事前可免办申请手续，但应于当日内补填“参观申请登记表”，送保安处核对签注出、入厂时间，之后送总务部门留存。 **第19条**　相关部门只可在上班时间内安排参观活动。假日参观时，应专函预约，并经部门经理核对签注方予安排。				
第5章 胸章管理	**第20条**　本公司人员（包括正式员工和试用期员工）出入公司应佩戴胸章。 **第21条**　对未按规定佩戴胸章的员工，保安有权予以纠正。 **第22条**　员工入厂时如果未佩戴胸章，应在保安处登记借用“临时出入证”，经保安核对并扣留考勤卡后入厂，待下班时以“临时出入证”换取考勤卡，方可打卡离开公司。 **第23条**　保安于次日上午将“借用临时出入证登记单”交总务部留存。员工年累计借用满三次以后，每借用一次即由总务部警告一次。 **第24条**　非值班人员临时因公事入厂而未佩戴胸章者，应向保安处借用“临时出入证”，并由保安将该号码登记于“本公司员工出入证”备注栏后，方可入厂，离开公司时缴回。 **第25条**　员工一旦遗失胸章应立即向主管部门申请补发，同时书面说明遗失经过并检讨，缴纳工本费每枚两元。年累计补发达三次以上者，总务部应给予当众警告。 **第26条**　使用他人胸章或伪造、涂改胸章者，一经查实，使用者、借予者、伪造涂改者均将受到免职处分。 **第27条**　本公司员工使用“临时出入证”出厂时应将该证归还保安。未归还者将受到追究。遗失“临时出入证”者，应按前述丢失处理办法处理。保卫部门应适时换发新证以消除隐患。私自将“临时出入证”借给他人使用者，或借故不还者均将受到免职处分。 **第28条**　前来洽谈业务的客户若遗失“公务”胸章，可要求其补办。				
第9章 附则	**第29条**　本制度经总经理通过后实施，修改时亦同。 **第30条**　本制度的解释权归行政部所有。				
编制部门		审批人员		审批日期	

11.8　公司文书管理制度设计

11.8.1　公司文书管理制度体系

公司的文书管理制度体系主要包括如图 11-15 所示的六项内容。

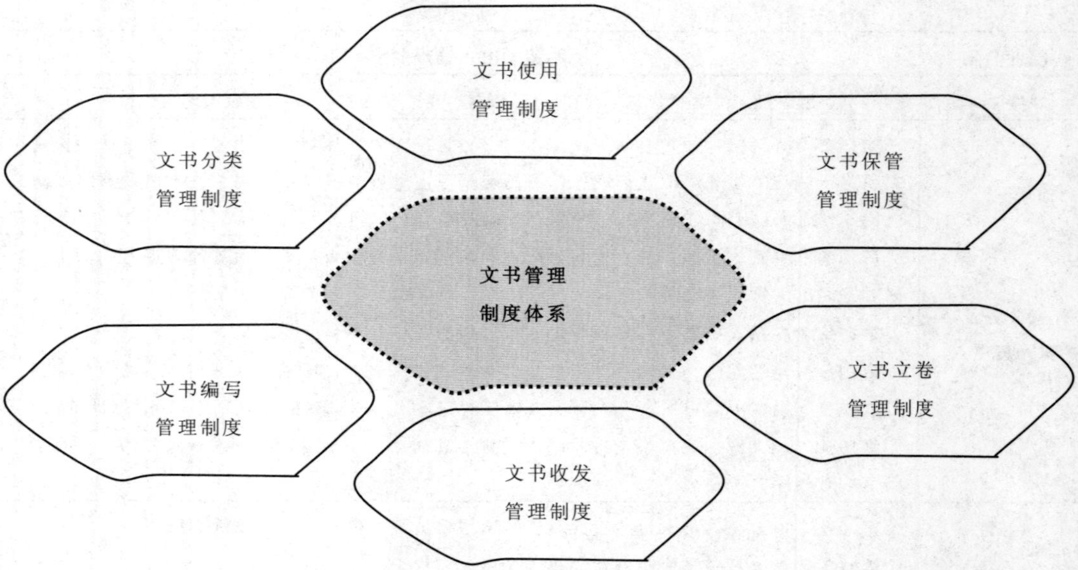

图 11-15　公司文书管理制度体系

11.8.2　公司文书管理制度关键点

企业在编制文书管理制度时，应注意如图 11-16 所示的 3 个关键点。

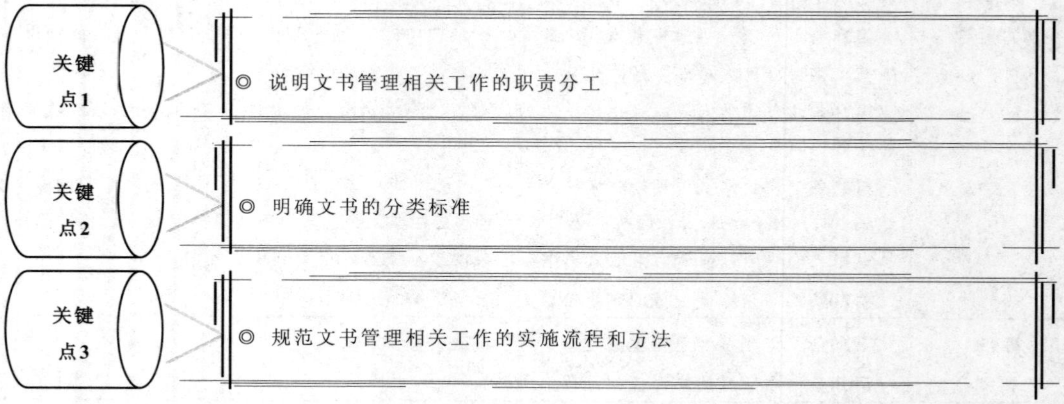

图 11-16　公司文书管理制度关键点

11.8.3　公司文书管理制度设计范例

制度名称	公司文书管理制度				
制度版本		受控状态	□ 受控　□ 非受控	制度编号	
总则 第1章	**第1条**　目的。 为使公司文书处理准确、及时，提高文书处理的工作效率和公文的质量，特制定本制度。 **第2条**　适用范围。 本制度适用于公司的文书管理工作。				

续表

制度名称	公司文书管理制度				
制度版本		受控状态	□ 受控 □ 非受控	制度编号	
总则 第1章	**第3条** 职责分工。 1．公司各部门与外界来往文书的收发由行政部统一负责。 2．行政部应指定专人负责来往文书的核稿及收发、拆封、登记、分发、稽催、校对、监印等事宜。				
细则 第2章 文书的种类	**第4条** 公司文书的分类。 公司的常用文书一般包含以下10类。 1．请示：向上级部门请求请示、批准事项的文书。 2．报告：向上级部门汇报工作、反映情况、提出建议、答复下级的请示事项的文书。 3．决定：对公司重要事项或重大活动做出安排的文书。 4．决议：经过会议讨论或议定，要求贯彻执行的事项的文书。 5．批复：上级答复下级的请示事项文书。 6．通告：在公司范围内公布应当遵守或周知的事项。 7．通知：传达、批转上级、同级、不相属部门的公文；传达要求下级部门协助或需要周知或共同执行的事项；发布规章、任免聘用事项。 8．通报：表彰先进，批评错误，传达重要情况的文书。 9．函：对同级或不相属单位间介绍、商洽、询问、催办、答复某些问题，请有关部门批准的文书。 10．会议纪要：记载和表达会议重要精神及议定事项的文书。 **第5条** 文书的保密等级划分。 1．绝密。是指极为重要并且不得向无关人员泄漏内容的文书。 2．秘密。是指重要并且所涉及内容不能向无关人员透露的文书。 3．机密。是指不宜向公司以外人员透露内容的文书。 4．普通。是指非机密文书。如果附有其他调查问卷之类的重要东西，则另当别论。				
第3章 文书的制、收、发管理	**第6条** 在文书制定过程中，必须注意文书用纸的规范，一般规范如下。 1．对关系企业外机构之行文用公文用纸；对客户或厂商行文用印有公司名称的书函。 2．关系企业内部各部门间的行文用“业务接洽便函”，但公司间的行文宜用公文用纸。 3．电报用电报专用纸。 4．签呈用签呈专用纸。 **第7条** 到达文书全部由文书主管部门接收，并按下列要点处置。 1．一般文书予以启封，分送各部门。 2．私人信件直接送收信人。 3．分送各部门的文书若有差错，必须立即退回。 **第8条** 各部门的邮寄文书，必须于发送前在行政部“发信登记本”与“邮资明细账“上作好登记。				
第4章 文书立卷管理	**第9条** 立卷工作由相关部室兼职档案员配合，档案室文书档案员负责组卷、编目。 **第10条** 案卷质量总的要求是：遵循文件的形成规律和特点，保持文件之间的有机联系，区别不同的价值，便于保管和利用。 **第11条** 归档的文件材料种数、份数及每份文件的页数均应齐全完整。 **第12条** 在归档的文件材料中，应将每份文件的正件与附件、印件与定稿、请示与批复、转发文件与原件、多种文字形成的同一文件，分别立在一起，不得分开，文件应合一立卷；绝密文件单独立卷，少数普通文件若与绝密文件有密切联系，也可随同绝密文件立卷。				

续表

<table>
<tr><td>制度名称</td><td colspan="5">公司文书管理制度</td></tr>
<tr><td>制度版本</td><td></td><td>受控状态</td><td>□ 受控 □ 非受控</td><td>制度编号</td><td></td></tr>
<tr><td>第4章
文书立卷管理</td><td colspan="5">第13条　不同年度的文件一般不得放在一起立卷，但跨年度的请示与批复，放在复文年立卷；没有复文的，放在请示年立卷；跨年度的规划放在针对的第一年立卷；跨年度的总结放在针对的最后一年立卷；跨年度的会议文件放在会议开幕年，其他文件的立卷按照有关规定执行。
第14条　卷内文件材料应区别不同情况进行排列，密不可分的文件材料应依序排列在一起，即批复在前，请示在后；正件在前，附件在后；印件在前，定稿在后；其他文件材料依其形成规律或特点，应保持文件之间的密切联系并进行系统的排列。
第15条　卷内文件材料应按并列顺序，依次编写页号。装订的案卷应统一在有文字的每页材料正面的右上角背面的左上角打印页号。
第16条　永久、长期和短期案卷必须按规定的格式逐件填写卷内文件目录。填写的字迹要工整。卷内目录放在卷首。
第17条　有关卷内文件材料的情况说明，都应逐项填写在备考表内。若无情况可说明，也应将立卷人、检查人的姓名和时期填上以示负责。
第18条　案卷封面，应逐项按规定用毛笔或钢笔书写，字迹要工整、清晰。</td></tr>
<tr><td>第5章
文书的整理与保存</td><td colspan="5">第19条　文书的整理与保存.。
1．全部完结的文书，在结办后3天内，交行政主管保存，按“完整、有序”原则对文件整理、检查、按类别、年代立卷，分别按所属部门、文件机密程度、整理编号和保存年限进行整理与编辑，并在“文书保存簿”上做好登记，归档保存。
2．公司个人不得保存公司公文，凡参加会议带回的文件，应及时交行政部登记保管，调离公司的员工应将文件和记录本清理移交。
3．特别重要的文书，直接归主管保存；一般的文书，留存各部门保管。
第20条　文书的保存年限。
不同的文书保存年限不同，公司应根据各类文书的保管要求，确定保存年限。
第21条　注意事项。
1．重要的机密文件，一律存放在保险柜或带锁的文件柜中。
2．保存期满或没必要继续保存的文书，经主管决定，填写销毁的理由和日期之后，予以销毁。机要文书一律以焚烧的方式销毁。任何个人不准擅自销毁文件，或以废纸出售。不需立卷的文件材料逐件登记，报公司领导批准销毁。
3．销毁秘密级以上文件要进行登记，有专人监督，保证不丢失、不遗漏。
4．如果职务或部门划分发生变更或者做出调整，则必须在有关登记簿上注明变更与调整的理由，以及变更与调整后的结果。
5．必须做好重要文书的借阅登记工作，并注明归还日期。一切借阅都必须出具借阅证，与“文书借阅审批表”一并出示。</td></tr>
<tr><td>第6章
附则</td><td colspan="5">第22条　本制度由行政部制定，行政部对其保留修订及解释的权力。
第23条　本制度从20××年××月××日开始执行。</td></tr>
<tr><td>编制部门</td><td></td><td>审批人员</td><td></td><td>审批日期</td><td></td></tr>
</table>

第 12 章
人力资源管理制度设计

12.1 人力资源制度体系结构

12.1.1 人力资源制度体系架构图

人力资源管理制度体系架构如图 12-1 所示。

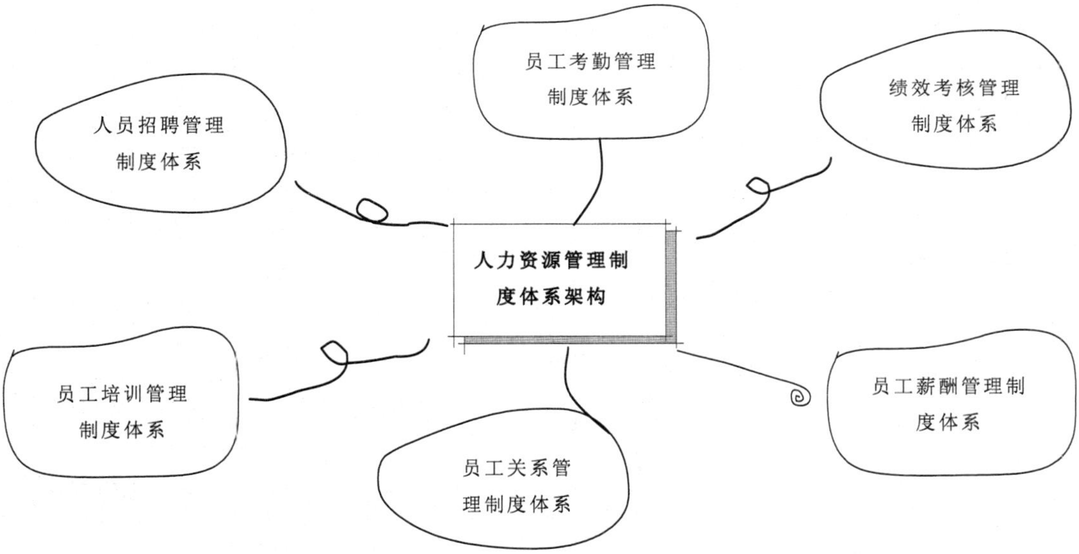

图 12-1 人力资源管理制度体系架构

12.1.2 人力资源制度体系关注点

人力资源制度体系的关注点主要有六个方面的内容，具体如图 12-2 所示。

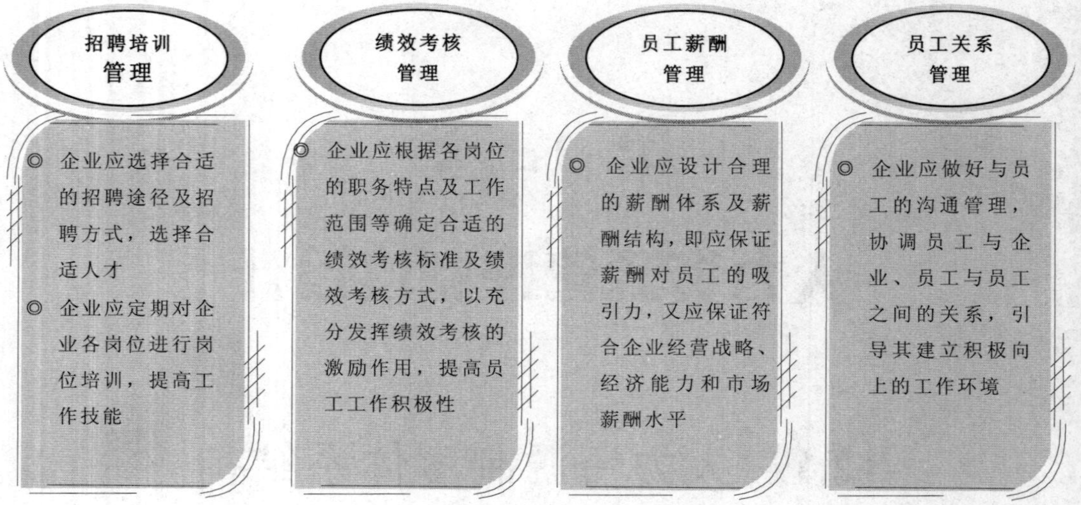

图 12-2　人力资源制度体系关注点

12.2　人员招聘管理制度设计

12.2.1　人员招聘管理制度体系

人员招聘管理制度体系主要包括以下制度，具体如图 12-3 所示。

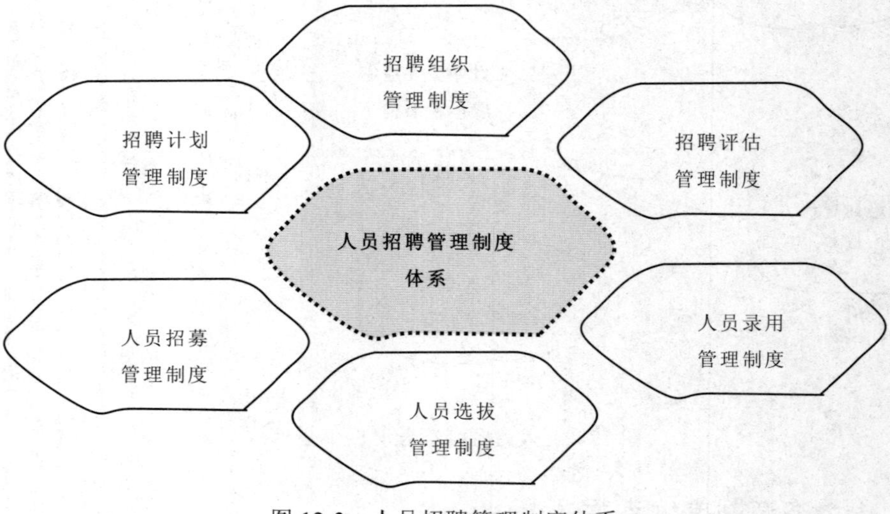

图 12-3　人员招聘管理制度体系

12.2.2　人员招聘管理制度关键点

人员招聘管理制度关键点如图 12-4 所示。

招聘组织管理	人力资源部应确定好招聘岗位的任职资格及素质要求等，做好招聘费用预算工作，确定招聘周期及招聘流程
招聘计划管理	在拟定招聘计划前，人力资源部应确定好企业各部门的人员需求计划，分析并预测人力资源的需求状况等
人员招募与选拔管理	招募前，人力资源部应首先确定招聘方式，然后根据招聘方式确定招聘渠道及招聘方法，发布招聘信息，并对招募人员进行素质测评，以保证岗位适用性
人员录用管理	在进行人员录用管理工作时，人力资源部应做好招聘人员的报道、试用及转正工作
招聘评估管理	人力资源部应对招聘过程的各个环节进行跟踪，评估招聘效果，并调查招聘人员对本岗位的意见或建议等

图 12-4　人员招聘管理制度关键点

12.2.3　人员招聘管理制度设计范例

制度名称	人员招聘管理制度				
制度版本		受控状态	□ 受控　□ 非受控	制度编号	
总则 第1章	**第1条**　目的 为了达到以下三个方面的目的，特制定本制度。 1．为公司招聘优秀员工，保证公司各岗位能及时有效地补充所需优秀人才。 2．规范各岗位员工的招聘录用程序，使招聘管理工作顺利开展。 **第2条**　适用范围 本制度适用于公司各岗位员工的招聘管理。 **第3条**　职责分工 人力资源部的相关管理职责如下。 1．负责对公司各岗位进行招聘规划、编写职位说明书，申请和上报招聘需求等工作。 2．负责各岗位员工的招聘、人员储备、面试组织等各项工作。 3．负责制定招聘管理制度、细则，实施员工招聘与录用工作。				
细则 第2章 招聘管理规划控制	**第4条**　人员需求分析 1．公司各部门根据本部门人员空缺和发展规划，提出人员需求，并填写“人员需求申请表”。 2．“人员需求申请表”中必须列出以下四项内容。 （1）需求岗位及人数。 （2）需求人员基本素质。 （3）需求人员必备技能。 （4）需求到岗时间等。				

续表

制度名称	人员招聘管理制度				
制度版本		受控状态	□ 受控　□ 非受控	制度编号	
细则 第2章 招聘管理规划控制	3．“人员需求申请表”经各部门经理审核批准之后，至少应在职位需求截止日期前__天交送人力资源部。 4．人力资源部招聘人员根据职位要求，编制“人员职位说明书”。 **第5条**　提交人员招聘申请 1．如果公司具备相应储备人员或可从其他部门抽调符合等同条件人员的情况下，人力资源部可采取内部推荐的方式提交各部门的人员需求及相应的推荐人选等。 2．在公司内部没有适合需求部门的人选时，人力资源部应根据实际情况做出客观评价，并将招聘需求进行汇总，编制“客服人员招聘申请表”报送人力资源总监，经核准后进行招聘工作。 **第6条**　制订招聘计划 1．人力资源部根据人力资源总监核准后的“人员招聘申请表”，编制“招聘工作计划书”。 2．编制“招聘工作计划书”之前，人力资源部应进一步向各部门确定招聘对象职责和任职资格。 3．“招聘工作计划书”中应详细说明招聘职位、招聘人数、任职资格、招聘时间、招聘要求等相关信息。 **第7条**　确定招聘渠道 本公司招聘的渠道分为内部招聘、内部推荐、外部招聘三种，人力资源部应根据招聘岗位特点及工作实际需要，选择最合适的招聘方式和渠道。				
第3章 招聘实施控制	**第8条**　发布招聘广告 1．人力资源部根据招聘计划，在各大招聘网站、各类报刊、电视等公共媒体上发布招聘广告。 2．招聘广告中应当明确招聘人员的任职资格、基本职责等，以便于提高招聘效率。 **第9条**　简历筛选 1．人力资源部应对收到的相关资料进行初步审核，对应试人员进行筛选。 2．筛选时应根据各部门提出的基本需求，特别注意应聘人员是否具备相关工作经验，是否愿意从事该岗位工作等，而后择优筛选。 3．人力资源部将符合条件的应试者资料送至各部门，经各部门核定后，确定面试对象名单，并通知应聘人员参加面试。 **第10条**　初试面试 1．初试主要对应聘者基本素质、基本客户服务技能、价值取向等方面进行判断。 2．参加初试面试的人员需先填写“应聘登记表”。 3．根据招聘工作的实际需要，人力资源部可在面试之前对应聘者进行基本素质测试，测定应聘人员是否具有从事该岗位工作的潜能。 **第11条**　复试 1．人力资源部应根据初试的结果，为符合空缺职位要求的应聘者安排复试，并对其与岗位的契合度进行考察，填写“面试评估表”。 2．人力资源部根据复试结果，向各部门推荐优秀人员。 3．各部门对推荐人员进行进一步的测试和沟通，就聘用条件、待遇等相关具体内容达成共识。				

续表

制度名称	人员招聘管理制度				
制度版本		受控状态	□ 受控　□ 非受控	制度编号	
第3章 招聘实施控制	4．各部门选定试用人员，并于“员工入职申请表”上签署相关意见后转交人力资源部。 **第12条**　背景调查 1．根据招聘职位需要，人力资源部应对应聘者与工作相关的背景信息进行查证，以进一步确定应聘者的任职资格，降低本公司的用人风险。 2．经公司甄选合格的人员，在公司决定录用之前，可视情况对其做出相关背景调查，调查内容主要包括员工学历水平、工作经历等，以确认员工的诚信度等。				
第4章 人员录用管理	**第13条**　员工录用通知 1．通过笔试、初试、复试等环节的选拔，经公司考核合格的应聘人员，人力资源部应在做出录用决策后的_____个工作日内，电话通知应聘人员，并向其发出“录用通知书”。 2．对未被公司录用的人员，人力资源部应礼貌的以电话、邮件或信函的形式告知对方。 **第14条**　新员工报道 1．被录用员工在接到录用通知书后，必须在规定的时间内到公司报到。若在规定报到时间后_____工作日内仍不能报到者，公司有权取消其录用资格，特殊情况经批准后可延期报道。 2．员工报到时需持本人有效居民身份证原件、毕业证原件、录用通知书和一寸免冠彩色照片3张。 **第15条**　入职体检 1．员工报道时应提交一年内有效的体检报告。 2．人力资源部根据体检报告实际情况于“员工入职申请表”上签署意见后送人力资源总监审核、总经理审批，审批通过后签订劳动合同，人力资源部安排各部门进行试用管理。 3．入职时未及时提交体检的人员，应在入职后一周内向人力资源部补交体检报告。 **第16条**　员工入职安排 1．新聘员工报到后，由公司人力资源部负责办理考勤、住宿等相关手续，并出具书面通知到各部门。 2．新入职员工到人力资源部办理完相关报到手续后，由各部门与其约定试用时间，试用期通常为_____～_____个月，最长不超过_____个月。				
第5章 招聘工作总结与评估	**第17条**　招聘评估 对招聘工作进行评估时，应重点评估以下三项工作。 1．招聘工作安排的合理性、及时性和有效性。 2．招聘成本评估，确定成本是否超出预算。 3．对录用人员的评估，确定其是否适合客户服务的相应岗位等。 **第18条**　编制招聘工作总结报告 1．人力资源部应做好每年度、月度和每次招聘的总结，交人力资源总监审核。 2．招聘工作总结报告应由人力资源部自行存档。				
第6章 附则	**第19条**　本制度由人力资源部负责制定，并保留对本制度的修订和解释权。 **第20条**　本制度自颁布之日起实施。				
编制部门		审批人员		审批日期	

12.3 员工考勤管理制度设计

12.3.1 员工考勤管理制度体系

员工考勤管理制度体系主要包括如图 12-5 所示的内容。

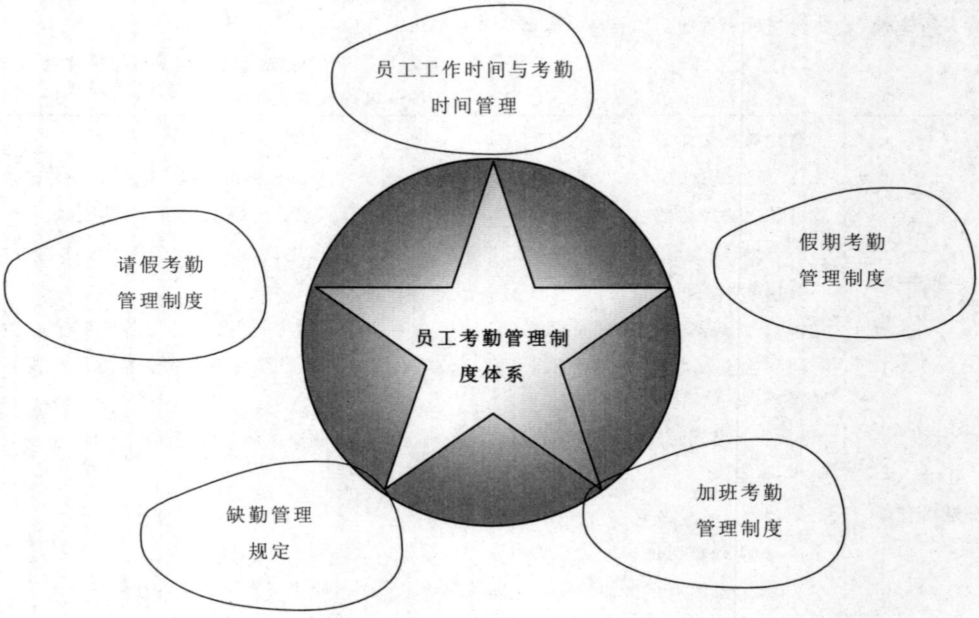

图 12-5 员工考勤管理制度体系

12.3.2 员工考勤管理制度关键点

员工考勤管理制度关键点具体如图 12-6 所示。

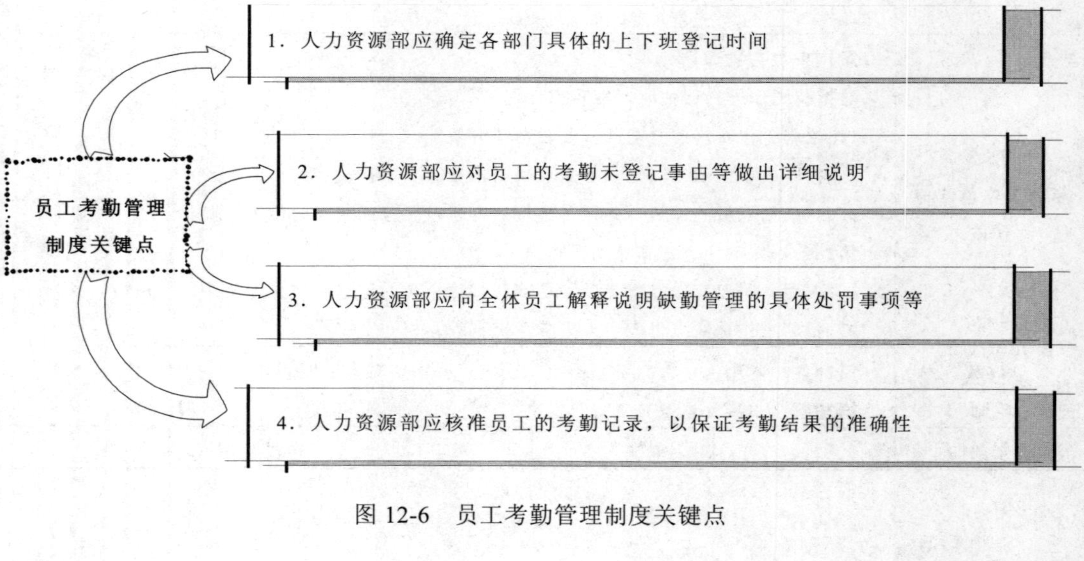

图 12-6 员工考勤管理制度关键点

12.3.3 员工考勤管理制度设计范例

制度名称	员工考勤管理制度				
制度版本		受控状态	□ 受控 □ 非受控	制度编号	

第1条 目的。

为加强公司考勤管理，整顿员工的工作劳动纪律，提高员工遵章守纪的自觉性，特制定本制度。

第2条 适用范围。

本制度适用于对公司所有员工进行考勤管理。

第3条 职责分工。

人力资源部负责组织实施对公司所有员工的考勤管理，包括员工工作时间打卡管理、假期管理、请假管理、加班管理等。

第4条 员工工作时间管理。

1．本公司的工作时间为40小时，实行5天工作制。具体上午工作时间为：上午_____点～_____点，下午工作时间为：上午_____点～_____点。

2．公司各部门可根据实际需要调整部门作息时间，但须到人力资源部备案。

第5条 打卡时间管理。

1．公司各岗位员工应在上班前半小时之内及下班后1小时之内进行打卡。

2．公司员工因公外出公干不能及时回来打卡的，须在"未打卡情况说明书"上注明出差的事因、地点，报其主管领导签核，其"未打卡情况说明书"必须在2天内报人力资源部签核。

"未打卡情况说明书"的具体样式如下表所示。

未打卡情况说明书

部门		职务		姓名	
未打卡时间			未打卡次数		
未打卡事项说明					
部门主管意见	审核人： 审核时间：_____年__月__日		部门经理意见	审核人： 审核时间：_____年__月__日	
总经办意见	审核人： 审核时间：_____年__月__日				

第6条 请假管理。

公司员工因事、因病或因公负伤而无法上班时，无须进行打卡登记，但须填写"请假申请单"，在请假前或销假后交由人力资源部备案。

"请假申请单"的具体样式如下表所示。

请假申请单

部门		职务		姓名	
请假类别	□ 事假　□ 病假　□ 其他___________				
请假时间	自___年__月__日__时至_____年__月__日__时总共请假__天__小时				
请假说明					
部门主管意见	审核人： 审核时间：_____年__月__日				
部门经理意见	审核人： 审核时间：_____年__月__日				
总经办意见	审核人： 审核时间：_____年__月__日				

续表

制度名称	员工考勤管理制度				
制度版本		受控状态	□ 受控 □ 非受控	制度编号	

第7条 假期管理。

公司为员工提供法定休假、婚假、丧假、产假等假期，公司员工在此期间不需进行考勤管理。具体假期的考勤管理说明见“公司假期考勤管理制度”。

第8条 加班管理。

1．公司员工因需要完成领导安排的额外工作或超前性工作而需延长工作时间的，应申请加班，并填写“加班申请表”。“加班申请表”的具体样式如下表所示。

加班申请表

部门		职务		姓名	
加班事由					
加班时间	自____年__月__日__时至____年__月__日__时总共请假__天__小时				
部门主管意见	审核人： 审核时间：____年__月__日				
部门经理意见	审核人： 审核时间：____年__月__日				
总经办意见	审核人： 审核时间：____年__月__日				

2．员工加班时，也应按规定打卡，没有打卡记录的加班，公司不予承认；有打卡记录但无公司总经办批准的加班，公司不予承认加班。

第9条 缺勤管理。

1．公司员工在正常考勤月度内，迟到或早退次数累计次数超过____分钟的，扣除____元的工资；累计未打卡次数超过____次，且无相关请假等事项说明文件的，扣除____的工资。

2．公司员工未完成请假手续或休假期满未续假而擅自不上班的、伪造出勤记录的，一经查明应对其进行旷工处理。每旷工1天，按个人日工资的___倍扣款。

3．公司员工加班的工资应以小时进行计算，具体计算标准详见“员工加班管理制度”。

第10条 本制度由人力资源部负责制定，并保留对本制度的修订和解释权。

第11条 本制度自颁布之日起实施。

编制部门		审批人员		审批日期	

12.4 绩效考核管理制度设计

12.4.1 绩效考核管理制度体系

绩效考核管理制度体系包含的具体制度如图12-7所示。

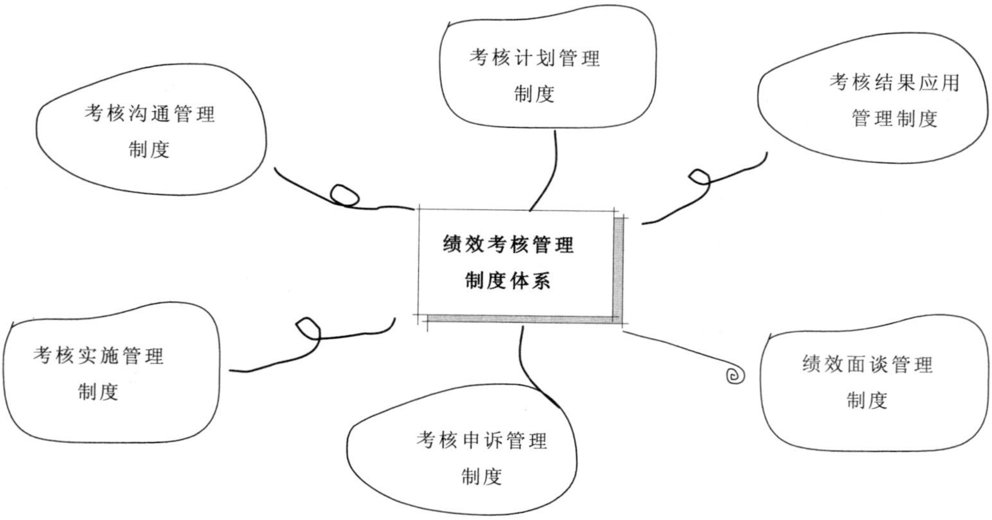

图 12-7　绩效考核管理制度体系

12.4.2　绩效考核管理制度关键点

绩效考核管理制度的主要关键点如图 12-8 所示。

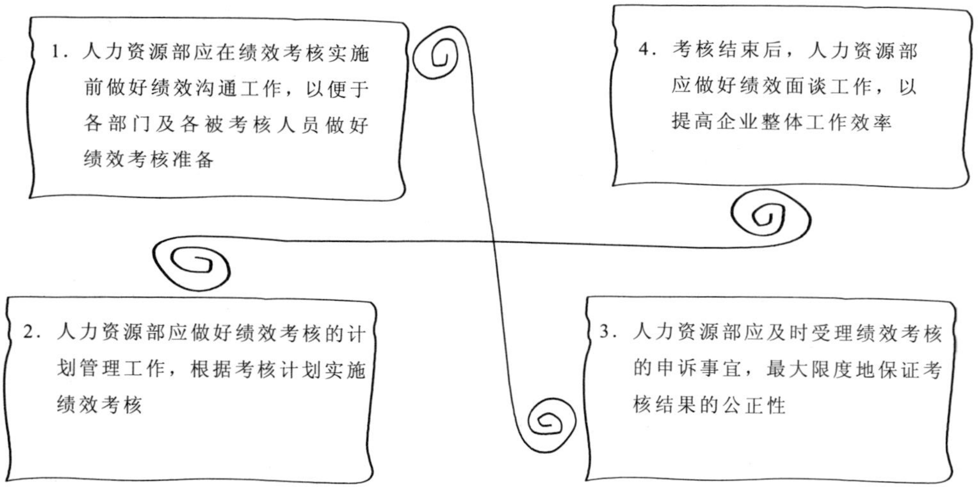

图 12-8　绩效考核管理制度关键点

12.4.3　绩效考核管理制度设计范例

制度名称	绩效考核管理制度				
制度版本		受控状态	□ 受控　□ 非受控	制度编号	
总则 第1章	**第1条**　目的 为不断加强和提高公司的绩效管理水平，促进公司员工努力工作、不断提高其综合素质、工作效率及工作能力，充分发挥绩效考核对员工的激励作用，特制定本制度。				

续表

<table>
<tr><td>制度名称</td><td colspan="5">绩效考核管理制度</td></tr>
<tr><td>制度版本</td><td></td><td>受控状态</td><td>□ 受控　□ 非受控</td><td>制度编号</td><td></td></tr>
<tr><td>总则
第1章</td><td colspan="5">第2条　适用范围
本制度适用于对非领导岗位的基层专员进行绩效考核管理。
第3条　管理职责
1．人力资源部经理负责对绩效考核工作进行全面监督与管理，以保证绩效考核的公正性、公平性。
2．绩效考核主管负责对公司各部门实施绩效考核，受理各岗位人员的绩效考核申诉，组织应用绩效考核结果等。
3．绩效考核专员应收集绩效考核的相关信息，并保证信息的全面性及准确性等。</td></tr>
<tr><td>细则
第2章
绩效考核管理准备</td><td colspan="5">第4条　绩效管理原则
人力资源部实施绩效考核时，应坚持以下五项原则。
1．公平、公正原则。
2．客观、正确原则。
3．全方位的评估原则。
4．优缺点并重原则。
5．平时考核辅导重于年底定期考核原则。
第5条　绩效考核动员
在实施绩效考核前，绩效考核主管应做好绩效考核动员工作，即在绩效考核实施前与被考核部门及人员做好充分的绩效沟通，指导各部门及人员做好绩效考核准备工作。</td></tr>
<tr><td>第3章
绩效考核实施管理</td><td colspan="5">第6条　确定绩效考核内容及考核指标
在绩效考核过程中，绩效考核主管应确定各部门各岗位人员具体的绩效考核指标及考核标准，以全面反映各岗位人员的工作状态及工作业绩等。
第7条　收集信息与资料积累
在收集绩效管理信息与资料时，绩效考核专员应注意以下要求。
1．所采集的材料应尽可能以文字的形式展现出来。
2．详细记录事件发生的时间地点及主要参与者。
3．所采集的材料在描述被考核人员行为时应尽可能对行为的过程、环境和结果做出说明。
4．汇集并整理原始记录，做好原始记录的保密工作。
第8条　绩效考核实施
1．绩效考核主管应首先编制“绩效考核计划”，并按照计划中的时间安排等对各部门及各人员实施绩效考核。
2．各部门主管人员应配合绩效考核主管做好绩效考核工作，向绩效考核主管提供本部门人员的日常考勤记录等。
3．绩效考核实施后，绩效考核主管应及时统计各人员的绩效考核成绩，并按部门对被考核人员的考核成绩进行排序管理。
第9条　绩效面谈
绩效考核工作结束后，绩效考核主管应及时将考核结果反馈给被考核部门主管及被考核人员，并与被考核人员做好绩效面谈工作，提高绩效考评的准确性、公正性。
第10条　绩效改进
绩效沟通后，绩效考核主管应协助被考核部门与被考核人员制订绩效改进计划，并监督被考核人员执行绩效改进计划，提高绩效沟通的效果。</td></tr>
</table>

续表

制度名称	绩效考核管理制度				
制度版本		受控状态	□ 受控　□ 非受控	制度编号	
第3章 绩效考核实施管理	**第11条**　绩效管理总结 绩效考核主管根据各部门及各人员的具体考核结果对部门绩效管理系统进行全面诊断，发现绩效管理问题并分析，及时将分析结果反馈给人力资源部经理，以提高公司绩效管理的水平，保证公司绩效管理系统的有效运行。				
第4章 绩效考核结果应用管理	**第12条**　员工工资级别调整 根据绩效考核的结果，绩效考核主管可根据绩效考核成绩等向人力资源部经理提出对绩效考核成绩良好的员工进行工资级别调整的建议，以鼓励其继续努力完成各项任务。 **第13条**　员工岗位调整 针对公司在绩效考核过程中表现出的某些优势，绩效考核主管可根据其考核优势提出对其进行岗位调动的建议，以更好地挖掘与发挥公司员工的工作潜能。 **第14条**　岗位培训 若被考核人员绩效水平偏低，绩效考核主管可根据部门及公司的实际需要等提出培训申请，以提高公司各类人员的岗位技能及工作潜能等。				
第5章 附则	**第15条**　本制度由人力资源部制定，其解释权，修订权归人力资源部所有。 **第16条**　本制度自总经理审核通过后执行，修改、废止亦应经公司总经理批准。				
编制部门		审批人员		审批日期	

12.5　员工薪酬管理制度设计

12.5.1　员工薪酬管理制度体系

员工薪酬管理制度体系主要包括薪酬调整管理制度、薪酬激励管理制度、薪酬核算管理制度、薪酬发放管理制度、薪酬调查管理制度、薪酬竞争管理制度等，具体的员工薪酬管理制度体系结构如图12-9所示。

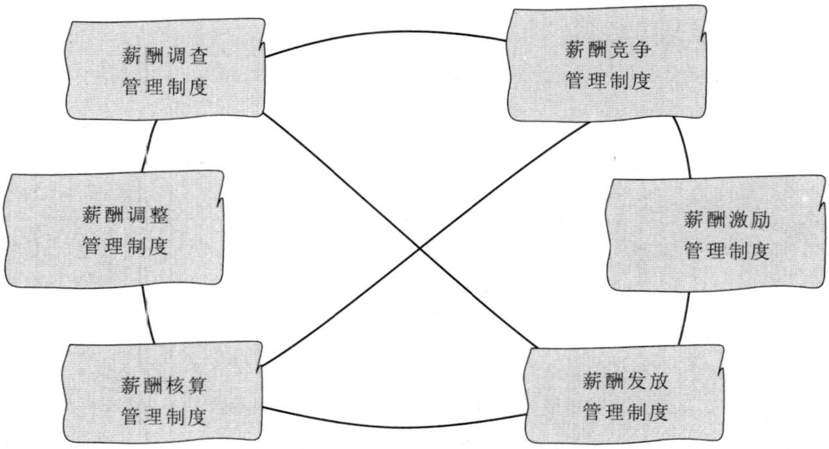

图12-9　员工薪酬管理制度体系

12.5.2 员工薪酬管理制度关键点

员工薪酬管理制度的主要关键点如图 12-10 所示。

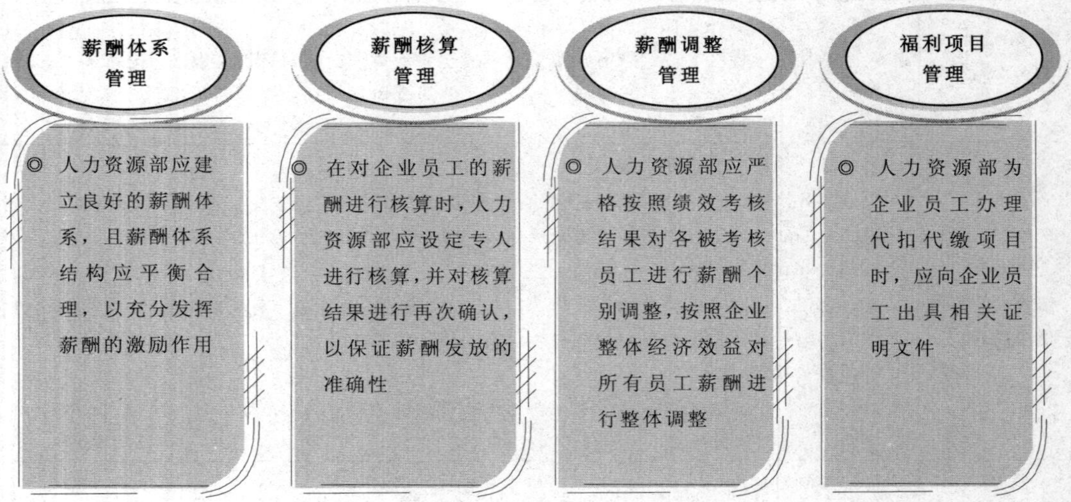

图 12-10 员工薪酬管理制度关键点

12.5.3 员工薪酬管理制度设计范例

<table>
<tr><td>制度名称</td><td colspan="5">员工薪酬管理制度</td></tr>
<tr><td>制度版本</td><td></td><td>受控状态</td><td>□ 受控 □ 非受控</td><td>制度编号</td><td></td></tr>
<tr><td>总则
第1章</td><td colspan="5">第1条 目的
为达到以下两项目的，特制定本制度。
1．规范公司的薪酬管理，充分发挥薪酬体系的激励作用。
2．鼓励员工长期为公司服务，促进公司的不断成长和可持续发展，同时共享公司发展所带来的成果。
第2条 适用范围
本制度适用于对本公司的所有员工。
第3条 基本原则
在对公司员工的薪酬进行管理时，应遵循以下基本原则。
1．竞争原则。
2．公平原则。
3．激励原则。</td></tr>
<tr><td>细则
第2章
薪酬构成管理</td><td colspan="5">第4条 薪酬构成说明
公司按照人力资源的不同类别，对各部门的各岗位实行分类管理，着重体现岗位（或职位）价值和个人贡献。
第5条 公司正式员工薪酬构成
1．集团高层薪酬构成＝基本年薪＋年终效益奖＋股权激励＋福利。
2．员工薪酬构成＝岗位工资＋绩效工资＋工龄工资＋各种福利＋津贴或补贴＋奖金。</td></tr>
</table>

续表

制度名称	员工薪酬管理制度				
制度版本		受控状态	□ 受控 □ 非受控	制度编号	

第3章 工资管理

第6条 工资系列说明

公司根据各岗位的不同职务性质，将公司的工资划分为行政管理、技术、生产、营销、后勤五个系列。

第7条 工资系列的适用范围

员工工资系列适用范围如下表所示。

工资系列适用范围表

工资系列	适用范围
行政管理系列	1．公司高层领导 2．各职能部门经理 3．行政部（勤务人员除外）人力资源部、财务部、审计部所有员工
技术系列	产品研发部、技术工程部所有员工（各部门经理除外）
生产系列	生产部门、质量管理部门、采购部门所有员工（各部门经理除外）
营销系列	市场部、销售部所有职员
后勤系列	一般勤务人员如司机、保安、保洁员等

第8条 高层管理人员工资标准的确定

1．基本年薪。

（1）基本年薪是高层管理人员的一个稳定的收入来源，它是由个人资历和职位决定的。该部分薪酬应占高层管理人员全部薪酬的30%～40%。

（2）其薪酬水平由薪酬委员会来确定，确定的依据是上一年度的企业总体经营业绩及对外部市场薪酬调查数据的分析。

2．年终效益奖。

年终效益奖是对高层管理人员经营业绩的一种短期激励，一般以货币的形式于年底支付，该部分应占高管全部薪酬的15%～25%。

3．股权激励。

这是一种非常重要的激励手段，主要有股票期权、虚拟股票、限制性股票等方式。

第9条 一般员工工资标准的确定

1．岗位工资。

岗位工资主要根据岗位在企业中的重要程度确定工资标准。公司实行岗位等级工资制，根据各岗位所承担工作的特性及对员工能力要求不同，将岗位划分为不同的级别。

2．公司职务等级划分标准。

将公司岗位职务工资划分为15个等级，下表列举了部分职位等级。

公司职务等级划分表

职等	决策类	管理类	技术类	生产	营销	勤务类
十五	总裁 副总裁					
十四						
十三						
十二						

续表

制度名称	员工薪酬管理制度				
制度版本		受控状态	□ 受控 □ 非受控	制度编号	

第3章 工资管理

续表

职等	决策类	管理类	技术类	生产	营销	勤务类
十一						
十						
九		总经理 副总经理 各职能 部门经理				
八						
七			高级工程 师、工程师			
六						
五				车间主任		
四						
三					高级 业务员	
二						
一						保安、司机等

3．绩效工资。

一般员工的绩效工资根据公司经营效益和员工个人工作绩效计发。公司将员工绩效考核结果分为五个等级，其绩效考核标准及绩效工资发放系数说明如下表所示。

绩效考核标准划分

等级	A	B	C	D	E
说明	优秀	良	好	合格	差
发放系数	____%	____%	____%	____%	____%

第4章 福利管理

第10条 社会保险

公司按照国家和地方相关法律规定为员工缴纳各项社会保险。

第11条 法定节假日

公司按照《中华人民共和国劳动法》和其他相关法律规定为职员提供相关假期。具体说明详见“公司节假日管理规定”。

第12条 带薪年假

员工在公司工作满1年可享受5个工作日的带薪休假，以后在公司工作每增加一年可增加1个工作日的带薪休假，但最多不超过____天。

第13条 其他带薪休假

员工享有婚假、丧假、产假、哺乳假等带薪假期。

第14条 津贴或补贴

1．住房补贴。

公司为员工提供宿舍，因公司原因而未能享受公司宿舍的员工，公司为其提供每月____元的住房补贴。

续表

<table>
<tr><td>制度名称</td><td colspan="5">员工薪酬管理制度</td></tr>
<tr><td>制度版本</td><td></td><td>受控状态</td><td>□ 受控 □ 非受控</td><td>制度编号</td><td></td></tr>
<tr><td>第4章
福利管理</td><td colspan="5">2．加班津贴。
（1）凡制度工作时间以外的出勤均视为加班，主要指休息日、法定休假日加班，以及8小时工作日的延长作业时间。
（2）加班时间必须经主管认可，加点、加班时间不足半小时的不予计算。加班津贴支付标准如下表所示。

加班津贴支付标准
<table><tr><th>加班时间</th><th>加班津贴</th></tr><tr><td>工作日加班</td><td>每小时加点工资＝正常工作时间每小时工资×150%支付</td></tr><tr><td>休息日加班</td><td>每小时加班工资＝正常工作时间每小时（日）工资×200%支付</td></tr><tr><td>法定节假日加班</td><td>每小时加班工资＝正常工作时间每小时（日）工资×300%支付</td></tr></table>
3．学历津贴与职务津贴。
为鼓励员工不断学习，提高工作技能，特设立此津贴项目，其标准如下表所示。

学历津贴、职务津贴支付标准
<table><tr><th colspan="2">津贴类型</th><th>支付标准</th></tr><tr><td rowspan="3">学历津贴</td><td>本科</td><td>____元/月</td></tr><tr><td>硕士</td><td>____元/月</td></tr><tr><td>博士及以上</td><td>____元/月</td></tr><tr><td rowspan="3">职务津贴</td><td>初级</td><td>____元/月</td></tr><tr><td>中级</td><td>____元/月</td></tr><tr><td>高级</td><td>____元/月</td></tr></table></td></tr>
<tr><td>第5章
薪酬调整管理</td><td colspan="5">第15条　薪酬调整类别
薪酬调整分为整体调整和个别调整两种。
第16条　整体调整
整体调整是指公司根据国家政策和物价水平等宏观因素的变化、行业及地区竞争状况、企业发展战略变化及公司整体效益情况而进行的调整，包括薪酬水平调整和薪酬结构调整，调整幅度由人力资源部根据公司经营状况拟定调整方案，报总经理审批后确定。
第17条　个别调整
个别调整主要是指工资级别的调整，分为定期调整与不定期调整。
1．定期调整是指公司在每年年底根据年度绩效考核结果对员工岗位工资级别进行的调整。具体调整标准如下表所示。

薪级调整标准
<table><tr><th>考核结果</th><th>职务工资升（降）级</th></tr><tr><td>年度累计4次及以上达到A级</td><td>＋3</td></tr><tr><td>年度累计3次及以上达到B级</td><td>＋2</td></tr><tr><td>年度累计没有一次为D级及以下</td><td>0</td></tr></table></td></tr>
</table>

续表

<table>
<tr><td>制度名称</td><td colspan="5">员工薪酬管理制度</td></tr>
<tr><td>制度版本</td><td></td><td>受控状态</td><td>□ 受控 □ 非受控</td><td>制度编号</td><td></td></tr>
<tr><td>第5章
薪酬调整管理</td><td colspan="5">续表
<table><tr><th>考核结果</th><th>职务工资升（降）级</th></tr><tr><td>年度累计2次及以上达到E级</td><td>－1</td></tr><tr><td>年度累计3次及以上达到E级</td><td>－2</td></tr></table>2．不定期调整，是指公司在年中由于员工职务变动等原因对员工工资级别进行的调整。</td></tr>
<tr><td>第6章
薪酬发放管理</td><td colspan="5">第18条　发放时间
员工工资实行月薪制。公司于每月____日支付上月工资，以法定货币（人民币）支付，若遇支薪日为休假日时，则调整至休假日前一天发放。
第19条　工资发放程序
1．人力资源部首先对公司员工的薪酬进行核算。待核算工作结束后，人力资源部将薪酬核算结果上报公司分管副总，由分管副总进行审核。
2．分管副总审核后，人力资源部根据分管副总的审核意见制作员工“薪资表”，转交财务部进行审核。
3．财务部审核确认“薪资表”无误后，上报公司总经理进行签批。
4．总经理签批“薪资表”后，交由财务部具体发放员工薪酬。
5．财务部与每月____日前将员工薪酬发放完毕（如遇节假日，可对薪资发放日期进行灵活调整），并将各部门及员工的薪资条转交给人力资源部。
第20条　工资中公司代扣的项目
在发放工资时，公司需为员工代扣代缴以下项目。
1．员工个人所得税。
2．应由员工个人缴纳的社会保险。
3．与公司签订的协议中应从个人工资中扣除的款项。
4．法律、法规规定的及公司规章制度规定的应从工资中扣除的款项。</td></tr>
<tr><td>第7章
附则</td><td colspan="5">第21条　本制度由人力资源部负责制定和解释，并报总经理审核批准。
第22条　本制度自总经理审批后开始实施。</td></tr>
<tr><td>编制部门</td><td></td><td>审批人员</td><td></td><td>审批日期</td><td></td></tr>
</table>

12.6　人员培训管理制度设计

12.6.1　人员培训管理制度体系

人员培训管理制度体系主要包括培训计划管理制度、培训内容管理制度、培训纪律管理制度、培训考核管理制度、培训评估总结管理制度、培训档案管理制度，具体的制度体系结构如图 12-11 所示。

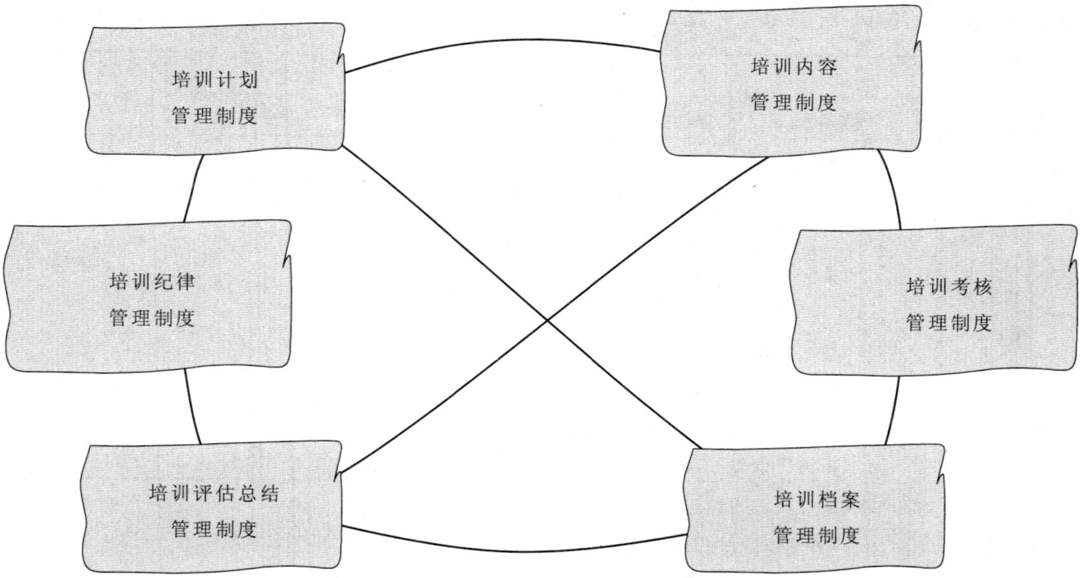

图 12-11 人员培训管理制度体系图

12.6.2 人员培训管理制度关键点

人员培训管理制度关键点的主要有四项内容，具体如图 12-12 所示。

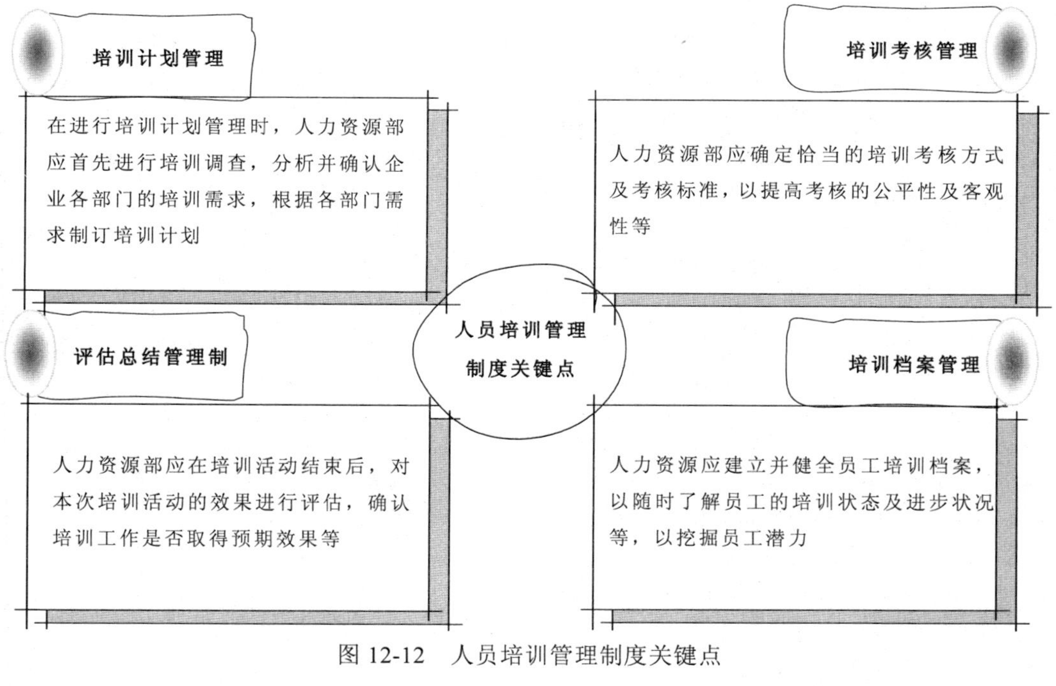

图 12-12 人员培训管理制度关键点

12.6.3 人员培训管理制度设计范例

制度名称	人员培训管理制度				
制度版本		受控状态	□ 受控 □ 非受控	制度编号	
总则 第1章	**第1条** 目的 为了规范公司员工培训管理，使新员工尽快熟悉和适应公司文化、制度和行为规范，促进老员工更好地提升自身的工作技能，特制定本制度。 **第2条** 适用范围 本制度适用于公司所有员工。 **第3条** 职责分工 1．人力资源部负责对新入职员工进行培训，并对参加培训人员进行考核，确认培训的效果等。 2．新员工负责参加各类培训活动，并配合人力资源部做好培训效果的评估工作。				
细则 第2章 培训计划管理	**第4条** 收集培训需求 公司各部门应在人力资源部规定的时间之前提交部门“人员培训需求表”，详细说明部门人员所需的培训等。 **第5条** 制订培训计划 人力资源部在收集完培训后，对各部门的培训需求进行分类汇总，编制公司整体的培训计划，并按照计划开展各项培训工作。				
第3章 培训内容管理	**第6条** 公司培训 公司培训主要是对新入职员工进行的培训，公司培训的主要内容如下图所示。 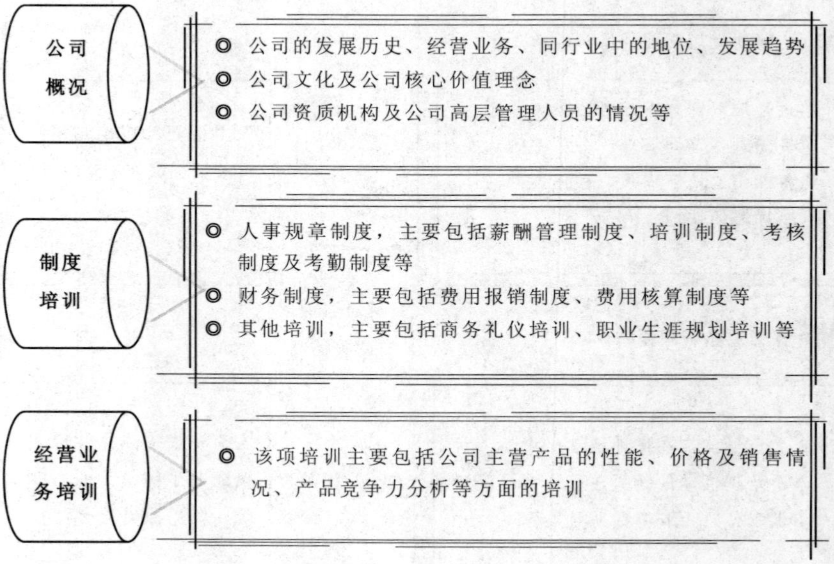 公司培训的主要内容 **第7条** 部门培训 部门培训主要是为岗前作业人员或新入职员工提供的培训，该项培训主要包括岗位特征、主要工作职责与内容、与其他部门的配合情况、工作标准等方面的培训。				

续表

制度名称	人员培训管理制度			
制度版本		受控状态	□ 受控 □ 非受控	制度编号

第3章 培训内容管理

培训的具体内容如下图所示。

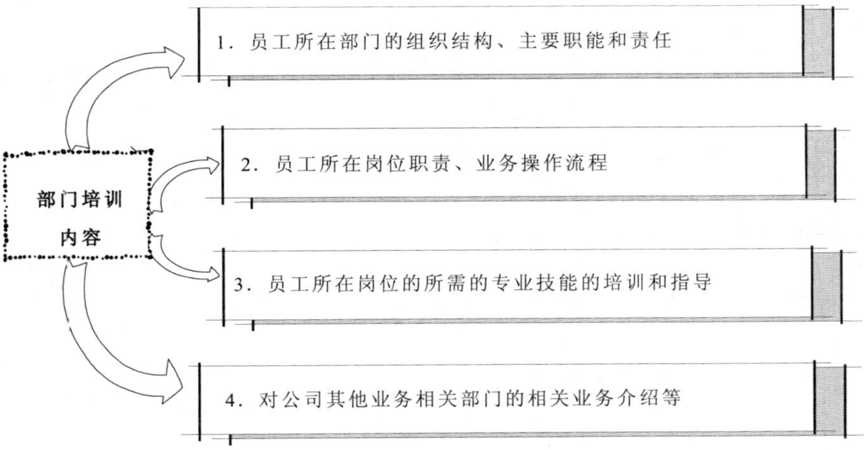

部门培训的主要内容

第8条 业务知识培训

业务知识培训主要是根据实际工作的需要而进行的培训，不同岗位人员其培训内容是不同的，即公司因各岗位需要对各岗位提供其岗位所需的专业技能而进行的培训。下表给出了不同员工的业务知识培训内容。

不同员工培训重点

人员类别	业务知识培训的内容
一般管理人员	现代管理理论和技巧的培训，如组织协调能力、决策能力、如何对下属进行有效的授权与激励等
专业技术人员	专业技术知识的学习与实际操作技能的提高
营销人员	提高销售人员整体素质和销售技能，如销售技巧、自我管理能力、沟通技巧等
生产人员	生产工序、生产排程等方面的培训
财务人员	日常财务业务处理方面的培训
⋮	……

第9条 素质提高与能力提升培训

该类培训主要是针对公司的正式员工所进行的培训，培训内容主要包括公司业务普及培训、管理技能培训、各种晋升培训等。

第4章 培训纪律管理

第10条 培训请假

公司员工在培训期间不得随意请假，如有特殊原因，须经所在部门经理审批，并将相关证明文件交至人力资源部，否则以旷工论处。

第11条 培训签到

公司员工在参加培训时，上课不得吸烟，手机应调至静音或振动状态，并填写“培训人员签到表”。“培训人员签到表”具体样式如下表所示。

续表

制度名称	人员培训管理制度			
制度版本		受控状态	□ 受控 □ 非受控	制度编号	

第4章 培训纪律管理

培训人员签到表

培训时间		培训地点	
培训内容		培训讲师	
序号	签到时间	签退时间	签到人
1			
2			
⋮			
备注			

第12条 培训课堂纪律

公司员工在培训期间应遵守课堂纪律，上课期间认真听讲，做好笔记，严禁大声喧哗、交头接耳。

第13条 培训交流管理

参加培训时，公司员工应尊重讲师和工作人员，团结学员，相互交流，共同提高。

第14条 培训奖惩

培训员工在培训期间无故迟到、早退累计时间在____～____分钟者以旷工半天论处；超过____个小时者，以旷工1天论处；对迟到情节严重者，记过1次。

第5章 培训考核管理

第15条 考核方式

培训结束后，人力资源部应组织相关人员对培训员工的培训结果进行考核，考核主要以笔试考核和实操考核两种方式进行。

第16条 考核结果管理

培训员工的考核结果分为四个等级，具体标准及相应的人事政策见下表。

考核结果评定一览表

等级	标准	人事政策
A	80分以上	良好，公司对其重点培养
B	70～79分	合格，公司需对其继续培养
C	60～69分	再次进行培训
D	60分以下	

第6章 培训评估总结管理

第17条 培训评估

培训结束后，人力资源部负责对培训效果进行评估，采取的方式可以是问卷调查、考试、实地操作等，主要从员工工作主动性、工作满意度、工作质量、消耗成本和时间等方面进行评估。

第18条 培训总结

评估结束后，人力资源部应对培训工作进行总结，确认培训内容是否具有实用性，培训安排是否合理等，以不断改进培训工作。

第7章 培训档案管理

第19条 建立培训档案

人力资源部应建立员工培训档案，将员工接受培训的具体情况和培训结果详细记录备案，具体包括培训时间、培训地点、培训内容、培训目的、培训效果自我评价、培训考核成绩等，作为员工岗位轮换、晋升、降职等的依据。

续表

制度名称	人员培训管理制度				
制度版本		受控状态	□ 受控 □ 非受控	制度编号	
第7章 培训档案管理	**第20条** 培训档案更新 人力资源部应对员工培训档案进行更新，随时补充员工培训资料，以保证员工和公司培训档案的完整性，方便了解公司员工的进步状态等。				
第8章 附则	**第21条** 本制度由人力资源部负责制定和修改。 **第22条** 本制度经总经理审批通过后执行				
编制部门		审批人员		审批日期	

12.7 员工关系管理制度设计

12.7.1 员工关系管理制度体系

员工关系管理制度体系主要包括员工劳动合同管理制度、员工沟通管理制度、员工活动管理制度、员工关怀管理制度及员工申诉管理制度等。

员工关系管理制度体系的具体架构如图 12-13 所示。

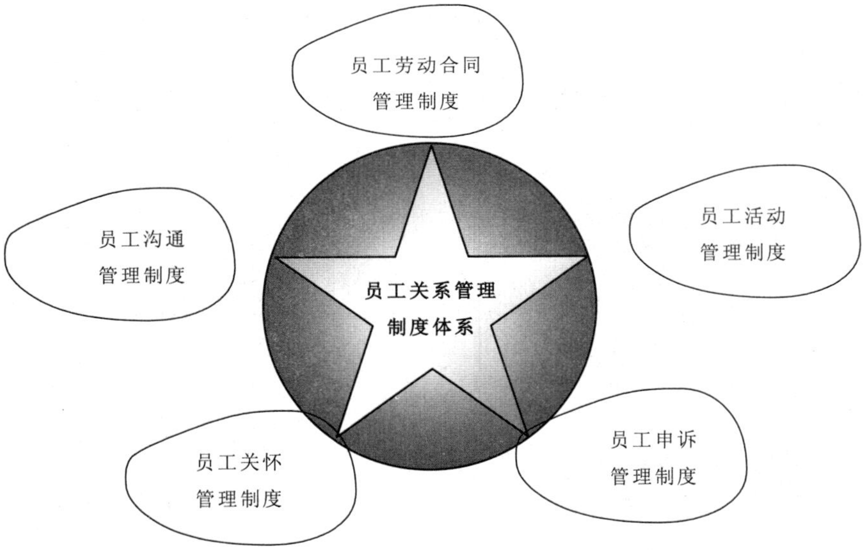

图 12-13 员工关系管理制度体系

12.7.2 员工关系管理制度关键点

员工关系管理制度关键点如图 12-14 所示。

员工劳动合同管理制度	员工劳动合同制度应详细说明劳动合同订立、履行、变更、终止或解除及劳动合同双方违约等相关事宜
员工沟通管理制度	员工沟通制度应着重从新员工入职沟通、岗前沟通、离职沟通、职位变动沟通等方面进行沟通管理
员工活动管理制度	员工活动管理制度应重点管理员工活动安全及活动应急管理等方面
员工关怀管理制度	员工关怀管理制度应重点放在员工日常关怀上，以增强员工对企业的向心力，增强企业对员工的感召力及吸引力等
员工申诉管理制度	员工申诉制度应重点说明申诉的处理过程及申诉的主要处理人，以方便处理员工申诉，提高申诉的效率等

图 12-14　员工关系管理制度关键点

12.7.3　员工关系管理制度设计范例

制度名称	员工关系管理制度				
制度版本		受控状态	□ 受控　□ 非受控	制度编号	
总则 第1章	**第1条**　目的 为了规范员工关系管理，创建融洽、和谐的劳资合作关系，以增强公司的凝聚力、向心力等，特制定本制度。 **第2条**　适用范围 本制度适用于员工关系管理的相关事宜。				
细则 第2章 员工劳动合同管理	**第3条**　劳动合同的订立 公司员工合同需以书面形式订立，劳动合同中应至少设计以下条款。 1．劳动合同期限。 2．工作内容。 3．劳动保护和劳动条件。 4．劳动报酬。 5．劳动纪律。 6．劳动合同终止的条件。 7．违反劳动合同的责任。 8．公司保密和竞业限制条款。 **第4条**　劳动合同的履行和变更 1．公司每月____日之前以法定货币形式支付员工工资，员工工资不低于本市最低工资标准。且公司应按国家和本市有关规定为员工缴纳养老、医疗、失业、工伤等社会保险。				

续表

制度名称	员工关系管理制度			
制度版本		受控状态	□ 受控 □ 非受控	制度编号
细则 第2章 员工劳动合同管理	2. 公司因经营发展要求需要与员工续订劳动合同的，应提前30日以书面形式通知劳动者，经双方协商同意，办理续订手续。 3. 公司与员工协商一致，可以变更劳动合同约定的内容。变更劳动合同时，公司应当采用书面形式。 **第5条** 劳动合同的终止和解除 1. 经公司与员工协商一致，可以解除劳动合同。 2. 员工解除劳动合同时，应当提前30日以书面形式通知公司，在试用期内提前3日通知公司；当公司确有违规和未履行约定条件的行为时，可随时解除劳动合同。 3. 公司可以因员工过失（严重违规违纪、严重失职等情况）、员工非过失原因及国家相关法律规定的可以解除劳动合同的情形，与员工解除劳动合同。 4. 员工被提前解除劳动合同时，符合相关规定应支付经济补偿金的，公司应按国家及地方有关规定进行经济补偿。 5. 对于合同到期后公司不再聘任的员工，人力资源部应在合同到期日及时与其结清工资，办理离职交接手续。 6. 劳动合同期满、劳动合同主体资格丧失或在客观上已无法履行合同的情况下，劳动合同可以终止。 **第6条** 劳动纠纷或劳动争议处理 当出现劳动纠纷或发生劳动争议时，人力资源部应组织调解劳动纠纷、处理劳动争议。调解不成的，当事人可在规定时间内向当地劳动争议仲裁委员会申请仲裁。 **第7条** 违约责任 若劳动双方违反劳动合同中的相关条款，合同对方可要求其承担相应的违约责任。			
第3章 员工沟通管理	**第8条** 入职前沟通 1. 公司人力资源部经理及各部门经理负责对公司的供给管理人员进行入职前沟通。 2. 人力资源部招聘专员负责对公司的一般员工进行入职前沟通。 **第9条** 岗前培训沟通 人力资源部培训主管应对员工上岗前必须掌握的基本内容进行沟通培训，以使员工充分掌握公司的基本情况、了解本职工作的岗位职责和工作考核标准等。 **第10条** 试用期间沟通 人力资源部经理负责安排对试用期员工进行沟通事宜，以为员工提供一个合适、愉快的工作环境。 **第11条** 转正沟通 人力资源部根据新员工在试用期间的工作表现等对新员工进行转正考核。考核结果由新员工所在部门的上级领导对新员工进行沟通。 **第12条** 职位变动沟通 公司员工的职位变动沟通由人力资源部及职位变动前后部门的主管与该员工进行职位变动沟通，以促使员工尽快融入新的岗位。 **第13条** 离职沟通 员工离职时，人力资源部应做好与离职员工的沟通工作，了解并分析员工离职原因，并对欲挽留员工进行挽留。			

续表

制度名称	员工关系管理制度				
制度版本		受控状态	□ 受控　□ 非受控	制度编号	
第4章 员工活动管理	**第14条**　部门员工活动 公司部门的员工活动由各部门自行组织与实施，包括制定活动方案，预算活动经费、活动具体策划及活动费用报销等。 **第15条**　公司员工活动 人力资源部负责组织和实施由公司发起的员工活动，活动方案及活动预算需报公司总经理审批。 **第16条**　员工活动规则 1．无论是部门的员工活动，还是公司的员工活动，各种活动均需做到公平、公正和公开。人力资源部应对各部门开展员工活动进行监督。 2．如在活动中出先任何违规行为，人力资源部将追究相关人员的责任。 3．各类员工活动都应设置相应的奖品作为员工活动的奖励，但奖品的金额不得超出预算，如确需超出预算，各部门或人力资源部应提前申请。 **第17条**　活动安全管理 在活动中，活动的组织者应做好活动用车、活动餐饮、活动设施、活动组织的安全管理工作，对员工进行安全教育，最大限度地保证员工安全。 **第18条**　活动应急处理 凡外出活动，活动的组织者应做好事故预防工作。凡是在活动中发生伤害事故或发生病痛情况，活动组织者应做出紧急处理，首先及时救治受伤害员工，严重者需拨打120或直接送医院医治，并安排人员进行跟进处理。				
第5章 员工关怀管理	**第19条**　节假日关怀 遇重要节假日，如中秋节、春节等，人力资源部应根据公司情况，给予外派员工及核心员工适当的慰问和祝福，让员工心有所系。 **第20条**　生日关怀 遇员工生日，人力资源部应为过生日发放生日祝福贺卡，人员较多时，可举行生日会进行庆祝。 **第21条**　员工困难关怀 公司员工个人或员工家庭遭遇重大困难时，人力资源部除代表公司送达慰问与关怀外，还应根据公司总经理的审批情况，给予该类员工不同程度的物质帮助等。				
第6章 员工申诉管理	**第22条**　员工申诉范围 公司员工申诉的范围主要包括对工作安排不接受、对绩效考核结果有异议、对上级领导的处理结果不认同等。 **第23条**　员工申诉程序 1．申诉员工可直接向本部门主管提出申诉，如部门主管在规定时间内仍未解决问题，申诉员工可向部门经理或人力资源部投诉。 2．申诉员工对投诉结果处理不满的，可继续向公司分管副总提出复议，分管副总在规定时间内重新了解情况后给予处理意见。 3．分管副总的处理意见为申诉的最终环节。				

续表

制度名称	员工关系管理制度				
制度版本		受控状态	□ 受控 □ 非受控	制度编号	
第7章 附则	第24条 本制度由人力资源部负责制定和修改。 第25条 本制度经总经理审批通过后执行				
编制部门		审批人员		审批日期	

读者意见反馈表

亲爱的读者：

感谢您对中国铁道出版社的支持，您的建议是我们不断改进工作的信息来源，您的需求是我们不断开拓创新的基础。为了更好地服务读者，出版更多的精品图书，希望您能在百忙之中抽出时间填写这份意见反馈表发给我们。随书纸制表格请在填好后剪下寄到：北京市西城区右安门西街8号中国铁道出版社综合编辑部 王佩 收（邮编：100054）。或者采用传真（010-63549458）方式发送。此外，读者也可以直接通过电子邮件把意见反馈给我们，E-mail地址是：1958793918@qq.com。我们将选出意见中肯的热心读者，赠送本社的其他图书作为奖励。同时，我们将充分考虑您的意见和建议，并尽可能地给您满意的答复。谢谢！

所购书名： ________________

个人资料：

姓名：________ 性别：________ 年龄：________ 文化程度：________

职业：________ 电话：________ E-mail：________

通信地址：________ 邮编：________

您是如何得知本书的：

□书店宣传 □网络宣传 □展会促销 □出版社图书目录 □老师指定 □杂志、报纸等的介绍 □别人推荐

□其他（请指明）________

您从何处得到本书的：

□书店 □邮购 □商场、超市等卖场 □图书销售的网站 □培训学校 □其他

影响您购买本书的因素（可多选）：

□内容实用 □价格合理 □装帧设计精美 □带多媒体教学光盘 □优惠促销 □书评广告 □出版社知名度

□作者名气 □工作、生活和学习的需要 □其他

您对本书封面设计的满意程度：

□很满意 □比较满意 □一般 □不满意 □改进建议

您对本书的总体满意程度：

从文字的角度 □很满意 □比较满意 □一般 □不满意

从技术的角度 □很满意 □比较满意 □一般 □不满意

您希望书中图的比例是多少：

□少量的图片辅以大量的文字 □图文比例相当 □大量的图片辅以少量的文字

您希望本书的定价是多少：

本书最令您满意的是：

1.

2.

您在使用本书时遇到哪些困难：

1.

2.

您希望本书在哪些方面进行改进：

1.

2.

您需要购买哪些方面的图书？对我社现有图书有什么好的建议？

您更喜欢阅读哪些类型和层次的理财类书籍（可多选）？

□入门类 □精通类 □综合类 □问答类 □图解类 □查询手册类

您在学习计算机的过程中有什么困难？

您的其他要求：